LA FRANCE ET PARIS

SOUS LE DIRECTOIRE

LETTRES D'UNE VOYAGEUSE ANGLAISE
SUIVIES D'EXTRAITS DES LETTRES DE SWINBURNE
(1796-1797)

TRADUITES ET ANNOTÉES

PAR

ALBERT BABEAU
CORRESPONDANT DE L'INSTITUT

PARIS
LIBRAIRIE DE FIRMIN-DIDOT ET Cie
IMPRIMEURS DE L'INSTITUT, RUE JACOB, 56.

1888.

LA
FRANCE ET PARIS
SOUS LE DIRECTOIRE.

AUTRES OUVRAGES DU TRADUCTEUR.

Le Village sous l'ancien régime, 3e édit., in-12.

La Ville sous l'ancien régime (*ouvrage couronné par l'Académie française*), 2e édition, 2 vol. in-12.

L'École de village sous la révolution, 2e édit., 1 vol. in-12.

La Vie rurale dans l'ancienne France (*ouvrage couronné par l'Académie des sciences morales et politiques*), 2e éd., 1 vol. in-12.

Histoire de Troyes pendant la révolution, 2 vol. in-8°.

Les Voyageurs en France depuis la renaissance jusqu'à la révolution (*ouvrage couronné par l'Académie des sciences morales et politiques*), 1 vol. in-12.

Les Artisans et les Domestiques d'autrefois, 2e éd., 1 vol. in-12.

Les Bourgeois d'autrefois, 2e éd., 1 vol. in-12.

EN PRÉPARATION :

La Vie militaire sous l'ancien régime.

I. Les soldats — II. Les officiers.

TYPOGRAPHIE FIRMIN-DIDOT. — MESNIL (EURE).

LA FRANCE ET PARIS
SOUS LE DIRECTOIRE.

LETTRES D'UNE VOYAGEUSE ANGLAISE

SUIVIES D'EXTRAITS DES LETTRES DE SWINBURNE

(1796-1797),

TRADUITES ET ANNOTÉES

PAR

ALBERT BABEAU,

CORRESPONDANT DE L'INSTITUT.

PARIS,
LIBRAIRIE DE FIRMIN-DIDOT ET CIE,
IMPRIMEURS DE L'INSTITUT, RUE JACOB, 56.
—
1888.

INTRODUCTION.

I.

En histoire, il n'y a pas de témoins inutiles; il n'en est point dont les dépositions soient à dédaigner. Les plus importants sans doute sont ceux qui ont pris part à la pièce qui se joue sur son vaste théâtre; ceux-là en ont connu souvent les ressorts, les mobiles, les intentions, mieux que les simples spectateurs; ils ont pénétré dans les coulisses; ils peuvent divulguer les mécanismes et les procédés qui produisent l'illusion scénique; mais s'ils voient de près, s'ils sont à même de révéler la vérité sans apprêt, si comme collaborateurs ou comme acteurs, ils savent mieux que qui que ce soit l'esprit, le texte et le débit du drame, il ne s'ensuit pas que les impressions du spectateur, qui voit seulement ce qu'on veut lui montrer, ne doivent pas entrer en ligne de compte. C'est dans la salle que se trouvent les critiques les plus fins et les plus autorisés; c'est dans la salle que se forme l'opinion du public et que se décide le succès des pièces. On ne peut être juge et partie. Ce ne sont pas les auteurs ou les acteurs, qui font les meilleurs comptes rendus; ils seraient naturellement portés à l'apologie, et l'apologie n'est pas l'histoire. De là le côté faible des mémoires, si précieux à d'autres égards, des hommes qui ont pris une large part aux affaires publiques; de là aussi, l'intérêt réel, tout en étant plus restreint, des récits sincères des spectateurs perdus dans la foule, incapables sans doute de tout voir, mais bien placés pour juger de l'ensemble et recueillir les impressions du public qui les entoure.

Si le spectateur est étranger, il saisit moins bien encore les finesses et les intentions du spectacle, mais il est souvent frappé par des aspects qui échappent aux nationaux. L'intérêt de ses récits de voyage est surtout sérieux, s'il raconte simplement ce qu'il a vu et entendu au lieu de reproduire ce qu'il a lu dans les livres. Peu importe si ce qu'il lui a été donné de voir

INTRODUCTION.

et d'entendre n'est pas d'une très haute importance; l'essentiel est qu'il le reproduise fidèlement. Un coin de paysage, peint dans un ton juste, fait souvent mieux connaître la physionomie d'une région qu'un vaste panorama. Le panorama est utile; le petit tableau ne l'est pas moins.

Nous connaissons les dates et les grands événements des révolutions; mais l'effet produit par ces événements sur les contemporains, non pas sur ceux qui ont joué un rôle actif, mais sur ceux en plus grand nombre qui en ont ressenti les conséquences, cet effet, qui nous le dira? Qui interrogera l'homme du peuple, le prêtre, le soldat, le laboureur, pour savoir ce qu'ils pensent du sort que leur font les gouvernements et les circonstances? On sait très bien ce que font les princes et les chefs; mais connaît-on ce que disent et ce que pensent les masses?

Ne serait-il pas d'un vif intérêt de savoir quelles seraient les impressions d'un Gaulois allant visiter Rome après la mort de César, d'un Grec du Bas-Empire à la cour de Philippe-Auguste? Et si ce Gaulois, si ce Grec s'étaient donnés la peine de causer avec les gens qu'ils auraient rencontrés sur leur route, de reproduire leurs appréciations les plus typiques, de mettre en relief les pensées mêmes des membres des différentes classes de la société, ne semblerait-il pas qu'on verrait renaître pour ainsi dire quelques-uns des aspects les plus vrais des temps qui ne sont plus?

Nous avons éprouvé ce sentiment, en lisant les lettres d'une Anglaise, publiées par C. L. Moody en 1798 [1]. Au mois d'octobre 1796, cette Anglaise était débarquée à Calais, avec son mari, qui avait été officier, et un de leurs amis, qui, malgré son origine étrangère, avait longtemps résidé en Angleterre. Et les voilà tous trois, traversant la France, de Calais à la frontière suisse, voyageant à petites journées, observant l'aspect des villes et des campagnes, causant avec les gens du peuple comme avec les bourgeois, interrogeant les maraîchères, les

---

[1] Voici le titre exact de cette publication :
A Sketch of modern France in a series of letters to a lady of fashion, written in the years 1796 and 1797, during a tour through France, by a lady. Edited by C. L. Moody, L. L. D. F. A. S. — London, T. Cadell and W. Davies, 1798. — Esquisse de la France actuelle, tracée dans une série de lettres écrites à une femme de qualité en 1796 et 1797 par une dame, pendant un voyage en France. Éditée par C. L. Moody, docteur en droit, membre de la Société des Arts. — In-8° de 518 pages.

paysans, les soldats, les aubergistes, les négociants, les officiers, notant les couvents fermés et les églises rouvertes, faisant une sorte d'enquête sur l'état des choses et des esprits, comme le ferait le reporter d'un journal moderne.

L'auteur de ces lettres n'est ni un écrivain, ni un penseur remarquable; comme le déclare son éditeur, ses réflexions ne sont d'ordinaire ni piquantes, ni profondes; mais il a le goût et le don de l'observation; il raconte ce qu'il voit et il le raconte sincèrement. « Je suis résolue à ne pas mentir, dit notre Anglaise dans sa première lettre. Comme un grand juré, je me crois obligée de dire avec vérité tous les faits tels qu'ils viendront à ma connaissance. Je m'efforcerai d'être impartiale. Vous vous rappellerez toutefois que la vérité n'est pas une dame d'un abord facile, et que dans notre position, il peut arriver que nous ne parvenions même pas à entrer dans son antichambre. »

Impartiale, elle l'est à coup sûr. Moody déclare qu'elle ne l'est pas strictement; je crois qu'elle l'est suffisamment, sinon dans ses jugements, du moins dans ses récits. L'impartialité ne consiste pas à n'avoir aucune opinion personnelle ou à dissimuler ses propres pensées, mais à raconter fidèlement ce que l'on sait sans se laisser influencer par elles. Or notre Anglaise témoigne à chaque instant de faits qui sont contraires à ses sentiments et à ses idées préconçues. Patriote dévouée à son pays, elle est obligée de constater que la France n'est pas épuisée par la guerre, qu'elle n'est pas ruinée et qu'elle possède encore de puissants éléments de vitalité et de force ; whig et quelque peu républicaine en théorie, elle doit signaler des symptômes de mécontentement contre le régime républicain ; protestante et quelque peu déiste, elle est forcée de montrer en maintes circonstances les églises se rouvrant pour ainsi d'elles-mêmes, et les fidèles rétablissant spontanément leur ancien culte, en présence d'un gouvernement indifférent ou hostile.

Comme la plupart de ses compatriotes, elle pensait que les Français étaient opprimés sous la monarchie ; elle applaudit à la révolution et à la chute de la Bastille. Si elle maudit les excès et les crimes de la Terreur, elle est favorable aux idées démocratiques, se montre peu sympathique aux catholiques, aux royalistes et aux émigrés, et semble disposée à trouver la réaction à Lyon aussi excessive que la Terreur.

Ce qui permet aussi de croire qu'elle parle sincèrement, c'est que ses témoignages ne sont pas toujours les mêmes. Ici, elle constatera l'excellente culture du sol, ailleurs son abandon; ici, le mécontentement, ailleurs l'apologie; elle recueille les impressions telles que les faits les lui font éprouver. On ne peut lui demander davantage. Son éditeur nous dit que c'est une femme aimable et respectable, incapable de tromper la dame de la cour, dame d'honneur d'une princesse du sang, à laquelle elle adressait ses lettres. Son nom, que des recherches faites à la Bibliothèque nationale et au British-Museum ne nous ont point fait découvrir, n'ajouterait rien à l'autorité qui ressort de ses lettres elles-mêmes.

Cela ne veut pas dire que sa correspondance, dont nous avons entrepris la traduction, ne doive soulever aucune critique. Si les récits sont vraisemblables, si les tableaux sont sincères, les appréciations et les réflexions ne sont pas toujours justes. Elles ne sont pas toujours à l'abri de la fausse sentimentalité de l'époque. Les préjugés, qui animent l'Anglaise contre la France, se font jour plus d'une fois dans des inductions malveillantes dont nous avons cru devoir plus d'une fois supprimer les développements. Ses croyances protestantes lui font souvent qualifier de superstitieuses les cérémonies et les pratiques d'un culte qui lui est étranger; nous avons traduit ces qualificatifs, tout contraires qu'ils étaient à nos propres sentiments, par respect pour l'exactitude et parce qu'ils donnaient plus de portée à ses témoignages en faveur du rétablissement spontané de ce culte. Nous aurions pu indiquer plus fréquemment nos réserves par des notes au bas des pages, si l'exemple de Guilbert de Pixérécourt ne nous avait arrêté. Guilbert de Pixérécourt, traduisant les *Souvenirs de Paris en 1804* de Kotzebue, répond à ses assertions malveillantes par des railleries et des invectives dont la persistance et le parti pris fatiguent le lecteur sans l'éclairer. Ajoutons que, tout en nous efforçant de reproduire scrupuleusement la physionomie du style et l'expression des opinions, nous avons laissé de côté plusieurs passages déclamatoires, des détails topographiques ou historiques de seconde main, ainsi que des descriptions de monuments trop connus qui n'auraient été d'aucun intérêt pour le lecteur.

II.

Le véritable intérêt de ces impressions de voyage est dans le témoignage modeste et limité, mais sincère, qu'elles apportent sur une époque de notre histoire qu'on a pu juger avec passion, mais non avec indifférence.

Le caractère exceptionnel de la révolution française avait vivement frappé les peuples de l'Europe, qui en avaient ressenti le contre-coup. L'auteur des lettres en avait bien compris la gravité, lorsqu'il dit :

« Ce qu'on appelle révolution dans l'histoire des autres peuples ne peut être regardé que comme des changements sans importance, si on les compare à ceux que ce pays a éprouvés. En Angleterre, la révolution s'est opérée sans violence et sans convulsion. Elle n'a affecté aucun des grands principes de la constitution; elle n'a supprimé ni la monarchie, ni l'aristocratie, ni l'église; elle n'a touché à la propriété d'aucune classe de citoyens, aboli aucune coutume, aucune institution. Mais ce qu'on appelle la révolution française a fait sur la société l'effet d'un tremblement de terre; elle a ébranlé et renversé tout jusqu'aux fondements; elle n'a pas laissé pierre sur pierre de l'ancien gouvernement. Celui-ci est complètement en ruines, et les acteurs de ce drame cherchent à élever un édifice qui ne ressemble en rien à celui qu'il doit remplacer [1]. »

En s'aventurant sur ce sol couvert de ruines, nos Anglais assistent au spectacle très intéressant d'hommes cherchant à reconstituer leur édifice social, les uns en voulant recourir aux matériaux des monuments détruits, les autres en cherchant surtout des éléments qui n'auraient point encore été utilisés. L'époque du Directoire ressemble à cet état incertain qui succède à un cataclysme formidable, où l'on entend encore les grondements lointains du tonnerre, où l'on compte ses pertes, où l'on cherche comment on pourra les réparer. La France, à la suite de la crise terrible qu'elle a traversée, n'a pas retrouvé encore l'équilibre de ses facultés; mais elle se sent revivre, elle

[1] Ce passage se trouve dans le préambule de la première lettre que nous avons supprimé. L'éditeur Moody, qui se porte garant du texte qu'il fait imprimer, déclare qu'il l'a quelque peu abrégé et corrigé; on peut se demander s'il n'y a pas ajouté quelques réflexions et quelques développements, et si particulièrement cette appréciation de la révolution n'est pas de sa main.

éprouve la satisfaction de l'existence ressaisie et de la sécurité recouvrée.

Après six ans d'agitation, de violences et de terreur, elle possède une constitution régulière, combinée avec art, mais qui ne saura garantir ni les droits de l'autorité, ni ceux de la liberté. Les directeurs, nommés d'après ses prescriptions, s'efforcent plutôt de défendre les intérêts politiques de ceux qui les ont nommés que de gouverner d'après son esprit. C'est en dehors de leur action que le pays se relève, qu'il recouvre ses forces, qu'il lutte contre l'étranger, qu'il rouvre ses églises. Les premiers auteurs de la révolution avaient la conscience de leurs actes; ceux qui l'ont arrêtée l'ont fait sans le savoir. Robespierre n'a pas été renversé par les modérés ni par les royalistes ; il l'a été par des jacobins comme lui ; la réaction s'est faite par la force des choses, par un mouvement instinctif et vraiment irrésistible de l'opinion.

C'est en plein courant de cette réaction que nos Anglais arrivent en France. Il y a presque un an que les directeurs sont au pouvoir; ils n'ont aucun prestige; ils n'inspirent point le respect. Un ordre apparent s'est pourtant rétabli; il se maintient, grâce à la lassitude des uns, aux maladresses des autres, à la guerre qui occupe les esprits, à la division et à l'incapacité des partis; mais le mécontentement, qui doit se manifester clairement aux élections de 1797, se produit de toutes parts et grandit comme une marée montante.

Partout nos voyageurs en recueillent les symptômes; tandis que les jacobins, souvent réduits au silence, crient contre les directeurs qu'ils qualifient de tyrans, les royalistes relèvent la tête, manifestent hautement leurs regrets et leurs espérances. *Nous ne serons heureux que lorsque nous aurons un roi*, dit un officier au théâtre de Calais, comme un marchand de linons dans un café de Saint-Just. De part et d'autre, l'on parle avec une entière liberté. Le Directoire n'est pas encore entré dans la voie de proscription et d'arbitraire qu'il devait inaugurer au 18 fructidor. Mais si l'on peut prévoir le rétablissement plus ou moins éloigné du gouvernement d'un seul [1], la France ressent

---

[1] On s'attend, écrit lord Malmesbury en octobre 1796, à une prochaine révolution. La mémoire du dernier roi n'excite plus le dégoût, mais plutôt le remords et la compassion... La nation désire l'oubli des querelles de parti, la fin des discordes civiles et peut-être un retour définitif à un gouvernement basé sur l'expérience. (*Diaries and correspondence*, t. III, p. 289.)

encore trop profondément le contre-coup des secousses de la révolution pour essayer de sortir du calme relatif qu'elle éprouve.

Le pays est encore couvert des traces que la Terreur a laissées derrière elle. Les villes sont remplies d'églises et de couvents en ruines; dans les campagnes, la plupart des églises sont encore fermées ou portent des marques de leur affectation au culte de la raison. Partout, la fureur révolutionnaire s'est acharnée sur les édifices, bien que dans beaucoup de localités elle ait épargné les hommes.

L'aspect des villes industrielles, comme Abbeville, est triste; les ateliers sont fermés; le commerce languit; le défaut de sécurité dans l'avenir, la guerre ne sont pas faits pour le ranimer. Mais si les villes importantes ont souffert, il n'en est pas de même de certains bourgs et des campagnes; dans les premiers, on signale des constructions nouvelles; dans les secondes, l'agriculture paraît florissante.

C'est que, si la révolution a été nuisible aux villes, elle ne l'a pas été aux campagnes. La suppression des droits féodaux, l'égalité devant l'impôt, ont allégé les charges des paysans; la dépréciation du papier monnaie, la vente de

b

leurs denrées contre argent comptant, leur ont permis d'acquérir à vil prix des domaines nationaux. Notre Anglaise est frappée, entre Calais et Paris, de la manière dont le sol est cultivé et de l'aspect d'aisance des campagnes. Comme elle n'a pas vu la France antérieurement, elle ne peut établir de comparaison raisonnée. Déjà, en 1789, le Dr Rigby, parcourant les mêmes régions, avait éprouvé un sentiment de surprise en constatant la fertilité et l'aspect d'aisance des provinces du nord; mais si l'amélioration était douteuse, c'était déjà beaucoup que l'agriculture n'eût point souffert des conséquences de la révolution et de la guerre.

Le culte avait bien plus souffert de la révolution; mais il renaissait de toutes parts, dans les églises rouvertes depuis peu par la volonté spontanée des populations. L'auteur en cite plusieurs exemples. Celui de la conquête de l'église de Breteuil par les femmes de ce bourg en est un des plus caractéristiques. Ailleurs, les religieuses vivent comme par le passé en communautés, comme à Clermont, comme à Paris, où l'anglaise protestante visite des sœurs de Saint-Vincent de Paul, au dévouement et aux convictions desquelles ses sentiments hostiles au catholicisme ne l'empêchent pas de rendre hommage. Elle regrette l'influence croissante des prêtres, spécialement en matière d'éducation, tout en déclarant que l'éducation a été tout à fait négligée depuis la révolution.

L'armée intéresse nos Anglais plus encore que la religion. Il leur importe en effet de connaître l'état moral et matériel des forces dont la France dispose contre l'Angleterre, avec laquelle elle est en guerre. Aussi interrogent-ils avec un intérêt particulier les soldats et les officiers. S'ils rencontrent quelques réfractaires, quelques mécontents, ils sont plus souvent frappés de la résolution du soldat, de la belle apparence, de l'urbanité et de l'ardent patriotisme des officiers. De toutes les forces sociales et politiques, l'armée s'est reconstituée la première, parce qu'elle représente le principe de la défense de la patrie. Ses victoires sont un juste sujet d'orgueil pour la nation et lui font oublier une partie des maux causés par les discordes civiles. C'est le moment où l'on annonce à Paris la victoire d'Arcole, et le nom du général Bonaparte est déjà dans toutes les bouches[1]. Déjà l'on proclame ses ta-

[1] Lord Malmesbury le regarde comme « un homme habile,

lents militaires supérieurs à ceux d'Annibal et de César, et comme le besoin d'un héros, d'un chef, d'un maître se fait sentir dans les masses, il serait permis de présager le coup d'état militaire qui donnera quatre ans plus tard le pouvoir au vainqueur d'Arcole et de Rivoli. Partout, le sentiment patriotique domine tous les autres : négociants ruinés par la révolution, représentants, bourgeois et paysans parleront comme les officiers; pleins de confiance dans la valeur de nos armées, ils seront unanimes pour désirer leurs succès.

Je ne puis indiquer ici que les grandes lignes des esquisses que trace l'auteur des lettres dans son voyage de Calais à Chambéry. Je renvoie au texte pour les détails, les épisodes, les observations de tout genre qu'il renferme. Toute Anglaise qu'elle est, toute portée qu'elle soit à méconnaître ou à travestir quelques-uns des traits du caractère des hommes de ce temps, notre voyageuse laisse voir cependant le Français tel qu'il est : supérieur au régime politique sous lequel il vit, conservant ses vieilles qualités, le travail, la gaieté, l'urbanité; gardant ce qu'on pourrait

jacobin enragé, terroriste même ». Sa femme, veuve de Beauharnais, était appelée *Notre-Dame des Victoires*.

appeler l'élasticité physique et morale, et s'il est souvent peu réfléchi dans ses opinions, manifestant par-dessus tout le sentiment très vif de l'orgueil national et de l'amour de la patrie.

III.

Les lettres que nous traduisons jettent surtout quelque lumière sur l'état des provinces que l'auteur a traversées ; sur Paris, elles apportent un contingent d'observations moins nouvelles. Cependant, elles contiennent des tableaux ou des traits intéressants, qui complètent ou confirment les impressions de voyage, les descriptions et les études, dont Paris sous le Directoire a été l'objet, telles que les relations des voyageurs allemands Meister, Meyer, Arndt, Heinzmann et Reibmann [1], telles que le *Nouveau*

---

[1] On trouvera toutes les indications bibliographiques désirables sur ces ouvrages dans la *Bibliographie parisienne* de M. Paul Lacombe, 1886, p. 59 à 62. Ce très intéressant recueil, en revanche, ne contient pas l'indication de nos lettres, ni des passages concernant Paris que renferment les ouvrages de lord Malmesbury et d'Henry Swinburne, dont nous allons parler. Les ouvrages de Meyer et d'Heinzmann ont été traduits en français. Les souvenirs de Meister ont été écrits en français. M. Grand-Carteret a analysé les passages les plus piquants du voyage d'Arndt à Paris. (*La France jugée par l'Allemagne*, p. 153 à 169.)

Paris de Sébastien Mercier, le *Paris à la fin du dix-huitième siècle* de Pujoulx et l'*Histoire de la Société française pendant le Directoire*, par MM. Edmond et Jules de Goncourt.

Les voyageurs anglais en France, à la fin du dix-huitième siècle, sont plus rares que les Allemands. Pourtant, presqu'en même temps que l'auteur de nos lettres, débarquaient à Calais deux diplomates anglais, qui tous deux ont parlé de leur séjour à Paris pendant l'hiver de 1796-1797. Ce sont lord Malmesbury et Henry Swinburne. Les publications qui ont été faites de leur journal et de leur correspondance ont été signalées à l'attention par des écrivains autorisés; elles sont par conséquent plus connues que le livre que nous traduisons, bien qu'elles contiennent beaucoup moins de détails sur l'état de la France.

M. John Lemoinne a analysé dans la *Revue des Deux-Mondes*, le *Journal et la Correspondance* de lord Malmesbury, publiés à Londres en 1845[1].

---

[1] *Diaries and correspondence of James Harris, first earl of Malmesbury*. — London, 1845, 4 vol. in-8°. — *Revue des Deux-Mondes* du 15 janvier et du 15 mai 1846. Correspondance diplomatique du comte de Malmesbury. — 1ᵉʳ article. La cour de Berlin, la cour de Saint-Pétersbourg. — 2ᵉ article. Sa mission en France.

La partie de ce journal, qui concerne son séjour en France en 1796 et 1797, est des plus sommaires; ce sont à peine quelques indications rapides, que j'ai reproduites pour la plupart en notes. Plusieurs dépêches adressées au ministère anglais sur l'état du pays, sont plus développées; mais la plupart d'entre elles sont surtout utiles pour l'histoire diplomatique. Il est presque exclusivement question dans cette correspondance des négociations en faveur de la paix dont lord Malmesbury avait été chargé[1], et les impressions sur la vie sociale, mondaine et morale de Paris y trouvent peu de place.

Il n'en est pas de même des lettres écrites, dans ce même hiver, par Henry Swinburne. Philarète Chasles, qui leur a consacré quelques pages[2], dit que « nulle part on ne trouve une plus complète peinture de Paris à cette époque. » Il déclare « son récit franc, net et limpide, délicieux de laisser aller et de facilité. » C'est peut-

---

[1] *Diaries and correspondence*, t. III, p. 259 à 599. — Malmesbury vint deux fois en France pour négocier la paix : la première à Paris, en octobre 1796; la seconde, à Lille, de juillet à septembre 1797.

[2] *Étude sur la littérature et les mœurs de l'Angleterre au dix-huitième siècle*, Paris, in-12, p. 67 à 74.

être beaucoup dire sur cette correspondance familière, écrite avec verve sous l'impression du moment, avec un incontestable accent de sincérité, et qui est parsemée d'observations piquantes tracées d'après nature, mais qui renferme aussi trop de détails d'un intérêt particulier pour être traduite en entier. Nous en avons seulement reproduit les passages intéressants pour l'histoire, sans observer strictement l'ordre chronologique, mais en les groupant autant que possible dans un ordre méthodique.

Henry Swinburne, né en 1752, mort en 1803, appartenait à une famille anglaise catholique. Il avait fait ses études en France, et séjourna fréquemment dans ce pays, de 1774 à 1792[1]. Son esprit, son amabilité, non moins que les charmes de sa femme, le firent admettre dans la meilleure société, même dans le cercle intime de la reine Marie-Antoinette. Il parcourut les plus belles contrées de l'Europe, fréquenta la plupart des cours, et publia des impressions

---

[1] Nous avons fait connaître dans *les Voyageurs en France depuis la Renaissance jusqu'à la Révolution* (p. 351 à 356) les impressions de Swinburne sur la France pendant cette période.

de voyage justement estimées sur Espagne et sur le royaume de Naples[1]. Le ministère anglais ne pouvait, en octobre 1796, s'adresser à un homme qui connût mieux Paris et la France, lorsqu'il chargea Henry Swinburne d'aller négocier avec le Directoire l'échange de sir Sidney Smith, hardi marin anglais, qui avait été fait prisonnier près du Havre, au mois d'avril de la même année. Swinburne séjourna dans ce but, à Paris, du 11 novembre 1796 au 5 avril 1797. Il passa l'été de 1797 à Fontainebleau et ne revint en Angleterre qu'au mois de décembre. Pendant ce temps, il ne cessa d'écrire à sa femme de nombreuses lettres où il l'informait de ses faits et gestes et des nouvelles qui pouvaient le plus l'intéresser. Cette correspondance a été publiée par Charles White en 1841[2], et c'est d'après son texte que nous en traduisons les fragments les plus utiles pour la

---

[1] Ces voyages ont été traduits en français en 1785 et en 1787.

[2] *The courts of Europe at the close of the last century*, by the late Henry Swinburne, edited by Charles White, in two volumes, London, 1841, in-8°. Les lettres écrites pendant le séjour en France en 1796 et 1797 occupent les pages 116 à 285 du tome II des *Cours de l'Europe à la fin du siècle dernier*.

peinture des mœurs à la fin du dix-huitième siècle.

Il ne faut pas demander à Swinburne de hautes appréciations politiques; il regrette quelque peu l'ancien régime, dont il a connu les splendeurs; mais il s'accommode très bien du nouveau dont il goûte les distractions. C'est surtout un homme du monde qui écrit à une femme du monde, et les modes, les fêtes, les bals, tiennent une grande place dans ses lettres. Sous ce rapport, les extraits de sa correspondance complètent les impressions de notre Anglaise, qui dans son court séjour de trois semaines à Paris, n'a pas eu le temps de nouer de nombreuses relations de société et de décrire d'une manière un peu détaillée un des côtés les plus caractéristiques de la vie parisienne sous le Directoire.

Le but que nous nous sommes proposé sera atteint, si les *Lettres d'une voyageuse anglaise*, accompagnées des *Extraits des lettres de Swinburne*, méritent de prendre place parmi les documents relatifs à l'état de la France pendant la révolution, à la suite des impressions de voyage d'Arthur Young, de Rigby, de Karamsine, de

John Moore et de l'Anglaise anonyme comme la nôtre, dont M. Taine a traduit les lettres, sous le titre d'un *Séjour en France de 1792 à 1795*.

LA FRANCE ET PARIS

SOUS LE DIRECTOIRE.

I.

CALAIS.

La traversée. — Les soldats et les pilotes. — L'embargo. — Les gens du port et les jurons. — Débarquement à Calais. — La municipalité. — L'hôtel. — La sacristie, débit d'eau-de-vie. — La garnison. — Les soldats. — Leurs plaintes. — Belle apparence des officiers. — Exercices militaires. — La garde nationale. — L'église Notre-Dame. — Le culte. — Les saints ornés du drapeau tricolore. — Mariage civil. — Le décadi. — Le théâtre. — Les marchés. — Aspect d'aisance des femmes de la campagne. — Leur costume. — Prix des denrées. — Annonce d'une victoire de Moreau.

Calais, 24 octobre 1796.

Nous avons quitté Douvres, par une des plus belles matinées d'octobre, avec un bon vent. Les falaises de notre chère Albion disparurent bientôt à nos regards, tandis que celles de France se montraient à nos yeux. En peu d'heures, nous étions près de Calais. Comme le vaisseau se disposait à entrer dans ce port, nous fûmes tirés d'une sorte d'état d'engourdissement où nous avait jetés le mouvement du navire, par un grand bruit provenant d'un bateau assez considérable, rempli de matelots et de soldats, qui, marchant à toutes rames vers nous, abordèrent immédiatement notre navire, les premiers se dirigeant vers le gouvernail, les seconds, les baïonnettes au bout du fusil, prenant possession du vaisseau.

Jugez de mes alarmes; je m'imaginais que j'étais tombée entre les mains de quelque corsaire. Bientôt cependant mes craintes furent dissipées. Je trouvai que les soldats, malgré leur aspect terrible, étaient tout à fait disposés à être inoffensifs, et venaient seulement par suite de l'*embargo* qu'on avait mis deux jours avant notre arrivée. J'appris aussi avec plaisir que la personne qui s'était emparée du gouvernail n'était autre qu'un pilote de Calais qui, nous voyant portés trop à l'ouest, venait à notre aide pour nous empêcher d'être jetés sur les sables, danger auquel l'état de la mer nous exposait. Les soldats n'étaient pas moins attentifs à calmer les alarmes que leur présence avait d'abord excitées, que les marins ne l'étaient de nous préserver du danger.

Ils avisèrent notre capitaine des obstacles que l'embargo lui opposait, et lui conseillèrent, comme le seul moyen d'obtenir l'entrée du port de Calais, de dire qu'il venait de Hambourg et qu'il était en destination de Dieppe.

Le capitaine arrangea les choses de manière à pouvoir entrer dans le port. Ici ma surprise commença. Sur le quai s'agitait une foule si bigarrée, que mes yeux anglais n'en avaient jamais vu de semblable, tandis qu'à une certaine distance un tas de gens vociféraient des milliers de jurons *à la française;* le *tout ensemble* formait une scène si étrange et si grotesque, que j'aurais pu me croire devant une caricature plutôt que devant une scène de la vie réelle [1]. Mais cette illusion ne fut que momentanée, et je trouvai bientôt que je ne voyais pas seulement des êtres humains, mais des ennemis dont les soupçons étaient éveillés à notre égard.

Nous fûmes forcés de rester à bord jusqu'à ce que le commandant du port eût examiné les papiers de notre capitaine et entendu ses dires; nous craignions beaucoup que la municipalité, après avoir délibéré sur notre cas, ne nous fît partir pour Dieppe. Après avoir été tenus en suspens pendant quelques heures, on nous permit enfin d'aborder, mais en nous obligeant de laisser tous nos bagages pour les conduire à la douane.

Alors commença notre *entrée publique*, qui, sans être brillante, était tout à fait *militaire*, car nous fûmes escortés, au milieu d'un concours de spec-

---

[1] Swinburne, qui débarqua le 6 novembre, est frappé de la diversité des costumes des gens qui se trouvaient sur le port. Ils étaient vêtus de manteaux, de grandes couvertures, de paletots, de tapis. C'était une scène vraiment comique. (*The Courts of Europe, at the close of the last century*, t. II, p. 116.)

tateurs, jusqu'à la maison du gouverneur, par deux officiers municipaux et quatre fusiliers, qui nous permirent de nous arrêter en chemin pour acheter des cocardes nationales, à douze sous pièce. Le gouverneur, qui semblait être un homme élégant et de bonnes manières, nous reçut avec politesse. Il écouta notre déposition d'une manière qui nous convainquit qu'il en suspectait la vérité; cependant, ne désirant pas nous embarrasser par de plus amples questions et voyant en nous de simples voyageurs, il nous renvoya promptement devant la municipalité, assemblée à l'hôtel de ville, où nous subîmes un interrogatoire sur nos noms, âge, pays, lieu de destination. Cette formalité terminée, on nous confia à la responsabilité du maître de notre hôtel[1], qui est situé entre la *rue de la Prison* et la *rue Égalité*, tout près de l'ancien couvent des Bénédictines[2], qui, sauf la porte d'entrée, a subi une métamorphose complète; la totalité de ce vaste bâtiment est convertie maintenant en boutiques et en magasins; et, comme preuve du changement que le cours du temps peut apporter à la destination première des choses, ce qui était autrefois la *sacristie* est aujourd'hui un débit d'eau-de-vie.

Nous ignorons combien de temps nous serons

[1] Les hôtels de Calais en 1770 étaient le *Lion d'or*, l'*Hôtel d'Angleterre*, tenu par Dessin, et la *Table Royale;* les prix de tous étaient extravagants. (*The Gentleman's Guide in his Tour through France,* 1770, page 16.)

[2] Les Bénédictines anglaises dont parlent plusieurs voyageurs anglais.

retenus à Calais; tout ce que nous savons, c'est qu'il ne nous est pas permis, pour le moment, de continuer notre route. Les lettres de créance que mon *caro sposo* a obtenues de son ambassadeur ne nous serviront plus, et il faut que nous attendions ici un passeport de Paris.

Calais n'est pas très grand, mais c'est une place très bien fortifiée. Le port intérieur est très sûr. Les vaisseaux y sont en pleine sécurité, par les gros temps, comme ceux que nous avons en ce moment. On arbore sur le fort Rouge un drapeau rouge pour signaler un vaisseau ennemi, un bleu pour un vaisseau neutre, un tricolore pour un français.

En ce moment, le port est rempli de vaisseaux neutres, danois, suédois, ou américains, avec quelques-uns espagnols et un grand nombre de bateaux pêcheurs venant des côtes de Bretagne, frétés pour la pêche du hareng, à laquelle l'embargo a mis beaucoup d'obstacles. Ceux qui en souffrent se plaignent amèrement et publiquement du gouvernement français, qui nuit ainsi à leurs moyens d'existence.

Il paraît que la majeure partie des fortifications de Calais n'était pas en état au commencement de la guerre, mais que depuis lors elles ont été réparées d'une façon convenable. La garnison n'est pas très considérable; elle ne dépasse pas 2,000 hommes d'infanterie, parmi lesquels 500 appartiennent à l'artillerie, et les 1,500 autres font partie d'un régiment pris par les Autrichiens, à Mannheim, il y a deux ans, et qui depuis est rentré en France par suite d'un échange.

Ces hommes ont en général un air militaire, malgré les misères qu'ils ont éprouvées dans leur captivité; cependant beaucoup d'entre eux, qui sont nés dans le midi de la France et sont accoutumés à un climat plus chaud que celui sous lequel ils se trouvent actuellement, se plaignent de l'influence que le vent du nord exerce sur leur santé; ce changement d'atmosphère semble les affecter quelque peu. Dans les conversations que nous avons eues avec eux dans nos promenades, nous avons appris qu'ils sont presque tous volontaires ou réquisitionnaires, comme la plupart des soldats qui composent maintenant les armées de la république. Ils semblent unanimes pour désirer la paix, et rentrer tranquillement chez eux. Deux d'entre eux particulièrement nous étonnèrent par leurs réponses. Comme nous leur disions qu'il était naturel qu'ils désirassent la paix, puisque cet événement devait les enrichir, le gouvernement ayant décidé qu'un milliard serait alors distribué aux soldats, en récompense de leurs services[1].

« *Parbleu*[2], répondirent-ils avec quelque vivacité, *nous leur ferions bien grâce de leur milliard,*

---

[1] Sur le milliard promis aux défenseurs de la patrie, voir la Table de la Réimpression du Moniteur, t. XXX, p. 306.

[2] Les mots imprimés en italique, ici comme plus loin, sont en français dans le texte de l'édition originale.

pourvu qu'ils veuillent prendre soin de nos estropiés qui sont obligés de mendier leur pain; pour nous, quoiqu'il y en ait très peu parmi nous qui n'aient deux ou trois blessures, nous ne désirons que d'être rendus à nos parents. D'ailleurs, que signifient leurs décrets? ne changent-ils pas comme le vent? On ne peut s'y fier, et puis, nous avons trop de maîtres! »

Ainsi finit notre entretien, qui méritait bien une *pièce de vingt-quatre sous*, que nous donnâmes à ces pauvres garçons pour boire à notre santé et à la prompte réalisation de leurs désirs.

Les officiers, *au contraire*, ont belle apparence. Ils ressemblent aux Autrichiens par leur costume et leurs manières [1], ayant apparemment échangé la *frivolité* naturelle *des Français pour le sang-froid des Allemands.* Ces troupes, tous les jours à midi, sortent des casernes de la citadelle pour venir faire l'exercice sur la *grande place* ou *place d'Armes;* elles sont accompagnées d'une excellente musique, et ensuite se divisent en petites compagnies pour relever les gardes, etc. Sur cette place est planté l'arbre de la liberté, gardé par deux canons de neuf et un corps de gardes nationaux; car il faut que vous sachiez que, dans la plupart des villes de France, le service est fait par les habitants, comme le font les volontaires en Angleterre; mais ils n'ont pas aussi bonne apparence; rien n'est plus varié

---

[1] Guibert remarque en 1773 que les officiers autrichiens ont absolument l'air français. (*Journal d'un voyage en Allemagne*, 1803, t. II, p. 114.)

que leur costume ; pour les uns il est suffisamment décent, pour les autres il est misérable, tandis que d'autres, en costume d'atelier, présentent le contraste le plus grotesque et le plus singulier.

Outre les troupes régulières et les gardes nationaux, il y a deux autres corps militaires, les *gendarmes* et les *gardes municipales, ou de police*. Les gendarmes sont pourvus de chevaux, et ne dépassent pas dans cette résidence le nombre de dix à douze.

La ville est populeuse, et bien située pour le commerce ; mais la guerre a beaucoup nui à ce commerce. L'herbe pousse dans la plupart de ses larges rues, qui sont en ligne droite. Les couvents qui existaient avant la révolution ont été totalement détruits ; des églises, il ne reste que le noble édifice de Notre-Dame. L'emplacement des différents couvents renferme encore des jardins et des parterres, comme ceux des Capucins ; les autres ont été transformés en magasins, en boutiques, etc.

L'église Notre-Dame a subi différentes modifications ; une partie, qui avait été convertie en *temple de la Raison*, sert maintenant d'arsenal ; tandis que dans l'autre partie, qui a été achetée par les habitants, la messe est dite régulièrement comme auparavant, mais par des prêtres *assermentés*, ou qui ont prêté le serment exigé par les nouvelles lois. Cet édifice n'a pas été aussi défiguré qu'on pourrait le croire, un grand nombre de vitraux ayant été réparés, etc. Mais, hélas ! les saints, ou du moins le peu d'entre eux qui ont trouvé grâce aux yeux du peuple, sont décorés du drapeau tricolore et du mot ÉGALITÉ en lettres capitales.

Tandis que nous admirions le tableau du maître-autel et les autres belles peintures qui existent encore, nous eûmes la satisfaction d'assister à un baptême, où rien n'est changé dans les cérémonies. On nous dit aussi qu'on célébrait de même les mariages dans cette église, après que les formalités de l'acte civil avaient été accomplies à l'hôtel de ville.

J'ai été assez heureuse pour satisfaire ma curiosité sur ce point; on voulut bien nous admettre à un mariage de ce genre. Après avoir attendu dans la salle quelque temps, le fiancé et la fiancée, proprement vêtus et suivis de leurs amis, entrèrent, précédés du premier officier municipal, qui portait en écharpe un ruban tricolore [1]. On me dit que comme il n'y a pas d'heure fixée pour ces cérémonies, *les gens comme il faut* choisissent le soir, pour éviter l'affluence et les regards des curieux, auxquels ils n'auraient pu échapper autrement.

Je ne puis toutefois m'empêcher de remarquer que tout se passa avec un décorum et une régularité qui tendraient à faire supposer au spectateur impartial que cette cérémonie, au moins à Calais, avait toujours été usitée.

---

[1] Suivent les détails d'un mariage civil, qui n'ont point changé depuis lors et n'ont point d'intérêt pour nous.

Les jours de décadi ne sont pas observés, et le dimanche on fait ce qu'on veut [1]; quelques-uns le gardent, mais non la majorité; le soir, le théâtre est comble [2].

Nous y sommes allés tous les soirs, et ce fut pour nous une agréable distraction, le spectacle finissant rarement après 8 ou 9 heures. La salle est jolie, et, quoique peu grande, suffisante pour un public assez nombreux. Elle est située derrière l'hôtel bien connu de Dessin, qui est maintenant fermé, mais qu'on doit rouvrir au printemps [3].

Les acteurs sont bien au-dessus du médiocre, et le prix d'entrée raisonnable, les meilleures places dans les loges n'excédant pas 25 sous. Quelques familles sont abonnées et ont des loges pour la saison, à des prix peu élevés; ayant été présentés à plusieurs d'entre elles, nous étions assurés d'y rencontrer bonne compagnie. Les militaires sont des habitués, et en général ils occupent la partie

---

[1] « Les fonctionnaires seuls observent le décadi... J'entends les cloches sonner, mais on n'est pas obligé de fermer sa boutique et d'assister à une cérémonie publique. » (Swinburne, t. II, p. 118.)

[2] Moore fut frappé, en septembre 1792, de voir une foule nombreuse au théâtre d'Amiens, jouissant du spectacle comme si aucun trouble politique n'avait eu lieu. Il était surpris de la gaieté des Français en de pareilles circonstances. (*A Journal during a residence in France*, t. I, p. 354.)

[3] Cet hôtel, où logea Sterne, a été décrit avec détails et avec éloges par Marlin, dans ses *Voyages en France*, t. I, p. 306 à 308. L'auteur des *Observations in a Journey to Paris* (London, 1777) loue également l'hôtel d'Angleterre, de *Monsieur Dessin*. (T. I, p. 11 et 12.)

supérieure du parterre, qui en est séparée et forme amphithéâtre.

Les marchés ont lieu deux fois par semaine, le mercredi et le samedi. Celui du samedi, le plus important, ressemble vraiment à une foire, et c'est pour moi un spectacle tout nouveau. Les cultivateurs y arrivent en foule, à cheval ou en charrette, tous proprement mis, pour apporter des provisions. Les femmes en particulier attirèrent notre attention; leur costume, qui n'était en aucune façon désagréable, consistait en général en longs manteaux de toile, largement taillés, avec des échancrures sous les bras; elles n'ont pas de chapeaux, il est vrai; mais un bonnet propre et très joliment plissé, les cheveux coupés sur le front, chez la plupart poudrés [1], avec un mouchoir de soie sur le bonnet, négligemment noué sous le menton, des jupons courts, des bas propres et des sabots convenables, tout cela semble à l'ordre du jour.

Je suis ravie de cet aspect de simplicité, et l'*ensemble* donne une idée d'aisance et de confort qui est agréable à l'esprit. Cette impression est confirmée par ce qu'on nous a dit de cette classe du peuple, qui a maintenant plus d'argent que les

---

[1] Sur le costume des paysannes de ces régions, voir Dr Rigby's, *Letters from France, in* 1789, p. 12. — Moore remarque aussi en 1792 que les paysannes en France ne s'habillent pas seulement avec propreté, mais avec une sorte d'élégance. (*A Journal during a residence in France*, t. I, p. 363.)

autres, et accumule positivement la plus grande partie du numéraire en spéculant sur les assignats pour acheter beaucoup de propriétés.

Le marché, qui commence à 9 heures précises et se tient sur la *grande place*, est abondamment fourni et des meilleures choses. Le gibier, en grand nombre, y est à des prix très raisonnables; nous achetâmes hier une paire de perdrix pour 18 sous, et l'on nous offrit des poules, bonnes à tuer, à 12 sous la pièce; des canards pour 18 sous; des dindons pour 50; la viande à 8 sous la livre de 18 onces; le beurre frais à 16 sous la livre; et le reste en proportion. Le pain est à 3 sous la livre. Je fus terriblement curieuse, faisant mille questions, et surprise de la courtoisie avec laquelle on me répondait, surtout lorsqu'on voyait bien que j'étais étrangère. Le langage des marchandes était si poli et tellement au-dessus de leur condition, que je ne pus m'empêcher de m'écrier : « Grand Dieu! comment est-il possible que dans une classe du peuple qui paraît si civilisée il ait pu se trouver tant d'hommes capables d'actes de barbarie qui auraient déshonoré des sauvages! »

Sur la même place s'élève la *tour du Guet*, édifice ressemblant en quelque sorte au monument de la cité de Londres. Pendant que nous y étions montés, on arbora le drapeau en l'honneur de la victoire de Moreau sur les Autrichiens[1], dont la

---

[1] Bataille de Biberach, du 2 octobre 1796.

nouvelle venait d'arriver; de sorte qu'en revenant à l'hôtel, nous vîmes les habitants se féliciter les uns les autres au coin de chaque rue, d'autant plus qu'ils avaient été consternés des échecs éprouvés par l'armée de Sambre et Meuse.

II.

DE CALAIS A BOULOGNE.

Armée de lord Malmesbury. — Excursions à Gravelines, à Saint-Omer et à Dunkerque. — Conduite des magistrats de ces villes sous la Terreur. — Instruction des enfants négligée. — Prêtres enseignant. — Frivolité française. — *L'Éclair* et le tonnerre. — Liberté de parler. — *Richard Cœur de Lion* et le vieil officier. — *Nous ne serons heureux que quand nous aurons un roi.* — De Calais à Boulogne. — Respect aux propriétés. — Caractère du peuple à Boulogne. — Le mendiant hypocrite.

J'ai été présente à l'arrivée de lord Malmesbury. Malgré le mauvais temps, j'ai été heureuse de remarquer l'accueil cordial que notre ambassadeur a reçu généralement du peuple [1]. Le lendemain, tous les vaisseaux du port, par ordre du gouvernement français, se pavoisèrent pour lui faire honneur. Il est hors de doute qu'ici la grande majorité de la population désire la paix [2].

---

[1] Lord Malmesbury, envoyé par le gouvernement anglais pour négocier la paix, déclare qu'il ne rencontra partout à Calais que des politesses et des égards. Il débarqua le 18 octobre. (*Diaries and Correspondence*, London, 1844, t. III, p. 267.)

[2] « Tout le monde demande la paix, dit Malmesbury, à Calais; plusieurs la réclament de Calais à Boulogne, » dit-il aussi. (*Diaries*, t. III, p. 267.)

Quoique notre voyage à Paris rencontre des obstacles, il nous a été permis cependant de faire des excursions à Gravelines, à Saint-Omer et à Dunkerque, et si dans chacune de ces villes nous avons vu comme ici des traces de la rage révolutionnaire, nous avons eu la consolation de savoir qu'elles avaient pour la plupart échappé aux cruautés que Lebon et ses complices avaient commises à Arras et à Cambrai, grâce au choix judicieux que les habitants avaient fait de leurs magistrats, depuis le commencement de la révolution.

Mais, quelque éloge que méritent ces magistrats sous plusieurs rapports, ils ne paraissent pas s'être occupés, ou ils se sont occupés sans succès des progrès de la morale. Les jurements des enfants, dont mes oreilles sont choquées dans toutes les rues, prouvent que leur éducation a été négligée. Les gens à qui je m'en suis plaint confessent qu'on a pris peu de soin de la génération qui grandit. On m'a dit toutefois que quelques prêtres, dont le retour a été toléré, instruisaient les jeunes gens dans leurs appartements, et que leurs leçons étaient plus suivies que les cours des *écoles centrales* établies par l'État, et dont les professeurs étaient inférieurs à la mission qui leur était assignée.

Ainsi la tâche importante de former l'enfant est rendue au prêtre, — et peut-être celui-ci, quelque vertueux qu'il soit, n'est-il pas le mieux fait pour présider à l'éducation d'un peuple?

La légèreté et la frivolité sont encore le propre du caractère des Français. La raillerie est toujours le mode ordinaire de leur blâme et de leurs jugements. Les bons mots et les jeux d'esprit s'échappent de leur bouche à toute occasion. L'autre jour, comme j'écrivais, j'entendis de grands claquements de fouet sous ma fenêtre [1]; je courus pour en savoir la cause, et, je vis le postillon de la diligence qui revenait avec ses chevaux; apercevant son fils, âgé de sept ou huit ans, habillé en vert, il descendit de cheval, et après avoir regardé un moment l'enfant, éclata de rire, le prit dans ses bras, et, le faisant pirouetter sur lui-même, s'écria : « *Comme tu es beau, monsieur l'abbé! Te voilà donc en vert, tu sembles être très aristocrate; c'est pourtant la couleur de l'espérance. Tu vas comme la nation, c'est à merveille, ça ira,* » puis il le laissa, sans en dire davantage. Hier encore, notre ami était au bureau de poste, où il avait entendu dire quelques jours auparavant que l'éditeur de l'*Éclair* avait été emprisonné à Paris pour un article qui avait été publié dans ce journal; un des employés, entrant dans le bureau, en tenant un numéro de ce journal, s'écria à haute voix : « Ah! voilà l'*Éclair qui reparaît!* » Aussitôt un

---

[1] Lord Malmesbury remarque au contraire que les postillons sont devenus silencieux; ils ne parlent pas, dit-il, ils ne demandent pas de pourboire. (*Diaries*, t. III, p. 268 et 271.) — Swinburne dit aussi que l'abattement, le désespoir et l'indifférence semblent dominer chez les Français. (*The Courts of Europe*, t. II, p. 117.)

paysan, d'apparence convenable, repartit : « *Nous aurons bientôt du tonnerre, car l'un est la cause naturelle de l'autre.* » Cette observation, qui fut applaudie, avait très probablement plus de portée qu'elle n'en avait l'air.

Ce qui s'est passé hier soir au théâtre peut vous donner une idée de la liberté et de la témérité avec lesquelles on témoigne ici ses opinions.

On jouait le ci-devant *Richard Cœur de Lion*, aujourd'hui appelé *les Prisonniers*; les airs sont les mêmes, mais des paroles patriotiques y ont été adaptées. L'auditoire semblait satisfait et applaudissait souvent; quand tout à coup, au milieu des applaudissements, j'entendis un officier français de bonnes manières s'indigner violemment, témoigner hautement son mécontentement, qui semblait augmenter à chaque air; si bien qu'à la fin, entendant l'air bien connu de : *O Richard! ô mon roi!* il ne put se contenir plus longtemps, et à mon grand étonnement, se levant comme pour prendre congé, il dit, assez haut pour être entendu à quelque distance : « *Monsieur, pardonnez; mais je ne puis avec patience voir cette pièce que l'on a si mutilée et changée. On peut bien nous parler des charmes d'une république; ce sont plus chimères que réalités, soyez-en sûr. D'ailleurs, elle ne réussira pas en France, je vous le prédis; nous ne serons heureux que lorsque nous aurons un roi.* » Il salua alors et sortit. Pour le moment, je fus stupéfaite, ne supposant pas qu'un individu isolé ait pu être assez imprudent pour risquer de faire ainsi connaître son opinion en public; mais, quoique ces paroles aient été entendues de plusieurs personnes, elles ne causèrent aucune émotion. Au contraire, on nous dit que tout le monde avait le droit d'exprimer ses sentiments sans crainte. Nous l'avons reconnu en effet, mais jamais nous n'avons entendu personne en dire autant que notre *vieux militaire*.

Boulogne-sur-Mer, 7 novembre.

Nous avons quitté Calais [1]. La route est dans certaines parties large et assez bonne; mais ailleurs, notamment à une lieue ou deux de Boulogne, elle est extrêmement mauvaise, avec des montées et des descentes continuelles.

Les églises ont été respectées, du moins en ce qui concerne leurs clochers, et à l'entrée de chemins de traverse nous avons vu, sur des poteaux, des écriteaux dont l'intention fait honneur à leur auteur :

Respectez les propriétés, citoyens, et les productions d'autrui. Elles sont le fruit de leur travail et de leur industrie [2].

---

[1] L'auteur ne nous parle pas de ses moyens de transport. Swinburne (t. II, p. 110), qui part de Calais le même jour, loue moyennant 108 livres une voiture pour le mener à Paris. La route qu'ils suivent tous deux est la grande route postale de Calais à Paris, qui contient trente-deux postes.
[2] Voir Malmesbury's, *Diaries*, t. III, p. 272.

Boulogne est divisée en ville basse et en ville haute, celle-ci est défendue par l'art et par la nature; mais ses fortifications sont loin d'être en état. La ville basse, dans laquelle se trouve le port, qui est petit, n'avait qu'un seul ouvrage de défense. La ville et le port ont été récemment garnis de nouvelles batteries; le port est à peu près couvert de bateaux plats nouvellement construits [1], et de beaucoup d'embarcations destinées à la pêche du hareng, retenues ici comme à Calais par l'embargo, qui vient d'être levé, à la grande joie des pêcheurs.

Il y a ici beaucoup de troupes, appartenant surtout à l'artillerie, prêtes à s'embarquer et n'attendant que des ordres.

Les églises et les couvents ont eu le même sort qu'à Calais; et il y a peu de temps que la noble cathédrale de Notre-Dame, construite par la mère de Godefroy de Bouillon, a été rouverte et que le culte y est célébré par des prêtres assermentés ou qui ont prêté le serment prescrit par la république.

Le caractère du peuple est ici plus démocratique qu'à Calais, tout en conservant le même caractère de légèreté et de frivolité qu'ailleurs. En voici un exemple.

En allant au port, nous fûmes abordés par un mendiant de robuste apparence, qui devint bientôt extrêmement importun. Pour nous en débarrasser,

---

[1] « Il y a dans le port des canonnières pour la défense des côtes; mais comme la paie fait défaut, les officiers ne font rien, et les hommes désertent. » (Swinburne, t. II, p. 120.)

nous lui donnâmes quelque chose; en le prenant, il vociféra : « *Vive la liberté! citoyen, je te remercie!* » Alors haussant la voix, comme revenant à lui : « *Je me trompe, ajouta-t-il, Monsieur n'est pas de la nation.* » — Ne sachant pas ce qu'il voulait dire, nous lui demandâmes pourquoi il préférait le métier honteux de mendier à celui de gagner honnêtement sa vie par d'autres moyens. « *Parbleu, répondit-il, vous avez bien raison, car depuis la révolution cette profession ne va pas, et depuis la guerre, encore moins. Pourtant, Monsieur, tel que vous me voyez, j'étais autrefois un des premiers domestiques de M. le comte de* ***. » Puis, après une pause, il continua en secouant la tête : « *Ils ont terriblement mal fait avec leur diable d'égalité; les choses allaient bien mieux autrefois; car au moins nous avions du pain sans être obligés de le mendier.* » Peut-être si ce mendiant républicain ne nous avait pas soupçonnés d'être étrangers, aurait-il continué à s'égosiller à crier : *Vive la liberté! vive la nation!* jusqu'à ce qu'il eût trouvé un écho; car il faut remarquer que les Français sont habiles à accommoder leur langage selon les opinions de ceux à qui ils s'adressent, et que leur hypocrisie bien jouée en impose souvent aux étrangers et induit leur jugement en erreur[1].

---

[1] Cette opinion est très contestable. On ne saurait juger du caractère d'un peuple par celui d'un mendiant. Lord Malmesbury fait l'éloge de Boulogne : « Bonne ville, dit-il, population convenable. Une poissarde très grasse me fit une cordiale harangue. » (*Diaries*, t. III. p. 268.)

III.

DE BOULOGNE A ABBEVILLE.

Rencontre de déserteurs prisonniers. — Maisons de campagne en ruine et abandonnées. — Arbres de la liberté. — L'Être suprême. — Épisode de l'émigré. — Humanité et inquiétudes. — Arrivée à Montreuil. — Visa des passeports. — Murailles de la ville. — Le marché. — Le souper, l'émigré et l'aubergiste. — De Montreuil à Bernay. — Famille anglaise prisonnière.

Montreuil, 8 novembre.

A une lieue environ de Boulogne, sur la route de Montreuil, nous avons dépassé trois ou quatre fourgons militaires et un certain nombre de jeunes gens de bonne mine, appartenant à la première réquisition, liés deux par deux, le sac au dos et escortés par des gendarmes à cheval. Surpris de ce spectacle si inattendu, nous nous sommes arrêtés pour en demander la cause ; on nous dit que ces jeunes gens avaient été envoyés pour renforcer l'armée du Rhin, mais qu'au lieu de faire leur devoir, ils avaient déserté et étaient revenus chez eux. Le Directoire avait ordonné de les arrêter, et on les conduisait à Dunkerque pour rejoindre l'armée qui s'y trouvait et qu'on estimait à 15,000 hommes environ. Comme je trouvais cruel de les lier ainsi ensemble, on me répondit qu'on ne l'aurait pas fait s'ils n'avaient pas essayé de résister et, dans cette tentative, n'avaient pas blessé un de ceux qui avaient été envoyés à leur poursuite. On nous a dit depuis que dans cette partie de la France une pareille résistance se rencontre dans beaucoup de villages, où l'on a voulu augmenter la réquisition, car les jeunes gens se réunissent en corps pour refuser d'obéir.

La route, pendant une distance de quatre lieues, jusqu'à Samers, est mauvaise et tout à fait négligée; mais la contrée que l'on traverse est très belle et très cultivée; partout on laboure [1]; les coteaux pour la plupart sont en craie. Dans ce dernier village, nous aperçûmes de loin un beau château, l'habitation du ci-devant seigneur de Samers. Son aspect paraissait moins désolé que celui de beaucoup d'autres que nous avions rencontrés sur notre chemin. Les maisons de campagne dont les habitants ont émigré ne présentent partout que des murs dénudés et des avenues dévastées, tristes restes d'un régime détruit!

Nous avons poursuivi notre route à travers plusieurs villages, dans chacun desquels s'élevait l'arbre de la liberté, avec cette devise sur beaucoup d'entre eux : *La liberté ou la mort*. Sur les églises,

---

[1] « Les champs sont partout cultivés; mais il y a peu de laboureurs jeunes et d'âge moyen. » (Swinburne, II, 118.) — « Beaucoup de femmes et d'enfants, dit Malmesbury, point d'homme. La terre est bien cultivée. » (*Diaries*, t. III, p. 268.)

au lieu d'une croix, comme autrefois, se dressait une sorte de girouette surmontée du bonnet de la liberté. Sur la principale porte de l'église on peut lire les mots suivants : « *Le peuple français reconnaît l'existence de l'Être suprême et l'immortalité de l'âme* [1] : » une déclaration faite du temps de Robespierre et par laquelle ce tyran sanguinaire fit à la Divinité la faveur de la faire reconnaître par la république française. Dans beaucoup d'endroits, cette inscription sur les portes des églises a été effacée.

A une ou deux lieues de Montreuil, il nous advint une aventure dont le récit peut être plus intéressant que les réflexions dont j'ai noirci jusqu'à présent une si grande partie de mon papier.

Nous étions descendus pour monter une côte, afin de soulager nos chevaux, lorsque nous vîmes venir à nous un jeune homme courant rapidement, regardant souvent derrière lui « comme si sa propre peur eût été à ses trousses »; il nous aborda, et très poliment, mais hors d'haleine, il implora notre assistance. Nous lui offrîmes de l'argent : il refusa. « Ce n'est pas de l'argent que je demande, dit-il, quoique je n'en aie guère : c'est la vie; de grâce, ne me la refusez pas; vous n'obligerez pas un ingrat. » Si la requête était émouvante, la ma-

---

[1] Lord Malmesbury constate les mêmes faits. (*Diaries*, t. III, p. 272.) Il dit ailleurs que partout les églises sont détruites, en tout ou en partie; « il en est de même des châteaux, qui cependant n'ont pas tous été atteints. »

nière dont elle était présentée l'était davantage. Nous ne savions comment y répondre, lorsque l'inconnu, redoublant d'instances, nous dit, par phrases entrecoupées, qu'il était émigré, qu'il avait été reconnu à Saint-Omer, qu'il avait réussi à s'échapper de cette ville, mais qu'il fallait qu'il gagnât la Normandie; que si nous voulions le laisser nous accompagner jusqu'à Abbeville, il trouverait alors le moyen d'arriver à son but; qu'il serait le plus heureux des mortels et nous devrait la vie.

Jugez de notre embarras. Refuser, c'était la perte de cet infortuné; accepter, c'était risquer la nôtre. Nous voyant hésiter, il tira son portefeuille, me le donna, et se jetant à mes pieds : « De grâce, Madame, dit-il, *intéressez-vous pour moi et je serai sauvé.* » Et il éclata en sanglots. B..., le plus humain des hommes, ôta tout à coup son surtout, qui n'est pas des plus petits, le lui donna avec son chapeau, en lui disant : « *Coûte que coûte, placez-vous auprès du cocher, et vous passerez pour notre domestique.* »

Nous reprîmes alors notre route avec des impressions bien différentes de celles que nous éprouvions à notre départ; cependant, grâce à notre *voiturier*, qui semblait partager nos sentiments, nous sommes arrivés entre quatre et cinq heures à Montreuil sans encombre, mais pas sans avoir eu quelques alarmes.

La première, assez insignifiante, nous donna un moment d'anxiété. La route était pleine de monde, en approchant de la ville, et je craignis qu'on ne reconnût notre protégé, qui était sur le siège de la voiture. Il n'en fut rien heureusement. Mais ce fut une bien autre alarme lorsqu'aux portes de la ville, une sentinelle nous arrêta, pour demander nos passeports, comme c'est l'usage en temps de guerre dans la plupart des villes de France... Notre ami, voyant mes craintes, me recommanda d'être calme, et remit les passeports, causant, avec sa présence d'esprit habituelle, avec la sentinelle, la louant de sa vigilance et lui disant : « *Si tous faisaient leur devoir comme vous, brave sentinelle, il n'entrerait pas tant de ces diables d'émigrés en France !* » Mon cœur battait bien fort... Mais soit qu'il fût flatté du compliment, soit qu'il ne sût pas lire, le soldat nous laissa passer, en disant : « *Citoyen, continuez votre route, je vois bien que vous êtes en règle.* »

En entendant ces paroles, je fus aussi heureuse qu'un condamné qui reçoit sa grâce; cependant nous semblions marcher à pas de tortue; la route montait fortement et les rues étaient très étroites; la ville est située sur une éminence et fortifiée comme Boulogne, plus par la nature que par la main des hommes, et il nous fallut un certain temps pour gagner l'hôtel.

Montreuil paraît une ville très ancienne, à en juger par l'apparence ou plutôt les ruines de plusieurs de ses églises, qui sont gothiques. Ces églises, devenues propriétés nationales, ont été vendues et sont démolies aussi rapidement que possible par leurs acquéreurs.

Les fortifications de Montreuil, paraît-il, sont de trois genres différents ; bâtie sur une colline, cette ville était d'abord défendue par un grand mur flanqué de tours rondes et entouré de fossés, comme on en fait beaucoup en Italie. Depuis on a renforcé les murs, à l'intérieur, par une sorte de terre-plein, planté d'arbres, qui sert de promenade publique. Sous Louis XIV et Louis XV, on a construit des ouvrages extérieurs, tels que bastions, courtines, demi-lunes, qui comme le reste sont aujourd'hui en ruine.

Bien qu'elle soit située sur une hauteur, la ville n'en est pas plus salubre, par suite des marécages de la Canche, qui arrose la plaine au-dessus de laquelle elle s'élève.

Le marché nous parut plein de monde, quoiqu'il fût tard, et l'on nous dit que c'était la coutume, parce qu'il était toujours fourni de toutes sortes de provisions et de marchandises ; mais ce qui nous étonna le plus, ce fut de voir vendre publiquement et chez tous les fripiers les ornements sacerdotaux des ci-devant prêtres et moines.

Après souper, notre compagnon l'émigré nous causa une nouvelle alerte. L'aubergiste nous apporta le livre où il est d'usage d'inscrire les noms, la profession, la destination, le lieu d'origine des voyageurs et de leurs domestiques ; livre qui est chaque soir communiqué au commissaire du pouvoir exécutif. Il regarda attentivement le jeune homme, qui dès son arrivée, nous dit-on depuis, avait éveillé les soupçons des domestiques de l'hôtel. Sans en être informés pourtant, nous avions décidé, pour le faire manger avec nous, d'admettre aussi le cocher à notre table. Cette précaution nous sauva sans doute. Notre hôte, ayant dévisagé notre protégé avec l'attention d'un Lavater, demanda brusquement à notre ami *si ce jeune homme-là était bien son domestique.* B... répondit avec chaleur qu'il fallait être un aristocrate pour faire semblable question et s'étonner de nous voir manger avec nos serviteurs; que nous étions de vrais républicains, ne faisant aucune distinction entre les personnes et les professions, et que notre devise était: *Liberté, égalité ou la mort.* Si bien qu'avec une bouteille de vin que nous bûmes avec l'hôte, qui par parenthèse était un jacobin, avec des plaintes amères contre le gouvernement actuel, le Directoire et ses cinq tyrans, nous nous en tirâmes avec un peu d'audace, enseignes déployées, échappant pour la seconde fois à un danger mortel.

De Montreuil à Bernay, la route est excellente, ombragée de chaque côté par une rangée d'arbres fruitiers, passant à travers une riche et fertile contrée, si bien cultivée qu'elle rappelle le comté de Kent, où la nature du sol est semblable.

Sur le point d'arriver à Abbeville, nous rencontrâmes des gendarmes à cheval, escortant un mauvais chariot couvert, pesamment chargé, contenant une malheureuse famille anglaise, dont nous n'avons pu savoir le nom et qui se composait d'un homme, de sa femme et de trois enfants. L'homme avait été soupçonné d'être un espion; aussi avait-on confisqué ses effets, on l'avait emprisonné ainsi que sa famille pendant quelques mois, et maintenant on le renvoyait à Calais par ordre du gouvernement, afin de l'embarquer immédiatement pour l'Angleterre, avec interdiction de rentrer en France.

IV.

ABBEVILLE.

Aspect de la ville. — Décadence de l'industrie. — Mendiants. — Effets de la révolution. — Opinion des négociants sur la situation politique. — Patriotisme d'un vieux manufacturier. — Visite de l'émigré. — Son histoire. — Sa grand'mère et ses sœurs. — Altercation entre la maîtresse d'hôtel et un paysan. — Monnaie républicaine et sacrilége.

Abbeville est une ville plutôt belle que laide, assez grande, avec des rues plus larges que dans les autres villes de France, et des maisons généralement bien bâties [1]. Elle passait avant la révolution pour une des cités des plus manufacturières du pays [2]; on s'y livrait à la fabrication des gros draps, des serges et autres étoffes; mais à présent elle est dans une telle décadence que notre ami, qui y était venu à l'époque de sa grande prospérité, pouvait à peine la reconnaître [3].

[1] Arthur Young dit que la ville est ancienne et mal bâtie; beaucoup de maisons sont en bois. (*Voyages en France*, traduction Lesage, t. I, p. 9.)

[2] « L'industrie y pétille par tous les bouts, » écrivait le bailli de Mirabeau, en 1760, dans son voyage d'inspection des milices garde-côtes. (L. de Loménie, *les Mirabeau*, t. I, p. 260.)

[3] « La ville est déserte; beaucoup de maisons sont fermées, » dit lord Malmesbury. (*Diaries*, t. III, p. 268.)

En ce qui concerne l'industrie des gros draps, la seule qui ait conservé quelque activité, on nous a dit qu'avant le changement de choses, pour me servir de leurs expressions, ou en 1787, plus de douze cents métiers et de cinq mille personnes y étaient employés [1]; aujourd'hui ils sont réduits de plus de moitié; la réduction est la même pour l'industrie des serges et d'autres étoffes semblables à celles que l'on fabrique en Angleterre. Le nombre incroyable de mendiants et de misérables de tout âge, que l'on rencontre dans les rues, et qui vous fatiguent à mourir de leurs importunités, confirment trop complètement ces renseignements, et font réfléchir sur le malheur d'un pays où les pauvres travailleurs sont privés de leur occupation habituelle [2].

En revenant à l'hôtel, la vue d'une église en démolition et de plusieurs des anciens édifices dégradés nous amena à nous enquérir du sort de cette ville pendant la Terreur; nous apprîmes avec plaisir qu'elle avait échappé à la plupart des horreurs commises à cette époque dans la plupart des villes voisines; on nous dit aussi que l'église

---

[1] Franklin était frappé en 1767 de l'activité qui régnait à Abbeville : « Jamais, écrit-il, je n'ai été dans un endroit où l'on travaillât davantage; rouets et métiers marchaient en chaque maison. » (*Les Voyageurs en France*, p. 250.)

[2] En 1792, Moore avait été frappé du mouvement et de l'air de prospérité d'Abbeville. « Jamais, dit-il, dans aucune ville, les gens du peuple ne m'ont paru plus à l'aise, et mieux vêtus. » (*A Journal*, t. I, p. 363.)

en démolition avait été vendue comme bien national, et qu'on devait élever d'autres constructions sur son emplacement; que beaucoup des édifices publics avaient, il est vrai, souffert, mais que le mal avait été partiel et qu'il avait été bientôt arrêté; enfin, que le peuple était plus tranquille et commençait à rentrer dans l'ordre, leur principale église venant d'être rouverte aux exercices du culte comme auparavant.

Je ne puis manquer de vous faire connaître d'autres informations, pour vous donner une idée de l'opinion qui semble ici générale parmi la majorité des manufacturiers, auxquels notre ami a parlé de l'état présent des affaires en France. Ils sont tous unanimes à déplorer la chute de l'ancien régime, tout en désirant en même temps rendre justice au gouvernement existant, qui, disent-ils, s'efforce par tous les moyens possibles de rétablir le crédit des villes commerçantes de France. Plusieurs des notables et des négociants les plus importants de leur cité ont été appelés à Paris par le Directoire pour donner leurs plans sur les moyens les plus propres et les meilleurs d'y parvenir; mais le seul obstacle au succès de leurs efforts provient du manque apparent de numéraire. Ce mode de raisonner doit frapper, comme une simple gasconnade, l'étranger qui n'a pas vu le présent état de la France, mais nous avons reconnu qu'il était exact. Il n'est pas douteux qu'il y a encore beaucoup d'argent et de grandes ressources dans le pays, quoique, je l'avoue, le peuple craint de laisser voir et de déclarer ce qu'il possède, surtout à cause de l'extrême versatilité des Conseils; il n'a pas confiance en eux et n'ose se montrer tel qu'il est réellement.

En entrant dans la ville, nous aperçûmes un vieillard que sa physionomie paisible et ses cheveux, « où le temps avait mis son empreinte honorable », semblaient désigner particulièrement au respect. Notre ami, informé qu'il était de ceux qui avaient beaucoup souffert de la révolution, qu'autrefois manufacturier assez important, il avait toujours eu une bonne réputation, l'aborda, avec l'intention de connaître ses sentiments sur le temps présent. Il craignait de ne pas rencontrer en lui l'expression exacte de l'opinion du peuple en général; au contraire, il le trouva affirmant avec plus de vigueur la même manière de voir. « *Parbleu, Monsieur,* dit-il, *je n'ai pas l'honneur de vous connaître; mais vous me paraissez un brave homme et un ami du genre humain. Je puis donc vous assurer que, quoique j'aie beaucoup perdu par la révolution et qu'il ne me reste que très peu de chose, néanmoins, tout âgé que je suis (car j'ai bien quatre-vingt-cinq ans), j'espère encore de voir triompher mon malheureux pays. Grand Dieu!* ajouta-t-il en levant les yeux au ciel, *si nos opinions pouvaient seulement se concilier et que nous puissions avoir la paix, le monde entier,* dit-il avec emphase, *ne pourrait nous conquérir.* » Cependant il était parfaitement clair, d'après les aveux du vieillard, qu'il n'aimait pas l'ordre de choses existant, au point de vue des changements politiques et religieux ; mais le fait est, — et il nous a été confirmé bien des fois, — que la majorité des Français qui n'ont pas quitté la France, quelles que soient leurs opinions politiques, ont conservé le plus ferme attachement pour la gloire de leur pays et semblent redouter par-dessus tout le démembrement de la France et le retour en masse des émigrés; pour éviter l'un et l'autre, ils accepteraient volontiers le maintien du gouvernement actuel. Tels sont les deux ressorts puissants que les chefs de la nation, qui sont parfaitement au courant de l'opinion générale, mettent en usage dans le maniement des affaires intérieures, avec autant de sagacité que de succès.

Notre protégé, dont je n'ai pas encore parlé dans cette lettre, nous avait quittés assez brusquement dès notre arrivée. Au moment de nous mettre à table pour souper, on nous remit une lettre ; elle était de lui, mais non signée. Il nous exprimait sa reconnaissance, les raisons pour lesquelles il ne l'avait pas témoignée plus tôt, et nous annonçait sa visite pour la soirée. Il arriva bientôt, accompagné, à notre grande surprise, d'une vieille dame et deux belles jeunes filles âgées de moins de vingt ans. C'étaient sa grand'mère et ses sœurs, qu'il s'était permis de nous amener, afin qu'elles pussent nous manifester leur gratitude.

Nous nous mîmes à causer comme d'anciennes

connaissances. La vieille dame, d'une taille élégante et élancée, conservait encore quelques restes de beauté, bien qu'elle eût dépassé soixante ans ; avec toute l'aisance d'une Française distinguée, elle nous fit cependant l'histoire de sa famille et des malheurs qui l'avaient frappée depuis le commencement de la révolution.

Le père du jeune homme était son fils unique et bien-aimé. Il avait épousé la vertueuse et charmante fille d'un de ses amis et voisins de campagne, dont il avait eu trois enfants, le jeune homme et les deux jeunes filles qui étaient présents. Malheureusement, il avait émigré, et fut tué près de son fils, à l'armée de Condé, dans un combat. Sa femme, restée à Paris, fut guillotinée pendant la Terreur. Les filles auraient partagé le même sort si un terroriste, devenu amoureux de l'aînée, n'avait obtenu pour elle un délai qui leur permit de s'évader et de rejoindre, après bien des traverses, leur grand'mère en Normandie. Leur frère, voulant aller les retrouver après la mort de son père, rentra en France, et leur donna rendez-vous dans la maison d'un ami à Abbeville. « Nous y étions depuis dix jours, ajouta la vieille dame, attendant dans les transes son arrivée. »

Le jeune homme, aussitôt qu'elle eut fini de parler, embrassa ses sœurs et se jeta aux pieds de la vieille dame en protestant de son affection et de son respect. Il ne nous oublia pas ; mais la prudence nous obligea à lui rappeler notre situation, et il se calma. Comme nous manifestions des craintes sur sa sécurité personnelle, il nous tranquillisa en nous disant qu'il avait un certificat de présence dans l'armée du Rhin qu'un de ses amis lui avait procuré; malheureusement il avait été reconnu à Saint-Omer par un soldat qui l'avait vu à l'armée de Condé, et, dénoncé par lui, il n'aurait pu échapper à son sort si la Providence ne nous avait pas mis sur son chemin. Nous nous séparâmes alors, après de vives protestations d'amitié, d'estime et de satisfaction réciproque.

Amiens, 11 novembre.

Au moment de monter en voiture pour quitter Abbeville, nos oreilles furent frappées par le bruit d'une violente altercation entre le maitre de l'hôtel et un homme qui avait l'air d'un paysan. — Les voix s'élevaient, et l'homme commençait à s'échauffer; notre ami se retourna pour en savoir la cause, et, s'il était possible, pour apaiser le différend, qui avait uniquement pour objet le paiement d'un panier de pommes que la femme venait de recevoir.

Le dialogue promettant d'être curieux, nous nous sommes approchés pour l'entendre. La femme offrait une monnaie républicaine, que l'homme refusait d'accepter, disant que non seulement dans son village, mais dans tous les environs, cette monnaie était refusée; qu'en conséquence il insistait pour être payé avec de la monnaie de l'ancien régime. Comme nous lui demandions pour quelle raison il la refusait, car elle était certainement aussi bonne que l'autre :

« Non, répondit-il, en aucune façon ; n'est-elle pas fabriquée avec le métal de nos vases sacrés, de nos reliques, etc. ? Et à coup sûr, si je regarde comme un sacrilège d'y toucher, n'est-ce pas pis encore de l'avoir en sa possession ? Donc, Madame, continua-t-il, en se tournant vers la femme, je *déclare que j'aime mille fois mieux reprendre mes pommes que de recevoir ce diable d'argent.*

— *Ah! ah! citoyen,* répliqua le chef cuisinier, que je n'avais pas encore aperçu et qui était dans un coin de la cuisine, occupé à ses casseroles, *te voilà donc, Bertrand, toi, qui es un des magistrats de notre département, chargé de l'exécution des lois, et tu ne veux pas même les suivre ? N'as-tu pas honte de faire tant de bruit pour ton payement, et que diable est-ce que cela te fait ? Une monnaie n'est-elle pas aussi bonne que les autres ? car toutes deux te font vivre.*

— *Quoi !* dit notre ami, *ce citoyen est un magistrat ?*

— *Ah ! pour cela, oui, Monsieur,* répondit le cuisinier, *et outre cela, c'est un instituteur national qui ne sait pas compter l'argent qu'on lui donne.*

— *Qu'est-ce que dit ce monsieur aristocrate ?* répondit le paysan en colère. *S'il doute que je suis magistrat et instituteur de la jeunesse, il a bien tort ;*

car je suis bon Français et à coup sûr meilleur républicain que lui : mais de la vie on ne me forcera à accepter cet argent, dussé-je même manquer de pain!

En disant ces mots, il prit précipitamment son panier, et sortit, tandis que nous montions en voiture pour continuer notre voyage.

J'ai relaté cette anecdote à raison de sa singularité, et en même temps pour montrer combien les préjugés religieux persistent parmi les gens de la campagne.

V.

D'ABBEVILLE A AMIENS.

Beau pays jusqu'à Flixecourt. — État de l'agriculture et des bestiaux. — Conversation avec un paysan. — Récit de ses campagnes. — Son opinion sur la guerre. — Air militaire même des enfants. — Picquigny. — Amiens. — La cathédrale et ses dévastations. — Rétablissement du culte. — Caractère peu violent de la révolution dans cette ville. — État de gêne des rentiers.

La plus belle partie de notre route se fit à travers un charmant pays [1]. Elle passe au milieu de plusieurs villages de bonne apparence, et à Flixecourt, où nous avons dîné, à vingt milles anglais environ d'Abbeville. Ce village, qui n'est rien par lui-même, est très intéressant par sa situation, dans une large vallée admirablement cultivée, où les bois et les collines présentent un tableau aussi agréable que varié. Parfois nous apercevions les villages perçant au milieu des arbres, ailleurs à peine visibles dans la vallée, à quelque distance, ou bien paraissant pendre sur les flancs des coteaux. Le sol est crayeux, mêlé de silex. Les ar-

---

[1] « Même pays plat et ennuyeux jusqu'à Flixecourt, » dit Young. Tous les voyageurs n'apprécient pas de même le paysage.

bres sont les plus jolis que j'aie jamais vus, et pendant toute la durée de cette journée formaient le plus charmant effet dans le paysage par les couleurs variées de leur feuillage. Le tout produisait un si beau spectacle, qu'on se serait cru dans un parc plutôt qu'au milieu de propriétés morcelées.

J'ai certainement eu une agréable déception jusqu'ici, parce que je croyais que la route de Calais jusqu'aux abords de Paris était monotone et nullement agréable; je l'ai trouvée tout autre. Nous n'avons pas remarqué, il est vrai, beaucoup de prés, quoique nous ayons vu beaucoup de bétail; les moutons sont beaux et grands, mais les vaches de petite taille. Peu de terres préparées pour des raves, mais la plupart pour des grains. Les chevaux sont en général bons et forts, mais ayant moins bonne apparence qu'en Angleterre. Les charrues, dont nous avons vu un grand nombre à l'œuvre, ont pour la plupart trois chevaux, avec un homme pour chacun d'eux [1].

Comme nous étions descendus, à une forte montée au delà de Flixecourt, nous fûmes salués par un jeune homme qui conduisait une charrue. Une sorte d'air militaire, qui nous indiqua qu'il avait manié autre chose qu'une charrue, nous engagea à lui demander s'il n'avait pas servi dans une des

---

[1] Malmesbury a remarqué plusieurs charrues traînées par des ânes; il en a vu plusieurs menées par des femmes, presque toutes par des vieillards et des enfants. Selon lui, « la population mâle a diminué. » (*Diaries*, t. III, p. 269.)

armées. « Oui, dit-il, j'ai servi, et je l'espère, honorablement, car j'ai combattu pour mon pays à la fameuse bataille de Fleurus, où nous avons été victorieux, et où j'étais caporal dans la légion des chasseurs. Cette bataille, comme vous le savez, continua-t-il, décida du sort du Brabant et de la Flandre. J'y ai été blessé, et je revins avec plusieurs de mes camarades pour me soigner dans mon village; nous nous y sommes mariés depuis, de sorte que nous sommes maintenant exempts du service. Mais croiriez-vous que ce petit village que vous venez de traverser n'a pas fourni moins de soixante volontaires, tous jeunes et forts, dont un grand nombre combat encore pour son pays? ceux qui sont revenus ont repris comme moi leur métier de laboureurs, et cultivent leurs terres. »

Comme il paraissait intelligent et très communicatif, nous lui avons demandé si son département avait matériellement souffert par la perte d'un grand nombre d'hommes.

« Oh! répliqua-t-il, c'est incroyable combien il en a perdu; cependant nous sommes si attachés à notre pays, que si l'on demandait plus de bras pour sa défense, nous pourrions rassembler un plus grand nombre d'hommes sans nuire à son agriculture. » Assertion qui, à en juger par l'apparence, me paraît peu douteuse; mais ce qui semblait le plus étonner notre ami, qui avait plus d'une fois visité la France avant la révolution, c'est l'air militaire que tous paraissent avoir pris;

les gamins mêmes dans les rues ont tous un bonnet comme les soldats, avec la cocarde militaire au centre, surmontant le mot *liberté* brodé en laine.

Plus loin, Picquigny nous parut réellement misérable. Cette localité a terriblement souffert pendant la révolution; le château, un noble édifice, l'école publique, aussi bien que deux couvents, l'un d'hommes, l'autre de femmes, admirablement situés à quelque distance de la ville, sont tout à fait abandonnés et en grande partie démolis. Ici la dévastation a été le mot d'ordre.

Amiens, 12 novembre.

Cette ville est grande, généralement bien bâtie, avec beaucoup de belles places et des rues suffisamment larges. Peu d'entre elles conservent leur nom primitif; elles ont été baptisées, depuis la révolution, conformément aux principes nouveaux : ainsi les ci-devant rues des Dominicains, Sainte-Marie, Saint-Denis, etc., sont désignées maintenant par les noms d'Égalité, d'Union, de Fraternité, et ainsi de suite.

La ville était autrefois des mieux fortifiées; mais ses remparts sont pour la plupart en ruine; seule la citadelle, bâtie par Henri IV, est encore en état.

La cathédrale est une des plus belles églises du pays. Des gens qui y faisaient leurs dévotions nous dirent que le changement de choses avait malheureusement causé des dégâts déplorables dans l'intérieur de cet édifice sacré ; toutes les châsses d'argent, qui étaient nombreuses, outre beaucoup d'autres objets de valeur, tels que saints, images, crucifix d'or massif, avaient entièrement disparu pendant le règne de la Terreur ; Robespierre, *ce cruel monstre*, pour me servir de leurs propres expressions, avait pris des mesures pour empêcher qu'il n'y restât aucun objet de valeur ; en conséquence nous ne devions y trouver que quelques statues mutilées de marbre ou de bois, et çà et là quelque tableau qui n'a pas paru digne d'être enlevé. Tout cela n'était que trop vrai ; il n'y reste que trop de traces de pillage et de dévastation. « Cependant, continuèrent nos interlocuteurs, *Dieu soit loué*, depuis que notre culte a été rétabli, et qu'on nous permet de prier comme autrefois, nous sommes assez satisfaits, *et pour le reste, il faut avoir patience.* »

Nous désirions avoir de plus amples informations sur les arrangements qu'ils faisaient avec les prêtres. « Grâce aux souscriptions volontaires et aux dons des habitants, déposés, nous dirent-ils en nous les montrant du doigt, dans deux petites boîtes auprès desquelles vous êtes passés en entrant dans l'église, et sur lesquelles vous avez remarqué une invitation : *Aux fidèles chrétiens*, l'église est non seulement tenue comme vous voyez, mais nos prêtres sont largement payés et l'argent qui sert à nos cérémonies comme autrefois. »

La ville n'a pas beaucoup souffert. On nous a

affirmé de bonne source qu'il n'y avait pas eu dix émigrés dans ce district, et que trois personnes seulement y avaient subi la mort révolutionnairement, deux prêtres réfractaires et le cruel Le Bon (1), les premiers pour avoir voulu susciter une croisade contre le gouvernement, le dernier pour sa conduite sanguinaire.

Le commerce d'Amiens est à peu près dans le même état que celui d'Abbeville; il est tombé au dernier degré.

Quant aux rentiers, ou personnes de fortune moyenne qui, avant la révolution, avaient prêté leur argent au ci-devant gouvernement à bon intérêt, ils sont pour la plupart réduits à la plus triste pénurie; mais si les manufactures sont en déclin, il n'en est pas de même des plaisirs; ceux-ci semblent plus en rapport avec l'esprit des Français que le commerce [2].

---

[1] Guillotiné à Amiens, le 16 octobre 1795.

[2] L'auteur du *Gentleman's Guide* recommande aux Anglais le séjour d'Amiens; au printemps et l'été, il y a peu de villes aussi plaisantes en France. Jolies promenades, fêtes sur l'eau, nombreuse et bonne société; garnison d'infanterie et de gardes du corps; concert une fois par semaine. On peut se mettre en pension dans une maison près de la cathédrale, moyennant 600 francs par an. Si l'on veut apprendre le français, un moine vient le soir et le matin donner des leçons pour une demi-guinée par mois. Un domestique coûte 25 sous par jour, non logé, ni nourri. (*The Gentleman's Guide in his tour through France*, 4ᵉ éd., London, 1770, p. 25 à 27.)

VI.

BRETEUIL. — SAINT-JUST. — CLERMONT.

Le temple de la Raison de Hebecourt. — Breteuil. — Siège et prise de l'église par les femmes de Breteuil. — Rétablissement du culte par elles. — Riche culture de la campagne. — Population. — Mauvaises auberges. — Bonne auberge à Saint-Just. — Le café national. — La lecture des journaux. — Discussions. — Attaques contre le gouvernement. — Le parc du duc de Fitz-James. — Clermont. — Marché aux grains. — Arbres de la liberté. — Anciennes religieuses. — Le château de Liancourt. — Mausolée de Jean-Jacques Rousseau à Creil.

Chantilly, 13 novembre.

Hier nous avons été d'Amiens à Breteuil. En traversant le village de Hebecourt, nous vîmes écrits en lettres capitales sur la porte de l'église ces mots : *Temple de la Raison*, ou plutôt *Déraison*, comme nous le fit très à propos observer un paysan qui se trouvait là. C'est toutefois le seul édifice où nous ayons jusqu'ici remarqué une inscription de ce genre. L'arbre de la liberté, au lieu d'être comme de coutume au centre du village, était planté tout contre le mur de l'église, avec cette inscription : *Vivre libre ou mourir, c'est là notre désir.* La localité paraît pauvre et misérable.

A Breteuil, qui est une ville très insignifiante, on nous raconta que peu de temps auparavant il y avait eu une agitation d'une nature singulière, mais qui heureusement avait bien fini. Les femmes de Breteuil sont comme la généralité de notre sexe, qui ne s'apaise pas facilement une fois qu'elle est irritée, surtout lorsqu'elle est animée par des motifs de bigoterie ; exaspérées de voir que leur église recevait une autre destination religieuse, privées de leurs prêtres, et, ce qui leur tenait plus au cœur, de la consolation de la confession, elles se mirent en marche un beau matin, munies d'armes féminines, telles que broches, balais, bâtons, morceaux de briques, et se dirigèrent en masse vers la principale porte de l'église, qu'elles assaillirent et qui céda en quelques minutes à leurs efforts. Elles s'y précipitèrent, et ceux qui s'y trouvaient, et qui, nous dit-on, faisaient partie de la municipalité, filèrent dans toutes les directions, avec le désir de conserver leurs os intacts, laissant le champ de bataille aux pieuses viragos ; celles-ci, craignant une surprise, s'empressèrent, sans perdre de temps, de renverser les bustes de Marat, de Lepelletier et d'autres encore, et les remplacèrent par ce qui restait des statues de leurs saints, qui étaient dans un très triste état, empilés les uns sur les autres et relégués depuis le règne de la Terreur dans une petite chapelle à l'extrémité de l'église. Cela fait, elles tinrent conseil, et décidèrent qu'un *corps de réserve* resterait pour observer les mouvements de l'ennemi, tandis que le reste, animé d'un courage digne des Amazones, irait chercher trois prêtres qui étaient cachés dans la maison d'une de ces dévotes. Celles-ci revinrent bientôt triomphalement avec eux, portant quelques torches allumées, qu'elles placèrent sur l'autel, et alors non seulement elles obligèrent les prêtres à dire la messe après l'heure prescrite, mais à chanter un *Te Deum* pour remercier Dieu de leur succès.

Telle est la relation exacte de cette bagarre, telle qu'elle nous fut racontée, avec cette addition qu'on n'y fit pas la moindre attention, et que depuis ce jour les prêtres ont tranquillement continué à exercer leur culte dans l'église où ils avaient été ainsi réinstallés.

De Breteuil jusqu'aux abords de Clermont, le pays est plat et moins intéressant, quoique encore cultivé au plus haut point, comme tout le pays que nous avons traversé jusqu'ici. C'est une preuve convaincante de la manière imparfaite dont on juge en Angleterre l'état réel de la France. Combien de fois y ai-je entendu dire que ce pays était désert, stérile, inculte, dépeuplé, tant en hommes qu'en bestiaux, par suite des pertes de la guerre; que si la paix survenait, les Français ne sauraient que faire de leurs troupes, dont la multitude est incroyable, et qui, lorsqu'elles seraient licenciées, mettraient le pays au pillage.

Au contraire, pas un pouce de terre qui ne soit

labouré[1], et la charrue fouille jusqu'au pied des haies qui bordent la route[2]. Les bestiaux sont en grande quantité; l'on nous a même assuré que leur nombre a augmenté d'un tiers dans ces deux dernières années, dans toute la France, et particulièrement en Normandie et en Vendée. Quant aux hommes, ils ne nous ont pas paru rares, quoique les réquisitions en aient enlevé un très grand nombre. Beaucoup des jeunes gens qui cultivent la terre sont mariés et ont déjà servi dans une ou deux campagnes. C'est une preuve que la continuation de la guerre de la part des Français ne doit pas être attribuée à la crainte de licencier leurs troupes, mais à des causes diverses, beaucoup trop compliquées pour les développer en ce moment.

La nuit nous força de nous arrêter à Saint-Just, grand, mais pauvre village, plus fréquenté

---

[1] Le Dr Rigby s'exprimait de même en 1789.

[2] Lord Malmesbury écrit aussi dans une lettre du 27 octobre 1796 : « J'ai été très frappé, dit-il, de l'apparence générale de fertilité et d'excellente culture dans tout le pays que j'ai traversé depuis Calais; et l'on m'assure qu'il en est de même dans toute la république. En fait, les paysans et les petits propriétaires fonciers, quoique exposés à de fréquentes réquisitions et à d'autres vexations, paraissent avoir été du nombre de ceux qui ont le plus gagné au nouvel ordre de choses; ayant dès l'origine refusé de recevoir des assignats pour les productions de leur travail, qui étaient des objets de première nécessité, ils ont fini par recueillir et par cacher une grande partie du numéraire... ensuite, à l'époque de la dépréciation des assignats, ils ont pu acheter des terres à des conditions à peine croyables. » (*Diaries and correspondence*, t. III, p. 290.)

par les rouliers que par les autres voyageurs.

Puisque nous parlons de gîte, laissez-moi vous dire que les auberges ont beaucoup perdu de leur qualité et ne sont en aucune façon ce qu'elles étaient; un grand nombre d'hôtels ont été fermés par leurs propriétaires, et ceux qui les ont remplacés ou qui ont ouvert de nouveaux hôtels sont tellement imbus de sentiments d'égalité que leur *insouciance* est intolérable. Les vivres en même temps sont très ordinaires, tandis que les prix sont exorbitants, si on les compare à ce qu'ils étaient autrefois. Toutefois l'on nous a dit que cela n'est rien auprès des hôtels d'Allemagne, où la négligence et l'insouciance sont dix mille fois pires qu'en France.

A Saint-Just cependant, nous nous décidâmes à passer la nuit, avec l'espoir d'être sinon mieux, du moins pas plus mal traités que dans beaucoup d'autres localités où nous avons logé. Nous fûmes même plus heureux que nous ne le comptions, car les bonnes gens nous donnèrent ce qu'ils avaient de mieux. Quoique la maison eût mauvaise apparence, il y avait un chef pour faire la cuisine, et des lits excellents; il est vrai que presque partout nous en avons trouvé de bons[1]. Mais le reste du

---

[1] « Les lits que nous avons trouvés dans les auberges (entre Cambrai et Chantilly), dit un voyageur anglais, consistent en une paillasse sur laquelle sont empilés un matelas, un lit de plume, puis un autre matelas. Ils sont si hauts qu'on ne peut qu'avec difficulté s'y hisser, et si l'on en tombait par hasard, on risquerait de se rompre les os sur le carrelage. Le luxe et la saleté se rencontrent trop fréquemment dans ces régions. On

mobilier était un mélange de luxe et de saleté, tels que des lits élégamment brodés, des sophas, des fauteuils, à côté de tables brisées, de rideaux de fenêtre en guenilles, de glaces fendues, le tout souvent couvert d'une épaisse poussière. Ces débris d'élégance ont souvent troublé mon sommeil en me faisant songer qu'ils avaient autrefois appartenu à des gens qui avaient éprouvé des revers de fortune au point d'être dépouillés de la majeure partie de ce qu'ils possédaient ; en général, les biens des émigrés sont devenus propriété nationale et ont été vendus aux enchères là où on a pu les acheter à vil prix.

Notre ami, qui est toujours aux aguets, et désireux de sonder l'opinion publique toutes les fois qu'il en a l'occasion, apprit qu'il y avait un *café national* vis-à-vis l'hôtel. Il résolut d'y aller, tandis qu'on préparait notre *petit soupé*, et il revint au bout d'une demi-heure, après avoir assisté avec intérêt à une scène nouvelle pour lui. Étant entré dans une salle de dimension passable, qu'il trouva remplie de personnes d'une apparence étrange, éclairées par quelques chandelles éparses çà et là, il tâcha d'en gagner le fond, où était assis un grand homme maigre, qui prenait le titre de président. Celui-ci, tenant un journal d'une main et

---

trouve dans la même chambre de grands miroirs dorés, des tapisseries, des tableaux, des lits de satin, des nids de punaises et un sale carrelage de briques. « (*Observations in a Journey to Paris*, 1777, t. I, p. 90 et 91.)

de l'autre une petite bougie, donnait avec beaucoup d'emphase lecture du récit d'un succès récent remporté par Bonaparte. Cette nouvelle ne rencontrant pas beaucoup de créance, et beaucoup d'auditeurs doutant de sa véracité, les deux partis s'échauffèrent et crièrent en demandant à se faire entendre. En discutant, ils exprimaient leur opinion avec une liberté complète sur l'état présent des affaires, n'épargnant ni les gouvernants ni le gouvernement. Sur ces entrefaites, un homme qui était près de notre ami, et qui se révéla plus tard pour être un marchand de linons, l'interpella, en le voyant écouter en silence et avec surprise ces invectives contre le système actuel. « *Monsieur, vous ne répondez pas et vous paraissez surpris; par tout cela, vous devez certainement être de mon opinion.* » Et comme le vieil officier de Calais, il conclut en disant : « *Nous ne serons jamais heureux sans un roi.* »

Mon ami lui répondit qu'il n'était pas compétent pour déterminer quelle était la meilleure forme de gouvernement, mais qu'il remarquait seulement que ce n'était pas la première fois qu'il visitait le pays, qu'il en avait parcouru plusieurs parties avant la révolution, qu'il ne l'avait jamais trouvé si bien cultivé et que les paysans ne lui avaient jamais paru aussi à l'aise. « *Ah! Monsieur*, reprit-il en haussant les épaules, *on voit bien que vous ne connaissez la France que très superficiellement, car il n'y a rien de surprenant dans ce que vous dites, puisque le pauvre est aujourd'hui obligé de travailler nuit et jour pour vivre; au lieu qu'autrefois ils étaient en grande partie nourris par les seigneurs. Diable!* ajouta-t-il, *vive ce temps-là! Le luxe et la pompe dominaient. Je vendais alors dix aunes de linon pour une aujourd'hui.* » Singulier argument, mais qui cependant confirme mes assertions précédentes. L'égoïsme a fait de si rapides progrès dans ce pays, que l'on ne songe plus qu'à soi, et nous avons trouvé que chacun était disposé à parler de la révolution et à la juger selon qu'elle avait plus ou moins affecté ses intérêts.

Trois quarts de lieue avant d'entrer à Clermont, la route traverse une partie de l'ancienne propriété du duc de Fitz-James, qui est maintenant, je crois, en Angleterre, au service de Sa Majesté Britannique.

Ce parc est charmant, et les bois, les pelouses, les champs, les prés y sont disposés avec une telle variété que je me serais cru au milieu d'un de nos plus beaux parcs anglais. Le château et les bosquets sont très agréablement situés sur les bords de la *Brèche,* dont les eaux limpides arrosent une vaste prairie, ombragée par un grand nombre d'arbres, au pied de la ville. Cette noble résidence a belle apparence, mais la tristesse qui y règne fait soupirer et songer à la fragilité des grandeurs humaines.

A Clermont, on nous apprit que le château et les jardins n'étaient pas encore vendus, mais que le reste de la propriété avait été acheté en petits lots par divers acquéreurs, parmi lesquels (chose étrange à relater) se trouvaient beaucoup de domestiques du duc, qui furent, nous dit-on, pendant la révolution, les ennemis les plus cruels et les plus violents de leur bienfaiteur, et ses premiers dénonciateurs. Je désirerais sincèrement que ce bruit fût mal fondé, quoique je craigne que de pareils faits aient pu trop souvent se rencontrer. Heureusement qu'une pareille conduite n'a pas été générale, car on nous cite des exemples de serviteurs assez vertueux pour avoir sacrifié leur vie et leurs intérêts afin de sauver leurs anciens maîtres.

Clermont est une ville très ancienne ; ses rues sont étroites et désagréables, étant toutes en pente ; il n'y a rien à y signaler, si ce n'est sa situation[1] et un excellent marché aux grains, qui se tient tous les huit jours. On nous a dit qu'il y avait à présent plusieurs grands magasins de grains pour les armées dans la ville. Le prix moyen du blé, au marché d'aujourd'hui, est de 18 francs pour une mesure de 120 livres pesant, prix qui à coup

---

[1] Une autre Anglaise parle avec plus d'admiration de la position de Clermont. « La ville est située, dit-elle, d'une manière charmante sur une colline élevée. La ville n'est rien en elle-même, mais l'église, quoique petite, est d'une beauté remarquable ; ses vitraux peints sont les plus beaux que j'aie vus... Ses jardins publics, situés sur le sommet de la colline, commandent le paysage le plus frappant et le plus romantique. » (*Letters from a lady to her sister during a tour to Paris*, 1814, p. 12.)

sûr n'a rien d'exagéré ; mais ici, comme en Angleterre, la récolte de l'année a été abondante.

D'après nos renseignements, la majeure partie des habitants ont été de violents patriotes pendant la révolution, et ils le sont encore, à en juger par le grand nombre d'arbres de la liberté plantés en différents endroits de la ville, avec les inscriptions de liberté, fraternité et union. La maîtresse de l'hôtel, cependant, désirait se faire passer à nos yeux pour être d'une opinion différente ; car elle commença à s'exclamer avec beaucoup de violence contre la révolution et les révolutionnaires, se plaignant de ce *que sa profession était bien tombée*, «*car*, ajouta-t-elle avec un soupir, *nous ne voyons plus de guinées depuis que les Anglais, les chers Anglais ne voyagent plus.* » Elle prit soin d'assaisonner ce compliment en nous présentant une note des plus déraisonnables pour notre déjeuner[1].

Il y avait, avant la révolution, quelques couvents de femmes, qui ont été conservés en ce sens que ces femmes habitent encore la même maison, mais sans suivre entièrement la règle de leur ordre. Elles sont vêtues comme tout le monde et prennent des pensionnaires ; aussi leurs maisons sont-elles connues sous le nom de pensions.

D'ici à Creil, c'est une succession et un mélange continus de collines, de vallées, de bois, de vignes,

---

[1] Lord Malmesbury fait l'éloge de l'hôtel du Cygne à Clermont : « bons lits, prix modérés, » dit-il.

s'étendant la plupart jusqu'au bord de la route, coupés par intervalles d'une multitude d'arbres fruitiers, tandis que les bestiaux broutant çà et là, les charrues en mouvement et, de temps en temps, l'aspect à travers les arbres de quelque beau château, complètent l'attrait du tableau. Parmi ces châteaux, celui qui me frappa le plus et me fit regretter de ne pouvoir le voir de plus près, c'est le noble palais de Liancourt, à peu près à moitié chemin entre Clermont et Creil. Ce château, qui appartient à l'ancienne famille de Larochefoucault, ne peut manquer d'attirer l'admiration des voyageurs; la majestueuse apparence de l'ensemble, la beauté du parc [1], la grandeur des avenues, annoncent suffisamment la résidence de cette noble famille.

A Creil, au centre d'allées de peupliers voisins de la rivière, et presque en face du château, un mausolée en l'honneur de Jean-Jacques Rousseau a été élevé par son royal ami et patron le prince de Condé. Le buste de cet écrivain pathétique, qui était placé au sommet, en a été enlevé depuis la révolution; mais le monument subsiste encore.

Nous atteignîmes bientôt la belle forêt de Chan-

---

[1] Le parc avait 400 arpents; il avait été dessiné par M. de Villars, architecte vivant en 1768, né à Troyes en Champagne, d'après d'Argenville. Les eaux étaient aménagées d'une manière remarquable. (*Voyage pittoresque des environs de Paris*, 1768, p. 436 à 444.)

tilly[1], qu'on a exploitée en partie comme propriété nationale, quoiqu'on n'en ait pas beaucoup coupé.

[1] Elle contenait 6,700 arpents. Les chasses qu'on y faisait étaient célèbres. De 1748 à 1770, on y tua jusqu'à 51,878 pièces de gibier en une seule année. En trente-deux ans, on abattit 587,470 lapins, 80,193 faisans, etc. (Voir *A journey in the year 1793 through Flandres, Brabant and Germany*, by O. Este, London, 1795, p. 112 à 115.)

VII.

CHANTILLY.

Magnificence du château. — Beauté de l'ensemble. — Actes de vandalisme. — Regrets. — Le guide. — Affection pour le prince de Condé. — Pavillons construits par les personnes attachées à sa maison. — Fidélité de la plupart d'entre elles. — Appartements. — Inscriptions tracées par les prisonniers. — Vieux château. — Manufactures de porcelaine. — Couvents sécularisés. — Écouen. — Le trésor de Saint-Denis. — Pillage et profanations. — Casernes. — Abords de Paris.

     Chantilly, 14 novembre 1796.

« La gloire de ce monde s'est évanouie, » c'est une sentence que le sujet de cette lettre a souvent rappelée à mon esprit.

Nous avons visité les ruines du noble édifice qui était la résidence du ci-devant prince de Condé; et, quoique dans son état actuel il offre un triste spectacle, il a conservé tant de grandeur et de magnificence qu'il a non seulement dépassé mon attente, mais qu'il m'a paru supérieur à tout ce que nous avons d'analogue en Angleterre.

Le vénérable palais, qui avait appartenu à la famille de l'infortuné Montmorency, fut donné en 1661 par Louis XIV à l'illustre famille de

Condé[1], qui peu après l'agrandit et l'embellit de telle sorte qu'il devint l'objet de l'admiration générale.

Je fus si frappée de l'ampleur de l'*ensemble*, du goût exquis de l'architecture, des superbes suites d'appartements dans le grand et le petit château, qui sont contigus l'un à l'autre, de la grande étendue des jardins, de la ménagerie, du parc, de l'orangerie[2], des écuries (naguère regardées comme les plus belles de l'Europe), que toute description, selon moi, serait au-dessous de la réalité[3]. Cependant tout est aujourd'hui désert et délaissé; la ruine et la désolation ont tout envahi; à peine aperçoit-on un être humain aux alentours, et tel fut le vandalisme du commencement de la révolution, qu'aucune des statues qui ornaient ces jardins et ces châteaux superbes ne lui échappa. Beaucoup furent enlevées; celles qui sont restées sont très mutilées. Une belle statue de Neptune, entre autres, a été coupée juste au-dessus du genou, parce qu'on avait supposé que son noble propriétaire s'était caché à l'intérieur. Quant à la statue du duc de Montmorency, décapité en 1632[4], si grandement admirée par les

---

[1] Chantilly entra dans la famille de Condé en 1633, par Charlotte de Montmorency, princesse de Condé, après la mort de Henri de Montmorency, décapité à Toulouse.

[2] L'orangerie, qui avait 400 pieds carrés, avait été détruite.

[3] Sur le château et le parc, voir, entre autres, le *Voyage de Chantilly*, par Damin, imprimé en 1796.

[4] C'était celle du connétable Henri de Montmorency, mort en 1616.

connaisseurs[1], elle a été transportée à Paris, comme toutes celles qui passaient pour les meilleures[2].

Je ne pus m'empêcher, en examinant avec une silencieuse émotion ces nobles débris, d'exprimer combien il était regrettable que le possesseur de toutes ces belles choses eût été amené à les quitter[3]; il était généralement si aimé qu'il aurait très probablement écarté ou retenu les mains des dévastateurs et prévenu, dans une certaine mesure, les destructions qui avaient eu lieu. « Vous avez parfaitement raison, répondit notre guide; c'est vraiment regrettable, et Dieu sait si nous avons profondément ressenti sa perte[4]; car, hélas! notre maître et bienfaiteur était adoré du peuple dans

---

[1] C'était une statue équestre, composée de morceaux de cuivre de platinerie et placée sur une terrasse. Le connétable était armé à l'antique, l'épée nue à la main; son casque, posé sur le piédestal, soutenait un des pieds de son cheval. (*Voyage pittoresque*, p. 415, 416.) André Duchesne a publié une gravure de cette statue dans son *Histoire de la maison de Montmorency*, 1624, p. 454.

[2] D'après Swinburne, cette statue avait été fondue.

[3] Louis-Joseph de Bourbon, prince de Condé, né à Chantilly en 1736, avait quitté la France avec ses enfants le 17 juillet 1789.

[4] En passant à Chantilly le 6 août 1792, Moore demanda à un pauvre homme en haillons si le peuple désirait le retour du prince. « Tous les pauvres le désirent, répondit-il. — Il était donc très charitable, dit Moore. — *Charitable comme un autre, dit l'homme, mais il était riche comme mille.* » (*Journal during a residence in France*, by John Moore, M. D. London, 1793, t. I, p. 10.)

un rayon de plusieurs lieues, respecté pour son humanité et sa bienveillance pour tous. Nous espérions, ajouta-t-il, qu'il reviendrait, lorsque la Convention vota un décret pour faciliter les moyens de rentrer dans leur pays à ceux qui l'avaient quitté; mais maintenant, tout est fini, et cet espoir est évanoui. » En disant cela, les pleurs coulaient le long de ses joues, et je fus saisie de mon indiscrétion; car, ne soupçonnant pas de tels sentiments et de telles réflexions chez ce jeune homme qui était le fils de notre hôte, je ne supposais pas qu'il pût faire attention à ce que je disais. Ce fut pour moi une leçon d'être plus circonspecte à l'avenir.

En allant du côté des écuries (dont l'architecture et l'étendue dépassent l'imagination[1]), nous sommes passés le long d'habitations d'un joli aspect, qui forment autant de pavillons précédés d'un petit jardin, et qui toutes étaient renfermées dans le parc. « Ici, dit le jeune homme en s'arrêtant et en les montrant du doigt, étaient les logements que Son Altesse Sérénissime fit construire pour son architecte, son peintre, son sculpteur, ses domestiques favoris et tous ceux qu'il protégeait; ils y jouissaient paisiblement de la générosité de leur Mécène. »

Comme nous exprimions le souhait d'apprendre que ceux qui avaient ainsi reçu ses bienfaits lui

[1] Sur la fontaine des écuries, était placé un écriteau où l'on pouvait lire : *Bandeau mis sur un nom abhorré* (Condé) *par les charrois de la république.* (Swinburne, t. II, 120.)

étaient restés fidèles. « Oui, répondit-il, pour la plupart; car la majorité d'entre eux a certainement suivi son sort[1], et ces habitations, aussi bien que la plus grande partie du superbe mobilier et des chevaux du prince, ont été vendues aux enchères; mais ce qui est singulier et montre en quelque sorte combien nous lui étions tous attachés, c'est que les habitants de la ville n'ont à peu près rien acheté; tout a été abandonné à des étrangers, dont quelques-uns sont des Anglais ou des Allemands, établis dans les environs de Chantilly. »

Nous achevions notre promenade et nous approchions des grandes portes de l'ancien château, lorsqu'une femme nous proposa de nous en montrer les appartements, quoiqu'ils fussent à peu près démeublés, et que la décoration en eût été défigurée et mutilée.

Ayant déjà passé beaucoup de temps dans ces lieux aujourd'hui si tristes et si mélancoliques, nous résolûmes de ne jeter qu'un rapide coup d'œil sur l'appartement. Mais à chaque pas nos yeux furent arrêtés par des sentences et des inscriptions, écrites sur les murs et les portes par nombre de malheureux qui avaient été incarcérés dans le château pendant la période de la Terreur; quelques-uns en avaient été emmenés pour être envoyés à la guillotine à Paris; d'autres avaient été relâchés;

---

[1] On estimait à environ cinq cents le nombre des personnes attachées à la maison du prince de Condé. (*Letters of a lady to her sister*, p. 15. — Este, p. 115.)

plusieurs étaient morts dans le château, laissant derrière eux ces témoignages suffisamment expressifs de leurs angoisses[1].

En revenant à l'hôtel, on nous montra un bâtiment isolé, qui était autrefois la résidence du duc de Bourbon, fils du prince de Condé, et qui est aujourd'hui transformé partie en caserne, partie en magasin pour l'armée. Il y a aussi un très grand réservoir, qui fournit de l'eau, non seulement à la caserne, mais à toute la ville.

Le vieux château s'élève dans une île ou au milieu de fossés. Un grand nombre des terres qui en dépendaient ont été vendues, nous a-t-on dit, et l'on y a bâti beaucoup d'élégantes maisons. Il est certain que, dans la plupart des petites villes que nous avons traversées, on semble avoir eu la même passion qu'à Chantilly pour construire, et que l'on y a fait des améliorations considérables.

Il y a ici trois manufactures de porcelaine, dirigées par un Anglais nommé Potter; nous n'avons pas eu le temps de les visiter. On nous a montré quelques-uns de ses produits, qui sont jolis et dans le même genre que ceux que l'on fabriquait il y a quelques années à Chelsea[2]. Il y avait quelques

---

[1] On trouvera de nombreux détails sur ces prisonniers dans l'ouvrage intitulé : *le Château de Chantilly pendant la Révolution*, par Alexandre Sorel, in-8º, 1872.

[2] Cette fabrique était en décadence en 1814. La fabrique de dentelles avait été abandonnée en 1813, faute d'argent et d'encouragement. (*Letters of a lady*, p. 15.)

tanneries, où les peaux sont préparées *à la manière anglaise.*

De retour à l'hôtel, qui est tenu par une Anglaise depuis longtemps fixée ici, nous avons dîné et nous sommes partis pour Paris, en suivant la forêt[1], jusqu'à Luzarches, petite ville où il y a un marché, et située à sept ou huit milles de Chantilly.

Les seuls renseignements qu'il nous fut donné d'y recueillir concernaient les couvents et les monastères. Ceux qui existaient avant la révolution ont tous été supprimés, excepté l'hôpital tenu par une communauté des sœurs de Charité qui est encore tolérée. Les autres, devenues propriétés nationales, sont converties en habitations diverses; la chapelle de l'un d'eux est à présent *la maison de plaisance* d'une vieille fille connue. Quelques moines, nous a-t-on dit, se sont mariés; d'autres ont émigré. A près d'une lieue d'ici, un couvent a été transformé en manufacture. Cette ville est renommée pour les dentelles que l'on y fabrique en grande quantité.

De Luzarches, nous poursuivîmes notre route par Écouen, autre petite ville, appartenant autrefois au prince de Condé et dépendant du duché d'Enghien. Le prince y avait une belle résidence, ainsi que plusieurs nobles, comme l'attestent de nombreuses villas, aujourd'hui tristes et désertes.

---

[1] Swinburne dit que la forêt était pleine de déserteurs et de bandits, et que récemment une famille y avait été assassinée.

Le prochain relais fut Saint-Denis, aujourd'hui appelé *Franciade*.

Le plomb avec lequel était couvert sa belle église en a été arraché pour faire des projectiles pour l'artillerie; ses ornements et ses trésors, tels qu'une curieuse croix de cuivre doré, quatre colonnes de même métal, les ornements de diverses sortes sur l'autel, les bas-reliefs d'or ou d'argent embellis de pierres précieuses, le devant du maître-autel, le tout superbe, en argent doré et pesant 200 marcs, le trésor de l'église, qui était immense, consistant en couronnes richement dorées, en reliquaires, etc., déposés dans une grande salle de quarante pieds carrés et qui passait pour être la plus riche de l'Europe, tout a été fondu et envoyé à Paris.

Une personne digne de foi nous a assuré que l'on en avait enlevé pour plus de 25 millions; mais ce qui aggrave encore le crime et rend plus odieuse la conduite de ceux qui gouvernaient alors, c'est qu'on a laissé la rage jacobine troubler la cendre des morts et jouer même avec les restes de ceux dont les traits n'avaient pas été totalement dénaturés par le temps. Horrible souvenir! On alla plus loin; on prit les cercueils de plomb, les corps furent jetés ensemble dans un indécent désordre, et le plomb fut destiné au même usage que celui du toit. Cette scène de dépravation indigna cependant les habitants, qui s'unirent en masse et réussirent à résister à la populace qui était venue en foule de Paris.

Une partie de l'église sert de magasin militaire; l'autre, qui a servi de temple de la Raison, est sur le point d'être rendue au culte catholique.

Auprès de Saint-Denis, s'élève un bel et grand édifice, qui paraît avoir été construit récemment; nous n'avons pas été peu surpris d'apprendre qu'il était destiné à servir de caserne et qu'il abritait déjà un certain nombre de soldats.

Une longue route, à laquelle une double rangée d'arbres donnait une noble apparence, nous conduisit aux portes de Paris, où nous gagnâmes notre hôtel, situé dans la *rue de la Loi*, ci-devant Richelieu.

Je ferai remarquer, en terminant, que de Saint-Denis à Paris, la route, à mon grand étonnement, était couverte de voitures de divers genres et de charrettes remplies de provisions; présage qui, s'il n'annonçait pas l'abondance, éloignait de nous l'idée de la disette et dissipait la crainte de la famine, qui avait été si souvent le sujet de nos conversations.

VIII.

PARIS.

Premier aspect de la ville. — Absence de trottoirs. — Insignes de la royauté détruits. — Porte Saint-Denis. — Invectives contre les Anglais. — Boulevards. — Le Panthéon. — État intérieur du monument. — Objets d'art conservés. — Saint-Sulpice. — La messe. — Serment prêté par les prêtres. — Le Luxembourg. — Audiences du Directoire. — Déploiement de forces militaires à l'extérieur. — Aspect des rues. — Pétitionnaires dans l'attente. — Entrée tumultueuse. — Salle d'audience. — Carnot. — Cérémonial. — La veuve du soldat. — Décoration intérieure des appartements. — L'Odéon.

Paris, 18 novembre 1796.

Je puis à peine décrire les impressions que j'éprouvai en entrant dans cette capitale de la République française. Je tremblais, je pleurais, et, quoique je fusse impatiente de voir ce que renfermait cette ville fameuse, je craignais que mes pauvres nerfs ne pussent supporter l'émotion que devaient inévitablement me causer quelques-unes des scènes qu'elle me présenterait.

Je dois avouer pourtant que, sous certains rapports, je fus agréablement désappointée. Les terribles prévisions que s'était forgées mon imagination ne se réalisèrent qu'en partie. En cherchant des traces de la révolution, j'en ai trouvé; mais elles n'étaient pas empreintes sur l'extérieur et la physionomie des habitants[1]. Paris, comme Londres, contient une immense population, et lui fournit des occupations variées. Les rues sont pleines d'activité; le plaisir et la dissipation conservent leur empire. Sur les quais, on trafique beaucoup; j'ai découvert qu'on pouvait y acheter pour une bagatelle un grand nombre d'objets de valeur, tels que d'excellents tableaux, des gravures, des livres, de la porcelaine, des cristaux et toute espèce de mobilier, du genre le plus luxueux, objets qui décoraient autrefois les appartements des nobles guillotinés ou émigrés.

On parle beaucoup à Paris de la souveraineté du peuple, mais on s'occupe moins de sa commodité qu'à Londres. Les rues n'ont pas de trottoirs; il est cependant question de nous imiter sous ce rapport, et çà et là on commence à en établir.

Les ponts sur la Seine ont été dépouillés de leurs statues; les palais et les hôtels, des insignes de la royauté et de la noblesse. Les domestiques qui sont derrière les voitures n'ont pas de livrée, et il n'y a pas de luxe d'équipages comme sous la monarchie.

Comme nous regardions la porte Saint-Denis, qui est un beau morceau d'architecture, et par la-

---

[1] Voir plus loin les extraits d'Henry Swinburne, t. 1.

quelle les rois faisaient, dans certaines circonstances, leur entrée à Paris, on nous reconnut pour des Anglais et l'on nous accosta d'une manière qui me causa quelque crainte. *Mio caro sposo* et moi nous examinions avec attention les dégradations que cette porte avait subies au commencement de la révolution, lorsqu'un homme d'extérieur convenable, après avoir étudié notre physionomie, nous interpella de la sorte : « *Ah! ah! vous venez déjà admirer nos ruines, ou plutôt nos tombeaux. Vous avez vraiment bien raison, misérables insulaires, car ce sont vos ouvrages!* »

Ces paroles agressives nous engagèrent à donner une autre direction à notre curiosité. Nous allâmes nous promener sur les *boulevards* ou remparts qui s'étendent du faubourg Saint-Honoré à la ci-devant Bastille. C'est en vérité une promenade splendide. Si les hôtels et les maisons élégantes qui en sont l'ornement ont changé d'habitants, la physionomie de ces lieux n'a pas varié. C'est une scène continue de gaieté et de plaisirs ; les amusements et les divertissements de tout genre y abondent. On y trouve des tavernes, des bains publics, des théâtres, et même ce qu'on appelle un Vauxhall.

Mais je laisserai les mimes, les saltimbanques, les *joyeux Andrés*, etc., pour vous mener au Panthéon.

Sous le portique, s'élèvent des statues de style grec, d'une bonne exécution, quoique provisoires, et pour cette raison simplement coulées en plâtre. En entrant dans l'édifice, les premiers objets qui se présentèrent à nos yeux de chaque côté de la porte furent aussi deux statues plus grandes que nature, représentant la Liberté et l'Union[1].

L'achèvement de l'édifice a été retardé par l'accident arrivé à quelques piliers, qui n'ont pas seulement fléchi, mais se sont lézardés dans toute leur longueur, soit par suite de la résistance inégale de la pierre employée, soit à cause de l'extrême pesanteur du dôme ; mais, n'étant pas compétente pour décider à laquelle de ces raisons le désastre doit être attribué, j'ajouterai seulement que tout l'intérieur est actuellement rempli d'échafaudages et d'ouvriers occupés à réparer cet accident le plus vite possible.

Quant aux bustes des grands hommes, qui avant l'accident avaient été placés selon leur mérite, ils ont disparu pour quelque temps et sont relégués dans la crypte qui servait autrefois de chapelle. On y avait déposé aussi, outre un beau tombeau de marbre érigé en l'honneur de sainte Geneviève, la patronne de l'église, plusieurs objets riches et précieux provenant du trésor de l'ancienne abbaye, parmi lesquels était une grande châsse gothique d'argent doré, contenant le corps de la sainte, supportée par quatre vierges et par autant de co-

---

[1] Sur le Panthéon à cette époque, voir *Fragmente aus Paris im IVten Iahr der Franzosischen republik* von Friedrich Johann Lorenz Meyer, D^r, 1798, t. I, p. 166 à 182.

lonnes détachées, pesant ensemble 183 marcs
d'argent et 8 d'or, ainsi que beaucoup de reliques et
d'ornements coûteux, donnés pour la plupart par
plusieurs souverains de l'Europe. Ces derniers
témoignages des sentiments pieux et religieux de
cette époque ont disparu et ont été fondus dans
un but patriotique. Peu d'entre eux ont été conservés, sinon un médaillon du grand Descartes, un
tombeau de Larochefoucauld et un bas-relief représentant le roi Clovis, qui sont aujourd'hui déposés dans l'église des ci-devant Petits-Augustins.
Cette église est, comme beaucoup d'autres, transformée en une sorte de magasin pour les objets
que le gouvernement actuel regarde comme dignes
d'être conservés, en attendant que le Musée national soit prêt pour le recevoir.

20 novembre.

Quelque grand que fût notre désir de visiter le
Luxembourg, où le Directoire, qui y a établi son
siège, donne des audiences publiques tous les jours
à 1 heure, nous ne pûmes négliger la visite de l'é-
glise Saint-Sulpice, qui était sur notre chemin, et
qui vient immédiatement après le Panthéon pour la
magnificence et l'élégance de l'architecture. Au
moment de notre entrée, on y disait la messe devant une assistance nombreuse et qui paraissait
respirer la piété. Elle était si recueillie, que nos regards indiscrets ne purent la distraire. Les cha-

pelles situées dans les bas côtés, et qui étaient pour la plupart ornées avec luxe, avaient souffert des rudes atteintes des innovateurs, qui les ont à peu près dépouillées de tous les objets de valeur qu'elles contenaient. Le maître-autel cependant est resté intact.

Le service religieux est célébré dans d'autres églises. La religion n'est pas mise de côté, comme l'ont dit les ennemis de la révolution. Il n'y a pas moins de trente églises rouvertes dans la capitale, sans compter beaucoup d'oratoires, où le service est célébré par des prêtres *assermentés*, c'est-à-dire par ceux qui ont prêté le dernier serment, modifié par un décret du gouvernement. Il est conçu dans les termes suivants : « *Je reconnais que l'universalité des citoyens français est le souverain, et je promets soumission et obéissance à la république.* » Un grand nombre de prêtres, nous a-t-on assuré, a prêté ce serment, et exerce en conséquence sans empêchement ses fonctions sacerdotales.

La plus grande partie du trésor de Saint-Sulpice a été fondue pour l'usage de la nation. Les objets que l'on a voulu conserver furent transportés immédiatement aux *Petits-Augustins*, devenus, comme je l'ai déjà dit, un dépôt d'œuvres de curiosité. Parmi eux se trouve le tombeau du fondateur de Saint-Sulpice, Linguet, qui est universellement admiré pour la beauté exquise de sa composition et le mélange de marbre précieux et de bronze dont il est formé. On y a également déposé deux grandes coquilles curieuses données par la république de Venise à la France et qui servaient de bénitiers.

Étant arrivés au Luxembourg quelque temps avant l'heure de l'audience, nous jetâmes un coup d'œil sur les principaux bâtiments qui composent le superbe palais destiné à la résidence des cinq directeurs. Des ouvriers de tout genre étaient occupés à le réparer et à l'embellir; et, jusqu'à la fin des travaux, le Directoire ne pourra habiter qu'une partie de l'édifice, ou, pour parler plus exactement, les dépendances du Luxembourg, appelées les *petits appartements*.

Elles forment plusieurs bâtiments détachés, de dimension assez considérable, avec des jardins dans le genre anglais. Elles sont séparées du palais proprement dit par une grande cour carrée, au centre de laquelle s'élève un faisceau d'armes surmonté du bonnet de la liberté. Cet emblème de l'indivisibilité française est défendu par deux canons de quatre; il y en a aussi dans la même cour quatre du même calibre, gardés par un détachement d'artilleurs qui est relevé chaque jour.

A l'extérieur, se tiennent deux hussards à cheval, en grande tenue, le sabre à la main, tandis que deux grenadiers, la baïonnette au bout du fusil, vont et viennent, en faction. Dans les différentes rues qui conduisent au palais, le nombre des soldats de cavalerie et d'infanterie qui sont chaque jour de service n'est pas moindre, nous a-t-on dit, de six cents. Qu'en dites-vous, mon amie? Cela ne vaut-il pas un peu la pompe et l'apparat de l'ancien régime? Et ne pouvons-nous en conclure que la crainte et le soupçon possèdent à un haut degré ceux qui sont à la tête du gouvernement?

Comme l'heure de l'audience approchait, l'affluence était plus considérable que nous ne nous y étions attendus; mais on nous a dit qu'il en était ainsi tous les jours, à l'exception du décadi, jour férié pour les bureaux du gouvernement, et qui n'est observé que par eux. Ce qui paraissait augmenter la foule, c'est qu'on ne lui permettait pas d'entrer, même dans la cour, avant l'heure fixée, et qu'elle était forcée de se grouper dans les rues adjacentes, qui, n'étant pas très larges, furent bientôt remplies; aussi, pour entrer, fûmes-nous obligés de nous mêler à la foule, qui était composée de gens et surtout de femmes de la classe la plus pauvre.

Au milieu de cette scène, qui était nouvelle pour nous, nous nous sommes beaucoup amusés à écouter les différentes opinions qu'émettaient spontanément ces *belles* pétitionnaires sur la situation présente et qu'elles exprimaient avec la plus grande volubilité française. Une, entre autres, de misérable apparence, avec un enfant dans les bras, sans doute fatiguée d'attendre, se mit à pousser ceux qui étaient devant elle, afin d'arriver plus tôt; aussitôt elle fut raillée par d'autres, qui se mirent à tourner autour d'elle et à la toiser avec mépris, disant : « *Regardez comme cette citoyenne pousse avec son petit dauphin. Ne dirait-on pas qu'elle va à la séance de Louis XVIII? Pour nous,* continuèrent-elles, *nous ne nous donnerons pas cette peine, car il faut bien qu'ils nous reçoivent. N'est-ce pas les magistrats de notre fabrique?* » A ce moment, on annonça que l'entrée était libre, et la foule impatiente se précipita comme un torrent impétueux, envahissant pêle-mêle le grand escalier, tandis que nous la suivions à quelque distance, traversant l'antichambre et pénétrant dans la salle d'audience. Des gardes faisaient la haie dans les appartements, aussi bien que dans l'escalier.

Ici je fus véritablement étonnée ; car, bien que le Directoire n'eût pas encore paru, le contraste était frappant entre la tenue de la foule au dehors, et celle qu'elle avait au dedans ; un silence respectueux régnait désormais. Les pétitionnaires sont introduits par les huissiers, qui portent un costume tout à fait à la Van Dyck, à l'intérieur d'une sorte de barrière, qui divise la pièce en deux ; ils s'asseyent alors sur des *fauteuils* rangés en cercle, tandis que les spectateurs doivent se tenir debout par derrière ; mais, en ma qualité d'étrangère, j'eus *l'honneur de la séance*, et fus en conséquence admise dans le cercle.

Quelques minutes après, le directeur Carnot[1]

---

[1] On sait que les directeurs alors en exercice étaient La Reveillère-Lépeaux, Letourneur, Rewbell, Barras et Carnot. Ils avaient été nommés le 1ᵉʳ novembre 1795.

entra, portant le grand costume, qui, étant aussi
à la Van Dyck, est superbe et de très grand prix.
Aussitôt qu'il parut, les hommes se découvrirent, et un silence respectueux se répandit dans
toute la salle. L'apparat et le grand nombre de
soldats de garde dans les appartements, une représentation que l'ancien régime devait à peine atteindre, influaient sans doute, en quelque sorte, sur
l'esprit des assistants. La splendeur et la magnificence produisent d'ordinaire cet effet, et c'est de
là que vient le prestige du magistrat portant un
costume approprié à sa dignité, quand il exerce
ses hautes fonctions. Le vulgaire éprouverait des
sentiments de respect bien différents pour la même
personne, selon qu'elle serait en robe rouge bordée
d'hermine ou bien en habit brun, en perruque à
nœud et en bottes sales.

Les pétitionnaires s'approchent du Directeur et
lui sont présentés, un à un, par le principal huissier. Il prend les pétitions, les lit tout bas, s'informe des causes de leurs plaintes ; et, une semaine
après, on peut se procurer la réponse dans un bureau spécial, situé au fond du grand escalier, et
nommé *office des renseignements*. Aussitôt que
toutes les pétitions ont été remises, un des huissiers demande à haute voix si quelque personne
désire parler au Directeur ; nul ne réclamant, celui-ci se retire et l'assistance se disperse [1].

[1] Voir la chromolithographie représentant une *audience pu-*

J'éprouvai une singulière satisfaction à voir comme il écoutait tout le monde, et plus particulièrement une malheureuse femme, suivie de deux enfants, et en portant un troisième sur les bras. Cette pauvre créature était la veuve d'un soldat, mort récemment pour son pays, et qui l'avait laissée sans ressources. Il écouta deux fois sa triste histoire, et la fit asseoir auprès du feu, jusqu'à ce qu'il eût déterminé ce qu'il pourrait faire en sa faveur. Ceci me parut témoigner d'un bon cœur, et le personnage me plut; mais l'aspect de cette femme était, sous un certain rapport, réellement risible, parce que ses haillons et ses guenilles formaient un singulier contraste avec la magnificence qui l'entourait; l'appartement était précisément dans le même état que lorsqu'il était habité par Monsieur; le mobilier même n'avait point été changé.

Les tentures sont de damas rouge, avec des galons d'or; les rideaux, le superbe fauteuil, sont garnis de même, avec une épaisse frange d'or en plus. Les glaces sont élégantes; deux des portes ont des glaces dans leurs panneaux. Un lustre splendide orne le milieu de la pièce; d'autres sont suspendus près de la cheminée; le tout a beaucoup de goût et d'élégance.

Non loin du Luxembourg, s'élève le ci-devant

---

blique du Directoire, d'après un dessin de Chataignier, dans le livre de Paul Lacroix : *Directoire, Consulat, Empire,* Didot, 1884, p. 16. Voir aussi plus loin les extraits de Swinburne.

Théâtre-Français [1]. Cet édifice est parfaitement bien situé, aussi remarquable par son extérieur que par son aménagement, bâti sur une place demi-circulaire, à l'extrémité de trois rues, dans l'une desquelles est un trottoir pour les piétons, le seul que j'aie vu ici. Ce théâtre, construit en 1782, a reçu en 1793, à l'époque de tous les changements, le nom de *Théâtre de l'Égalité*, qu'il conserve encore; et pour que sa décoration fût mieux appropriée à son nouveau titre, la plupart de ses emblèmes et de ses ornements furent remplacés par un *bariolage tricolore*, formé des trois couleurs nationales. Son entrée principale est sous un beau péristyle ou portique, composé de huit colonnes d'ordre dorique, qui supportent un fronton, sur lequel est écrit le mot ODÉON, d'après le nom d'un édifice d'Athènes consacré à l'audition des poètes et des musiciens.

[1] L'Odéon, qui fut élevé sur les jardins de l'hôtel de Condé et inauguré en 1782, fut fermé en 1793 et ne rouvrit qu'en 1798. La Comédie française, qui était installée rue de l'Ancienne Comédie, y fut transportée, avant d'être établie au Palais-Royal.

IX.

PARIS.

L'opinion d'un prêtre sur l'état du pays. — Le malade désespéré. — Prédiction du gouvernement d'un seul. — Conduite des ecclésiastiques qui prêtent le serment. — Le Palais-Royal. — Les mandats. — Boutiques. — Crieurs d'argent. — Police. — Le grand escalier. — Les galeries. — Le cirque. — Le Lycée des arts. — Le salon. — L'hôtel des Monnaies. — Les ateliers. — Le cabinet de minéralogie. — Les anciennes religieuses. — Visite aux sœurs de Saint-Vincent.

Le jour s'avançant, nous revenions chez nous, lorsqu'en traversant le Pont-Neuf, notre ami rencontra une ancienne connaissance qu'il avait faite à Nice. C'était un Français, homme d'excellente réputation et très respectable, qui était prêtre au commencement de la révolution. B..., enchanté de trouver une personne qu'il n'avait pas vue depuis bien des années, invita son vénérable ami à l'accompagner à notre hôtel et à passer le reste de la soirée avec nous. Dans le cours de la conversation, où il était question du passé et de comparaisons entre le passé et le présent, nous lui demandâmes son opinion sur l'état actuel du pays, l'esprit public et sa situation personnelle; à ces questions il répondit à peu près de la sorte : « En ce qui concerne l'état actuel du pays, je ne puis que le comparer à un malade, dont l'état aurait été déclaré désespéré par la Faculté, mais qui après un certain laps de temps, et au moment où on s'y attendait le moins, aurait laissé voir quelques légers symptômes de convalescence; ce changement favorable, disait-il, quelque singulier que cela puisse paraître, semblait être dû en partie aussi bien à l'ignorance des médecins qu'à la constitution même de leur client; celui-ci, en s'apercevant de leur défaut de sagacité et d'habileté, avait pris le parti de s'en rapporter à son propre jugement et à ses forces personnelles; à l'épreuve, il les avait trouvées plus grandes qu'il ne se l'était d'abord imaginé, et il avait obtenu ainsi une amélioration momentanée. »

En ce qui concerne *l'esprit du moment*, il croyait fermement que les Français étaient trop inconstants, avaient trop de légèreté de caractère, et par-dessus tout n'étaient pas suffisamment simples et vertueux pour devenir de solides républicains; mais qu'en même temps leur égoïsme était actuellement trop grand pour leur permettre de faire les moindres efforts en faveur de la restauration des descendants de leur dernier roi. « Le temps seul, mon ami, ajouta-t-il en s'adressant à B..., fera plus que tous les princes de l'Europe coalisés contre nous; si la paix était conclue, je suis assuré qu'en moins de dix à douze ans un Bourbon ou quelque autre sera président ou sur le trône (ces mots sont à peu près synonymes), et qu'au lieu de *cinq sires*, il n'y en aura qu'un; mais malheureusement les alliés, les royalistes et les jacobins conspirent tous, quoique par des moyens différents, je l'avoue, à fixer la démocratie sur des bases plus solides que celles qu'elle aurait sans eux.

« Quant à ma situation personnelle, vous devez vous rappeler que j'étais amplement pourvu de bénéfices que j'ai entièrement perdus, quoique j'aie prêté le dernier serment civique. Au commencement de la révolution, j'ai émigré; mais, ne voulant pas tout à fait renoncer à mon pays, je suis revenu assez à temps pour jouir de ce qui m'est resté de mon patrimoine, et celui-ci, quoiqu'il ne soit pas bien considérable, peut me suffire jusqu'à la fin de mes jours. » Mon caro sposo, connaissant ses anciennes opinions politiques, lui exprima quelque étonnement de ce qu'il eût prêté serment. « N'en soyez pas surpris, dit-il; *nous associons, mon ami, beaucoup trop les idées politiques aux idées religieuses; c'est de là que nous tirons souvent des conséquences aussi fausses que dangereuses, et nous restons dans cet état d'incertitude qui ne l'est pas moins. Pourquoi s'opposer au serment qu'on exige de nous? Quelle hérésie trouvez-vous à reconnaître aujourd'hui par un fait ce que Louis XVI, Monsieur, frère du roi, et nos évêques ont reconnu comme principe au commencement de la révolution?* » Et il ajouta avec une certaine véhémence : « *C'est le zèle mal entendu des royalistes qui a compromis et qui compromet encore la cour et l'intérêt du roi et de la religion : d'ailleurs,* en promettant soumission aux lois des souverains usurpateurs, le prêtre catholique n'est certainement pas plus engagé envers eux que ne l'est le citoyen qui jure fidélité au prince qui prend une ville dans une guerre manifestement injuste. Après tout, dans le péril commun du trône et de l'autel, faudrait-il négliger le dernier pour sauver le premier? « Telle fut la substance de son raisonnement, dont je reproduis les termes aussi exactement que possible.

Le ci-devant prêtre passa de la politique à d'autres sujets de conversation, et la soirée s'écoula d'une manière agréable. En partant, il nous promit de nous accompagner le lendemain matin à l'un des oratoires ou à l'une des communautés ci-devant religieuses qui existent encore, et dont on tolère l'existence conforme à leurs anciens préjugés.

Paris, 22 novembre.

Une légère indisposition nous empêcha d'accompagner l'abbé, comme nous en avions l'intention, le 17. Notre première promenade, aussitôt mon rétablissement, fut au ci-devant Palais-Royal[1], aujourd'hui Palais-Égalité, qui, au lieu d'être comme autrefois le rendez-vous du beau monde, a dégénéré au point d'être un réceptacle d'agioteurs, de

[1] Les descriptions contemporaines du Palais-Royal sont nombreuses. Une des plus complètes est celle que donne Frédéric Schulz, dans son livre *Ueber Paris und die Pariser*, Berlin, 1791, lettres XI à XIX.

spéculateurs, de joueurs, de fripons et de femmes d'un certain caractère.

Là, je vis pour la première fois le papier-monnaie appelé *mandats*, et, par un malentendu très naturel, je m'exposai presque à être insultée. A peine étais-je entrée dans une des galeries que nous fûmes entourées par une foule bigarrée de femmes qui vociféraient à l'envi, en nous tendant des paquets de papier imprimé, et en nous demandant si nous voulions en acheter ou en vendre.

Ne comprenant pas leurs intentions et croyant qu'elles nous offraient des *ballades* à acheter, je repoussai leurs offres, en leur disant que je ne chantais jamais. « *Chanter*, répéta l'une d'entre elles, en s'indignant de ma méprise, *ce ne sont vraiment pas des chansons, citoyenne, que nous vous offrons, mais de la monnaie nationale.* » Alors nous tendant un des paquets d'une manière menaçante : « *Eh dame !* continua-t-elle, *je pourrais bien vous en vendre plus que vous n'en sauriez acheter, avec votre air aristocrate.* » Je commençai à m'effrayer, et je fus heureuse de mettre fin à cette conversation en me mêlant à la foule.

La première cour, où se tenait cette femme, est entourée de boutiques placées sous les arcades; et, quelque étrange que cela puisse paraître, malgré le dernier décret qui prohibe absolument tous les articles des manufactures anglaises, ces boutiques en étaient remplies, et on les vendait ouvertement. Je suis portée à croire que le gouvernement ferme

5.

les yeux à ce sujet. Connaissant la décadence de l'industrie nationale, il ne s'oppose pas à ce que les marchands s'approvisionnent chez leurs ennemis. Tout en promulguant un décret contre les produits anglais, il peut secrètement désirer les voir entrer sur le territoire de la république.

De là, un porche conduit dans la seconde cour, qui, étant plus grande que la première, est ornée de même de boutiques, dont le bel éclairage le soir fait un joli effet. Le tout forme une brillante promenade.

Dans cette cour, près de l'entrée du jardin, se tiennent les *crieurs et vendeurs d'argent*, sorte de trafiquants que nous ne connaissons pas en Angleterre. Ils ont devant eux des tables couvertes de piles de gros sous, fabriqués avec des cloches d'église, et valant un penny anglais, et ils offrent de les changer contre une nouvelle monnaie d'argent républicain, valant cinq livres, à cinq ou six sous de bénéfice. Le gouvernement, nous a-t-on dit, permettrait actuellement ce trafic pour se procurer les espèces d'argent dont il manque [1].

Quoique aucune mesure ne paraisse être prise contre la fraude à l'intérieur du palais, une police très rigoureuse semble être exercée au dehors. Aux différentes portes et dans les rues qui y conduisent, des piquets de dragons sont placés pour

---

[1] Voir, sur le change au Palais-Royal, Paul Lacroix, *Directoire*, p. 112.

prévenir les rixes et les rassemblements; quoiqu'ils n'aient pas le droit d'arrêter qui que ce soit, ils peuvent effrayer la foule avec leurs chevaux et disperser ainsi les rassemblements tumultueux.

Comment pensez-vous que les agents de change et les joueurs de notre pays apprécieraient un pareil spécimen de la liberté française? Mais, en vérité, je ne puis blâmer le gouvernement français, en songeant au caractère suspect d'une grande partie des personnes qui fréquentent le palais.

Le grand escalier elliptique, que l'on avait coutume de tant admirer, est à droite, avant d'entrer dans la cour intérieure, et forme deux nobles suites de marches qui conduisent aux principaux appartements. Sa rampe de fer est réellement curieuse par son mode de fabrication et la beauté de son poli, qui, d'après ce que l'on m'a dit, a coûté deux ans de travail à trente-trois ouvriers. La cour intérieure, qui conduit au jardin, précède les superbes bâtiments élevés en 1782 sur l'emplacement des anciens jardins du cardinal. Leurs différents étages reçoivent les destinations suivantes: le premier, au-dessus des arcades, est à présent occupé soit par des *restaurateurs*, soit par des magasins; mais le tout est aménagé de telle sorte que l'aspect élégant de l'extérieur n'en est pas atteint; le second est habité par des personnes riches, particulièrement par des célibataires; le troisième ou l'attique, par des artistes. Le rez-de-chaussée, qui forme des portiques supportés par 180 colonnes, et sous lesquels ouvrent de nombreuses boutiques plus grandes et plus magnifiques que celles des cours, déploie tous les genres de luxe capables de plaire aux yeux et de satisfaire l'appétit; aussi ces arcades forment-elles une promenade des plus fréquentées.

Près de l'entrée du jardin, s'élève le cirque, bâtiment de forme oblongue, de 300 pieds de long et de 50 de large, entouré d'arbres, en partie construit au-dessous du sol, et qui est maintenant aménagé pour l'usage d'une société appelée le Lycée des arts. Son aspect singulier attira notre curiosité, et l'on nous dit qu'il avait été terminé en 1788, peu de temps avant la révolution [1]. On offrit de nous y introduire, et nous fûmes satisfaits de sa distribution intérieure. Elle consiste en un salon et un théâtre. Le salon est magnifique, orné avec beaucoup de goût, et forme ce qu'on appelle ici un Vauxhall, tandis que le théâtre sert à une exposition de différents modèles de machines, comme celle qui a lieu dans les salles de la société de Londres pour l'encouragement des arts et manufactures.

Le salon sert aussi pour les séances ou les réunions des membres de cette société, aussi bien que pour des bals de souscription et des concerts, auxquels les membres apportent leur contingent. Cette société est composée de littérateurs et d'artistes,

---

[1] Voir une vue de l'intérieur de ce cirque, incendié en 1798, dans le *Directoire*, de Paul Lacroix, p. 185.

qui se réunissent tous les septidi, à 6 heures du soir; pour unir l'agréable à l'utile, le 30 de chaque mois, le président fait un cours sur les meilleures pièces de littérature et de poésie, et ce cours est suivi d'un concert. B... désira assister à l'une des réunions, et y réussit. A son retour, il nous raconta que tout se passait avec ordre et convenance; mais que le caractère national s'y révélait si bien qu'il lui eût été difficile de s'imaginer être ailleurs qu'en France.

Le 21, nous avons repris nos pérégrinations, et nous avons accompagné l'abbé dans la visite qu'il nous avait proposée. En passant devant l'*hôtel des Monnaies*, la magnificence de l'édifice nous engagea à tenter d'y être admis. Nous n'avions pas de cartes civiques, et il est très difficile de visiter les monuments publics sans cette espèce de passe-partout; cependant on nous laissa entrer à la Monnaie, en disant que nous étions étrangers et en montrant nos passeports. Cet édifice, construit en 1771, est vaste; il est unique de son espèce par son élégance et sa régularité... Les six belles statues emblématiques en marbre, représentant la Paix, le Commerce, la Prudence, la Loi, la Force et l'Abondance, méritent l'attention. Elles sont d'un beau travail, et sont placées entre les colonnes au-dessus des trois portes principales, qui sont au centre de la façade.

En entrant sous le péristyle, l'œil n'est pas moins charmé par la grandeur et l'élégance de l'*ensemble*, qui est décoré de 24 colonnes d'ordre dorique.

Plus nous avancions, plus nous avions de motifs d'admiration, et nous finîmes par nous trouver à la porte de l'atelier de la monnaie, dont l'entrée est interdite aux étrangers ; mais, ignorant la règle, nous ouvrîmes la porte sans cérémonie et nous entrâmes. Cependant, au lieu de nous faire sortir, on nous laissa tranquillement nous promener dans la pièce ; les ouvriers nous firent accueil et répondirent à nos questions ; le principal employé nous reçut poliment, en nous montrant des pièces de monnaie de la même valeur que celles que nous avions vues au Palais-Égalité ; elles venaient d'être frappées. Cette salle, de 36 pas de long sur 30 de large, était pleine d'hommes occupés à la manœuvre des balanciers, qui étaient au nombre de douze. Onze d'entre eux frappaient des gros sous, appelés décimes, et le dernier frappait des pièces d'argent. Les ouvriers étaient actifs, et la *fabrication* de la monnaie semblait marcher avec beaucoup d'entrain. Au-dessus de cette salle étaient les pièces où l'on préparait tout ce qui était nécessaire pour la frappe ; mais nous ne pûmes y pénétrer.

Le portier nous demanda, comme nous sortions, si nous désirions voir le cabinet de minéralogie du citoyen Sage [1]. Le grand escalier nous conduisit à ce

---

[1] Balthasar Sage (1780-1824) établit une chaire de minéralogie docimasique à l'hôtel des Monnaies en 1778 et fut l'instigateur et le premier directeur de l'École des mines en 1783. Sa collection de minéralogie était installée à la Monnaie en 1786 ; le voyageur anglais Joseph Townsend en parle avec admiration à cette époque.

cabinet, situé au premier. C'est un chef-d'œuvre du genre; il est orné de la manière la plus élégante de colonnes de marbres de diverses couleurs, supportant une galerie très élevée, qui fait à peu près le tour de la salle, et où sont placés dans des vitrines les différents échantillons de minéralogie, selon leur classe, leur ordre, leurs espèces, leurs variétés. L'éminent naturaliste, dont il porte le nom, a fait ce don précieux à la nation, presque au commencement de la révolution, à la condition qu'il serait placé dans cette salle et disposé conformément à ses plans. Cette condition ayant été acceptée, il fit des cours publics, gratuitement, pendant une partie de l'année. La principale galerie conduit à d'autres, garnies de même, et toutes élégamment décorées.

Notre attention fut tellement absorbée par ces choses matérielles, l'argent et les minéraux, que nous avions presque oublié ces êtres spirituels, les ci-devant *religieuses*, qui avaient renoncé au monde, et que nous avions l'intention d'aller voir. L'abbé cependant nous conduisit, comme il l'avait promis, à leur asile, où nous sommes entrés avec le respect dû à des personnes qui restent fidèles à leurs principes, tout opposés qu'ils soient à l'esprit de notre temps.

Ces femmes, vraiment intéressantes par leurs souffrances, leurs manières affables et leur rési-

(J. Townsend, *a Journey through spain... and Remarks in passing through a part of France*, t. I, p. 17 à 20.)

gnation patiente, appartiennent à l'ancien ordre de Saint-Vincent, et, quoique plusieurs d'entre elles soient jeunes et jolies, elles se sont entièrement consacrées à soigner les malades et les indigents. La révolution les a supprimées comme ordre, et les a dépouillées à peu près de la totalité de leurs biens, leur laissant à peine de quoi vivre; cependant ces aimables femmes, en dépit de tous leurs malheurs, se sont formées d'elles-mêmes en communauté; elles sont au nombre de seize; sous l'autorité de leur ci-devant directeur, elles s'entretiennent des maigres produits de leur travail et de quelques dons qu'elles reçoivent *par-ci par-là*, et, chose singulière, mais qui leur fait beaucoup d'honneur, elles continuent de soigner et de panser les malades qui invoquent leur assistance. Elles nous dirent qu'elles avaient actuellement sous leur toit huit femmes et un enfant malades, à qui elles rendaient tous les services qui étaient en leur pouvoir. Puisse le ciel les récompenser de leur charitable sollicitude! Je ne doute pas que la religion, dans tous les pays et sous toutes les formes de croyances, qui ont pour résultat une charité désintéressée, ne soit récompensée; cependant, si nous comparons le petit nombre des communautés religieuses qui existent encore actuellement avec la multitude de nonnes enfermées autrefois dans les couvents, nous serons convaincus que nombre de celles qui ont pris le voile et « ont dit adieu au monde dans le feu de la jeunesse », ont été heureuses de l'occasion qui les a déliées de leurs vœux [1]. Notre visite se prolongea pendant une heure, et, en prenant congé des religieuses, nous leur avons promis de revenir les voir avant de quitter Paris. Notre abbé nous raconta qu'il y en avait d'autres dans la capitale, et qu'il existait encore plusieurs petites communautés de différents ordres qui vivent de même, et dont les oratoires particuliers sont fréquentés par toutes les vieilles dévotes du quartier.

[1] Lorsque Moore passa à Calais en septembre 1792, il eut une longue conversation avec une dominicaine, âgée de soixante-dix ans, qui était depuis quarante-trois ans dans son couvent. Elle lui raconta que, lorsque l'Assemblée constituante avait permis aux religieuses d'en sortir ou d'y rester, vingt-quatre d'entre elles étaient restées. Elles étaient désolées d'être contraintes par une nouvelle loi de le quitter. Huit d'entre elles avaient résolu d'essayer de vivre en commun dans une maison à Calais. Moore visita ensuite une jeune religieuse bénédictine. « Je vis, dit-il, qu'elle avait pleuré, quoiqu'elle essayât de paraître de bonne humeur. Je lui demandai si elle était soumise à la même loi que les dominicaines. « *Hélas! oui; Monsieur* », dit-elle, et elle éclata en sanglots. Elle ne put parler pendant quelque temps; mais, quand elle se fut un peu remise, elle dit qu'elle et ses compagnes étaient heureuses ensemble, étant libres de tout souci, si ce n'est de celui de leur salut. « Mais maintenant, ajouta-t-elle, nous voilà rejetées dans un monde auquel nous avons renoncé, que nous voulons oublier et que nous ne désirons pas revoir. *Ah! Monsieur, nous sommes bien à plaindre...* » Moore croit que les deux nonnes étaient sincères dans leurs regrets. Il en conclut que, lorsque la foi religieuse est profondément gravée dans le cœur, elle devient une source de bonheur, qui fait oublier bien des privations et qui répand des flots incessants de lumière sur un état de vie qui aux yeux de la majorité semble sans espoir et triste. (John Moore, *a Journal during a residence in France*, t. I, p. 403 à 409.)

X.

PARIS.

Le conseil des Cinq-Cents. — Aménagement de la salle. — Tribunes. — La queue. — Appareil militaire. — Violence des orateurs. — Cambacérès. — Discours de Boissy d'Anglas. — Les maisons de jeu. — Le conseil des Anciens. — Traces de la journée du 10 août aux Tuileries. — Salle du conseil des Anciens. — Aspect respectable des Anciens. — Messagers du Directoire. — Tribunes. — Galerie pavoisée de drapeaux pris sur l'ennemi. — Le sang des Suisses. — Le jardin des Tuileries. — La ci-devant place Louis XV. — Statue de la Liberté.

Paris, 24 novembre 1796.

Mio caro sposo m'a conduite aux deux conseils qui forment le corps législatif de la république française, et je viens vous esquisser un léger aperçu de ces modernes sénats.

Le conseil des Cinq-Cents tient ses séances dans une vaste salle, d'environ cent pas de long et cinquante de large, qui faisait partie précédemment d'un manège bâti pendant la minorité de Louis XV, et qui est contigu à la terrasse des Feuillants. Il forme un carré long, qui n'a pas de fenêtres, mais reçoit le jour par le haut. Le président, qui était Cambacérès, le jour où nous y sommes allés, était assis sur une sorte de fauteuil surélevé, à l'une des extrémités de la salle ; *sa petite cloche sur la table à côté de lui*, ses secrétaires de chaque côté, et la tribune au milieu, un peu plus basse que le président, tandis que les autres membres étaient assis sans ordre sur des rangs de sièges placés les uns derrière les autres dans la salle, en forme de *fer à cheval*. Comme il n'y a plus de *côté droit* et de *côté gauche* parmi eux, les membres tirent au sort pour leur place, et s'assoient en conséquence d'après le numéro tiré ; on évite de la sorte les violences des partis, qui se sont manifestées longtemps avec tant de fureur.

Les tribunes réservées au public sont en face du président, à l'autre extrémité de la salle, et sont divisées en trois compartiments, à des étages différents et dans des galeries distinctes. Le premier et le plus bas, dans lequel nous étions, est le meilleur ; il ne faut pas seulement pour y être admis un billet signé par le président, mais la recommandation d'un député ; le second est d'ordinaire réservé aux journalistes, qui transcrivent les discours ; et le troisième, le plus élevé, au peuple ; l'entrée de cette tribune est libre ; mais comme le nombre des admis est limité et ne dépasse pas deux cents, le passage par lequel on y arrive est disposé de telle façon qu'on n'y reçoit qu'une personne à la fois, système tellement ennuyeux que les Parisiens, qui y sont assujettis, lui donnent le nom de *faire queue*. Une fois admis dans la salle, les spectateurs doivent se découvrir et se comporter avec décence ; s'ils y manquent, ils sont rappelés à l'ordre et contraints de s'y conformer par les huissiers. En outre, nous avons remarqué que les issues étaient gardées par des grenadiers, la baïonnette au bout du fusil, et le dehors par un fort détachement de gardes du même corps, très bien vêtus et, nous dit-on aussi, très bien payés. Plusieurs pièces de canon, toutes chargées, étaient à proximité avec leurs servants, en cas de besoin ; de sorte que l'on ne peut être surpris que l'ordre soit si bien maintenu en ce qui concerne le public.

Quant aux membres eux-mêmes, je ne puis témoigner également de leur ordre et de leur tenue. Beaucoup d'orateurs étaient si violents qu'ils soulevaient autant de confusion que de désordre. Les députés qui ne discutent point montrent une grande indifférence, causent entre eux, comme s'il n'était pas question des affaires du pays, et ne font connaître leur opinion que par leurs votes.

Dans cette assemblée comme dans d'autres, les affaires semblent être menées par quelques-uns, et le reste se contente de sanctionner par son assentiment les mesures proposées. On m'a dit que les intérêts privés et l'amour-propre l'emportaient souvent sur le souci du bien public, et que ces législateurs républicains se laissaient diriger par les passions basses qui trop souvent pénètrent dans les assemblées délibérantes des grandes nations. Il n'est pas en mon pouvoir de dire si cette assertion est bien exacte, mais je dois avouer que leur tenue en général ne donnait pas l'idée d'une réunion d'augustes sénateurs.

Le président Cambacérès [1] est de petite taille; âgé de cinquante ans environ, il a des yeux noirs et une physionomie expressive; il descendit du fauteuil, et, pendant quelque temps, parla avec beaucoup de chaleur et d'énergie. D'autres, dont je ne puis me rappeler le nom, lui répondirent; mais celui qui me plut davantage fut Boissy d'Anglas, qui, dans un long et élégant discours, tonna contre les maux produits par la grande quantité de maisons de jeu qui sont à présent à Paris, « en plus grand nombre, ajouta-t-il, qu'il n'y en a jamais eu à aucune époque; mal qui appelle une prompte réforme; car il n'est pas seulement une source de misère et de ruines pour beaucoup de gens, mais il a été récemment la cause de plusieurs suicides »; affirmation parfaitement exacte, car jamais cette dangereuse passion n'a été poussée aussi loin qu'aujourd'hui. Elle semble atteindre toutes les classes, même les plus humbles. C'est un malheur que je suis portée à attribuer en grande partie aux tristes et soudains revers de fortune que tant d'habitants de cette grande capitale ont éprouvés.

Il continua en parlant des maux et des *brigandages* qui en ce moment désolent certaines parties

---

[1] Le président était nommé pour un mois. Cambacérès fut élu président pendant le mois de brumaire an V (22 octobre à 20 novembre 1796).

de la France, en comparant les maisons de jeu à des repaires de bêtes féroces et à des sources de tous les crimes; où *l'on entre quelquefois innocent, mais d'où l'on sort toujours coupable, où la soif honteuse du gain sert d'appui à la faiblesse avide et d'excuse à la mauvaise foi,* et il termina son discours, plein d'éloquence et de vérité, en prouvant sans réplique l'urgence d'établir des écoles publiques pour former le moral de la jeune génération, qui est maintenant très négligé, et « *de venir,* ajouta-t-il avec énergie, *au secours des mœurs de la jeunesse, qui serait perdue sans ressource, si quelque chose n'était pas fait à ce sujet; car la république, dis-je* (ce furent ses propres paroles), *n'est pas dans le gouvernement républicain, mais dans les bonnes institutions et les habitudes.* » Son discours fut bien accueilli [1], et nous sortîmes très satisfaits.

Nous nous dirigeâmes alors vers le conseil des Anciens; mais, avant d'être admis à témoigner notre respect à ces « puissants, graves et révérends sénateurs », nous fûmes obligés de traverser des lieux qui portaient les traces d'événements dont le souvenir jeta le trouble dans notre âme. Les scènes sanglantes du 10 août, je n'ai pas besoin de vous le dire, étaient présentes à mon esprit dans toute leur horreur pendant que je parcourais la place du Carrousel et que je montais le grand escalier

---

[1] Il s'agit d'un discours de Boissy d'Anglas, prononcé dans la séance du 26 brumaire (18 novembre), contre le rétablissement d'une loterie nationale de France proposé par Mercier.

des Tuileries, où tant de gardes suisses furent massacrés. On y voit encore des traces de la lutte sanglante et des violences de cette journée. Les ornements sont brisés et mutilés d'une manière affreuse par les boulets qui furent alors lancés contre le palais, et l'on peut discerner, entre autres, un boulet qui s'est logé dans le mur juste au-dessus de la porte d'entrée. Il y a aussi un grand nombre de trous qui ont été faits par les boulets, et au-dessus desquels est écrit : *Dix août.* J'aurais voulu y écrire : *Aceldama*[1] ; mais c'eût été bien téméraire de ma part, et d'ailleurs je n'avais pas le désir de rester dans ces lieux plus qu'il n'était nécessaire. Hâtons-nous donc vers le second conseil.

Le conseil des Anciens ou des Deux-Cent-Cinquante est à droite, en entrant aux Tuileries du côté de la place du Carrousel, et se tient dans une des salles qu'on appelait autrefois *salon des machines*, parce qu'il servait en 1764 d'atelier aux artistes qui travaillaient pour l'Opéra. Depuis, il fut aménagé en salle de concert, et c'est là qu'on donnait le *concert spirituel* si universellement admiré. C'est un carré long, éclairé par le haut, comme la salle du conseil des Cinq-Cents. Les sièges sont en demi-cercle ; mais le président, au lieu d'être placé à l'extrémité de la salle, est assis au centre de la corde qui sous-tend la courbe du demi-cercle, sur un fauteuil élevé,

---

[1] Terre de sang. Nom qui fut donné au champ acheté par le grand prêtre avec les trente deniers que rapporta Judas.

grand, superbe et très bien décoré. Les secrétaires sont de chaque côté, et la tribune aux harangues est semblable à celle de l'autre chambre. La salle est plus petite, plus élégante, et en même temps beaucoup mieux adaptée à sa destination que celle des Cinq-Cents.

Il y règne aussi plus d'ordre et de régularité. Les membres sont très bien vêtus; ils portent tous l'écharpe tricolore, les uns en bandoulière, les autres en ceinture; bref, leur aspect inspire le respect et nous fûmes étonnés des formes et du décorum qui régnaient parmi eux.

Les *messagers du Directoire,* qui portent les messages du Directoire au conseil, y sont reçus avec un grand cérémonial. Ils sont transportés en voiture d'un conseil à l'autre, et deux d'entre eux furent introduits pendant que nous étions à la chambre des Anciens. Ils ont un costume particulier; deux huissiers viennent les recevoir à la porte du conseil, les conduisent au président, qui prend leur message, et les ramènent ensuite.

Les tribunes du public consistent en deux ou trois rangées, l'une au-dessus de l'autre, et ne sont séparées des membres que par une balustrade, le long de laquelle ils passent pour aller à leur place. La curiosité nous y a amenés trois fois; mais je ne puis dire que les débats aient eu quelque intérêt pour nous, étrangers, comme ils ne portaient que sur des questions de finances et de numéraire.

En sortant du conseil, notre guide nous conduisit

dans une galerie de quarante-deux pas de long sur seize de large, qui mène au grand escalier. Dans cette galerie, remplie de soldats comme tous les abords de l'assemblée, sont déposés les drapeaux et les étendards pris aux alliés. Ils sont rangés autour des frises et le long des murs, comme des trophées, dans l'ordre de la date de leur capture.

Arrivée au grand escalier, mille horribles souvenirs s'emparèrent de mon esprit, et je descendais les marches aussi vite que possible, lorsque la personne qui m'accompagnait me montra de larges taches de sang sur les murs. « *Voilà*, me dit-elle, *encore le sang des gardes suisses, qui furent ici martyrisés en faisant leur devoir.* Et l'on ne peut l'effacer. » Je frissonnai en l'entendant; je ne pus en écouter davantage, et je me hâtai de gagner le jardin, dont l'accès est maintenant libre pour les gens de toutes les classes, pourvu qu'ils portent la cocarde tricolore. Comme il serait trop long d'en décrire toutes les belles sculptures, je vous conduirai immédiatement à la place de la Révolution, ci-devant Louis XV. Cette place est belle, et les palais qui servaient de garde-meubles au roi sont construits dans le style le plus élégant.

On a enlevé la statue de Louis XV, qui avait été érigée au centre de la place, pour la remplacer par une statue gigantesque de la Liberté, que le temps ou plutôt les crimes qui ont souillé ce lieu ont déjà noircie; car il est de fait ue cette divinité est si teintée et que sa couleur originale est tellement altérée que, par son teint *boueux* et son apparence *noirâtre, elle ressemble plus à la Liberté d'Afrique qu'à celle de l'Europe.*

XI.

PARIS.

L'église Notre-Dame. — Sort des œuvres d'art qui l'ornaient. — Halles et marchés. — Musée national des arts au Louvre. — La grande galerie. — Tableaux qui y seront exposés. — L'hôtel du ministre de la police. — Les espions. — Les bureaux. — Éloge du ministre. — Attitude et intégrité du citoyen Cochon. — La suppliante. — Les commis. — Tenue des bureaux. — L'office de renseignements. — Le Petit-Bourbon. — L'hôtel des Invalides. — Le vieil invalide. — L'église convertie en magasin. — Statues reléguées dans un coin. — Éloge de l'aménagement de l'hôtel. — Ce qui arrive quand les enfants chassent leurs pères. — Le menu du souper. — École militaire. — Cavalerie légère. — Champ de Mars.

Paris, 25 novembre 1796.

Autrefois la richesse et les splendides décorations des églises de cette ville fournissaient une ample matière à la curiosité des étrangers. Maintenant tout est bien changé, là comme ailleurs. Tous les ornements qu'une dévotion mal comprise leur avait donnés, sont enlevés ou mutilés, et le rôle du cicerone se réduit à dire la triste histoire de leur grandeur passée et à montrer des murs nus, jadis somptueusement décorés. Je m'excuse ainsi de ne pas vous donner une description détaillée de la cathédrale de *Notre-Dame,* que nous n'avons pas manqué de visiter.

Elle est maintenant aussi pauvre qu'elle était riche. Les mains brutales de la violence ont, il est vrai, épargné l'orgue, et il reste quelques vieilles tapisseries pour les amateurs du luxe dans les églises; mais les curiosités et les riches ornements dont elle s'enorgueillissait ont disparu; cependant les plus précieux ont été envoyés au dépôt général des *Petits-Augustins;* tels sont les six anges en bronze qui proviennent du chœur et l'inimitable groupe en marbre blanc, appelé d'après le don qui en fut fait en souvenir d'un vœu, *le Vœu de Louis XIII,* et représentant Notre-Seigneur reposant sur les genoux de la Vierge, après avoir été descendu de la croix [1].

Un de nos amis, qui s'était chargé de fournir des aliments à notre curiosité, paraissait peu disposé à seconder notre désir de visiter les églises, et, jugeant peut-être de nos goûts par les siens, nous conduisit avec une satisfaction visible, à travers plusieurs *halles* ou marchés, afin que nous pussions voir comme cette capitale était abondamment approvisionnée, sans doute aussi dans le but de nous convaincre, par nos propres yeux, qu'il était plus facile de parler de la disette en France que de la constater. Il nous mena aux halles au

---

[1] Ce groupe, de Coustou l'aîné, avait été inauguré en 1714, avec la décoration du chœur exécutée sur les dessins et sous la direction de Robert de Cotte.

blé, aux herbes, aux cuirs, au drap, etc. La nouvelle halle récemment construite pour la vente des grains est un grand et bel édifice, qui sert à la fois de marché et de magasin. Toute espèce de denrées, je l'avoue, semble abonder; mais comme nous cherchions plus à rassasier notre esprit que notre corps, ces objets arrêtèrent peu notre attention.

On nous conduisit ensuite au *Palais de justice*. C'est un superbe édifice, qui a été terminé depuis peu.

Au Louvre, nous avons parcouru le *Musée national des arts*, qui n'est ouvert que pour un temps limité, comme l'exposition de Somerset house. Le musée est bien digne d'être vu, et occupe un grand nombre de salles dans le palais; l'arrangement judicieux des tableaux fait valoir le talent des artistes à son plus grand avantage. Comme l'entrée était gratuite, il y avait une grande affluence de monde; voyant d'autres personnes y pénétrer, nous les avons suivies. Plusieurs portraits nous séduisirent; ils paraissaient avoir été exécutés par des maîtres, quoiqu'il n'y eût aucune œuvre du grand David. Nous fûmes surpris de trouver actuellement tant d'excellentes productions de peinture, de dessin et de sculpture; il faut en effet reconnaître, quelque étrange que cela puisse paraître, que tout ce qui a du mérite et de la valeur rencontre des amateurs dans cette grande ville. Près du principal escalier, qui mène à la salle d'exposition, se trouve la porte de la grande et célèbre galerie du Louvre, que l'on dispose pour en faire le *Musée national*.

On fit des difficultés pour nous y admettre, parce que les tableaux avaient été décrochés et que la galerie était en réparation; mais en redoublant d'instances, en disant que nous étions étrangers et que nous désirions voir la galerie, on nous permit d'entrer. La personne qui nous accompagna, nous expliqua poliment pourquoi on y était admis moins facilement qu'avant la révolution; suivant elle, c'était par suite de la manière d'agir de plusieurs personnes mal intentionnées, qu'on supposait être étrangères, qui, en se disant amateurs, avaient pénétré dans la galerie, et avaient coupé ou détérioré d'autre façon un grand nombre des meilleurs tableaux. La quantité considérable de beaux et précieux spécimens de l'art que nous avons vus entassés les uns sur les autres, nous fit regretter que la brièveté de notre séjour à Paris ne nous permit pas de voir la galerie terminée; mais comme dès à présent elle est d'une grande longueur et de 30 pieds de large, on peut dire qu'elle est superbe et qu'elle forme un noble *coup d'œil*.

Cette galerie, autrefois appelée galerie du Louvre, réunit ce palais à celui des Tuileries... On doit, comme je l'ai déjà dit, y déposer les *chefs-d'œuvre* de peinture et de sculpture dont on a dépouillé les couvents, les églises, etc., depuis la révolution, et ceux que l'on a apportés des différents pays que les Français ont envahis et pillés[1]; *chefs-d'œuvre* que, dans l'intérêt de l'art aussi bien que dans celui de la justice, il vaudrait mieux voir à leur place primitive, d'autant plus que beaucoup de tableaux ont souffert du transport [2].

En passant sur le quai Voltaire, notre compagnon nous montra le ci-devant hôtel de Juigné, en nous disant qu'il était actuellement habité par le citoyen Cochon [3], ministre de la police générale. « Et je puis vous assurer, ajouta-t-il, que je le regarde comme un des piliers de notre gouvernement; car les Directeurs ont en lui la plus grande confiance et se reposent en grande partie sur ses informations et son activité, pour leur sécurité. Je vous montrerai le chemin; vous pourrez vous renseigner, et, si je puis vous présenter à un de mes amis, qui, en sa qualité de chef du *corps d'espions*, est sous les ordres immédiats de ce ministre, rap-

---

[1] La galerie contenait mille trente tableaux, lorsque sir John Carr la visita en 1802. Il en décrit avec détail les collections, parmi lesquelles figuraient en première ligne les chefs-d'œuvre de la galerie du grand-duc de Toscane. (*The stranger in France*, London, 1807, p. 152 à 156.)

[2] On sait que tous ces objets furent repris en 1815 par leurs possesseurs antérieurs. On trouvera les plus grands détails sur l'enlèvement et l'emballage de ces objets d'art à cette époque dans l'ouvrage de John Scott, *Paris revisited in* 1815, London, 1816, chap. x.

[3] Charles Cochon, devenu sous l'Empire comte de Lapparent, né en 1749, mort en 1825, avait succédé à Merlin au ministère de la police générale, en avril 1797; il fut destitué quelques jours avant le 18 fructidor, et condamné à la déportation, lors de ce coup de force. Il fut préfet et sénateur sous l'Empire.

pelez-vous que, dans les circonstances présentes, *il est bon d'avoir des amis partout.* » En parlant ainsi, il nous fit pénétrer dans l'intérieur de l'hôtel, qui est grand, vaste, commode et bien meublé, surtout la partie qui est habitée par le ministre; car vous devez, chère Madame, vous déshabituer de la pensée que les choses sont encore ce qu'elles étaient au commencement de la révolution et du temps de Robespierre, en ce qui concerne les fonctionnaires du gouvernement, y compris le Directoire, les ministres et les nombreux subalternes qui en dépendent. Je puis vous assurer qu'il n'y a plus aucune affectation de pauvreté, et qu'il y a autant de luxe et d'apparat parmi ces *messieurs citoyens,* autant de formalités et de difficultés pour les aborder, qu'il en existait sous l'ancien régime; ce ne sont plus les sévères et rigides Spartiates qu'ils cherchent à imiter, ce sont les manières et les actions des Athéniens.

L'opinion qui nous a été exprimée sur le ministre lui est très favorable; car, tout en étant très strict dans son administration et même rude en ses manières, il est généralement respecté et passe pour un *honnête homme* dans tous les partis [1].

---

[1] Malmesbury constate aussi que Cochon paraît respecté de tous les partis, et que la police de Paris est certainement parfaite sous tous les rapports, comme elle l'était du temps de M. Le Noir et de M. de Sartines. (*Diaries,* t. III, p. 289.) — Meyer fait aussi l'éloge de Cochon dans ses *Fragments sur Paris,* 1798, p. 239 à 242.

Comme nous montions le grand escalier, il sortait de ses appartements pour aller en voiture faire sa visite quotidienne au président du Directoire. Agé d'environ quarante-cinq ans, il est de petite taille, d'un extérieur grave; il était bien mis, mais sans recherche. En descendant, il fut accosté par deux messieurs, dont l'un était membre du conseil des Cinq-Cents, et l'autre était évidemment un étranger, pour lequel le premier sollicitait une faveur. La requête lui fut adressée à voix basse, nous ne pûmes l'entendre; mais nous entendîmes la réponse, que je transcris pour vous donner une idée du caractère du ministre. « *Citoyen représentant*, dit-il en s'arrêtant à peine, quoi qu'en le saluant, *le conseil dont vous êtes membre est chargé de l'émanation des lois, et moi, de leur exécution; je vous salue.* » Et, sur cette réponse laconique, il se hâta de descendre les escaliers; mais comme ils étaient remplis de personnes qui attendaient le moment de recevoir leurs passeports ou de remettre des pétitions, nous eûmes une autre occasion de l'entendre parler.

Une femme agréable, très bien mise, évidemment au-dessus de la classe populaire, mais qui paraissait accablée, tenait à la main un beau petit garçon de cinq à six ans; en voyant le ministre approcher, elle se fraya un chemin vers lui et, lui présentant un papier, lui dit : « *Citoyen, si vous refusez de m'entendre, je préfère mourir ici plutôt que de m'en aller sans être tirée de cette cruelle incertitude dans laquelle je suis plongée depuis si longtemps.* » Il s'ar-

réta, lut le papier, et dit en le rendant : « *Madame, vous vous trompez ; je ne suis qu'un simple agent du gouvernement, et je ne saurais accorder des grâces ; mais je vous avise de remettre au premier secrétaire le sujet de votre demande ; soyez sûre que justice vous sera rendue, ou qu'il vous indiquera ce que vous devez faire ; pour moi, je me rends à mon devoir. Salut.* »
Il s'inclina, et disparut à nos yeux.

Nous parcourûmes ensuite les différents bureaux, qui étaient remplis d'un nombre incroyable de commis ; beaucoup d'entre eux étaient des jeunes gens qui, nous a-t-on dit, appartenaient à la première réquisition et avaient obtenu la faveur d'être admis dans ces bureaux comme dans les bureaux des autres ministères, afin d'avoir une excuse pour ne pas rejoindre l'armée. En général, ils ne recevaient aucun traitement, et le gouvernement ne leur permettait pas d'être rémunérés pour les affaires qu'ils traitaient, tout devant se faire gratuitement ; néanmoins, malgré cette règle, les pots de vin et la corruption avaient commencé à trouver accès auprès de certains agents subalternes, qui n'étaient pas à l'épreuve de la fascination de l'or. On nous assura cependant, et ce que nous avons vu a semblé confirmer ce que nous disait notre compagnon, que tout était mené avec ordre, célérité et civilité, à l'exception de quelques rares individus qui affectent parfois la grossièreté et la rudesse naguère en usage.

Quant aux espions attachés au ministère, on

nous a certifié de bonne source qu'ils étaient au moins douze ou quatorze cents, organisés en quelque sorte comme un corps militaire; ils ont leur *bureau* ou lieu de ralliement, que nous vîmes aussi, dans l'*attique* du même édifice.

Il est certain qu'à aucune époque l'art de l'*espionnage* n'a atteint un pareil développement et n'a été pratiqué avec autant d'habileté qu'il l'est à présent dans cette capitale; car il n'arrive aucun événement à Paris sans que les ministres ou leurs agents n'en soient informés au bout d'une heure ou deux; en outre, pour faciliter les moyens de recueillir des informations, il y a un autre bureau, appelé l'*office de renseignements*, qui fonctionne jour et nuit, et pour lequel on emploie des hommes, des femmes, des enfants, de toute classe et de toute position; de sorte qu'il est impossible que rien puisse être actuellement fait *en cachette*. Ce détail, ajouté à tant d'autres observations que nous avons faites depuis notre arrivée, nous convainc plus que jamais qu'il serait extrêmement impolitique de la part des émigrés de vouloir faire actuellement une contre-révolution, et d'essayer des tentatives qui, par leurs échecs continuels, comme l'expérience l'a prouvé, ne servent qu'à augmenter de beaucoup la force du pouvoir existant, et par conséquent à consolider la constitution nouvelle.

De là, nous suivîmes le bord de la Seine, et, un peu au delà du pont de la Révolution, nous avons longé la terrasse du palais Bourbon, la ci-devant résidence du prince de Condé, dont une partie près de la rivière doit être appropriée pour le conseil des Cinq-Cents. Il nous fut impossible d'obtenir accès dans le palais. La visite que nous aurions pu y faire ne nous aurait suggéré que de tristes réflexions ; tous ses élégants appartements ont été dépouillés de leurs ornements et n'offrent actuellement qu'un spectacle de ruine et de dévastation. Les jardins sont aussi tout à fait négligés, et le *Petit-Bourbon* ou *Boudoir du Prince*, situé à l'extrémité de la même terrasse, est abandonné et désert.

En tournant l'angle de cette terrasse, où est élevé ce beau petit édifice, on se trouve dans l'une des avenues qui conduisent à l'*hôtel des Invalides*. Ces larges avenues, qui sont délicieuses en été, ne paraissent pas avoir beaucoup souffert de la révolution, sinon par la construction que l'on y a faite de plusieurs ateliers pour la fabrication d'armes à feu et d'autres objets relatifs à l'artillerie. Quant à cette noble et royale institution, nous fûmes heureux de constater qu'elle conserve plus que jamais sa destination et sa splendeur primitives ; on nous a dit en effet qu'on y admet actuellement plus de soldats invalides qu'autrefois et qu'ils sont bien traités. On apercevait dans les jardins de l'hôtel de pauvres jeunes gens, victimes de leur enthousiasme militaire ; propres et bien tenus, s'amusant et paraissant contents, quoiqu'ils eussent tous perdu une jambe ou un bras.

En entrant dans la cour extérieure, où se tenaient quelques vétérans, un d'entre eux s'offrit pour nous accompagner dans la visite que nous demandions à faire de l'hôtel. Curieux de se renseigner sur nous, il était tout disposé à nous questionner, et remarquant que nous étions étrangers, il désirait savoir si nous avions vu autrefois l'église, ce chef-d'œuvre d'architecture. — Si vous l'avez vu, continua-t-il, votre cœur saignerait en le voyant dans l'état où il est actuellement; car bien que nous ayons été assez heureux pour voir notre établissement respecté, notre église, hélas, est fermée. Jamais, non jamais, ajouta-t-il, mes cheveux blancs ne reverront dans sa splendeur ce monument qui fut l'admiration de l'Europe. — Je souffrais pour ce pauvre soldat, car ce qu'il disait venait du cœur; et pour lui être agréable, il nous fallut voir de nouveau le spectacle d'un temple dévasté. Il ouvrit la porte en soupirant, et s'écria en la repoussant avec colère. — Voyez quel changement! Est-ce un lieu de prière? *Ah! mon Dieu!* Ce n'est plus qu'un dépôt, un magasin, un cellier, tout cela pour l'usage de nos armées; car il n'y a rien d'autre dans ces caisses. Il est cruel d'y songer! Autrefois, nous combattions pour une meilleure cause! etc. »

La transformation de cette église ne nous surprit en aucune façon, car il y en a plusieurs à Paris qui ont reçu des destinations analogues; Saint-Germain des Prés, Saint-Jacques, Saint-Roch, par exemple ; cependant, en parcourant l'édifice, notre ami s'étendit sur les dévastations qui avaient été commises, notamment sur la chaire, qui était très curieuse, et sur le maître autel, qui de l'aveu de tous les voyageurs, le disputait en excellence à celui de Saint-Pierre de Rome. — Vous avez parfaitement raison, répondit notre vieux soldat ; je *vois que monsieur est un amateur*, car la chaire était certainement superbe, et le maître autel était décoré de six belles *colonnes torses*, supportant un riche *baldaquin*, le tout doré, formant un morceau complet d'architecture, qui comme vous le voyez est maintenant démoli, brisé et mutilé. L'autel, ses parois et le *tabernacle*, qui sont en marbre précieux, semblent cependant s'élever au milieu des ruines ; ils existent encore ; mais on n'y célèbre aucun culte. »

Heureusement rien n'a été changé dans la partie surmontée d'un dôme, qui forme une sorte de seconde église à la suite de la première, et dont les peintures à fresques[1] ont de tout temps attiré l'attention des curieux ; on a seulement remplacé les ornements et les trophées décorés des attributs de la royauté par des sujets allégoriques relatifs à la liberté, etc.

Le *parquet* ou pavement, qui est vraiment beau, se compose d'un assemblage des plus riches marbres connus en Europe, qui forment des orne-

---

[1] Par Jean Jouvenet et Charles de La Fosse.

ments et des compartiments variés; on l'a recouvert avec soin pour qu'il ne soit pas abîmé; mais on a réuni et déposé dans un coin de l'édifice les statues de marbre, placées dans différentes parties de l'église. Telles étaient les statues de saint Louis et de Charlemagne[1], qui étaient d'une grande beauté et comptaient onze pieds de haut; il y avait aussi plusieurs bustes, représentant les chefs des Églises grecque et latine, comme saint Grégoire, saint Augustin et beaucoup d'autres saints, que je ne connais pas.

Quant au reste de l'hôtel des Invalides, c'est certainement un noble établissement, qui fait honneur à la nation. Les cours sont spacieuses et très bien appropriées. Les principales pièces de service, tels que la cuisine, les caves, la boucherie etc., méritent particulièrement l'attention; tout est organisé avec beaucoup d'ordre et de régularité. On nous a dit qu'actuellement il n'y avait pas moins de neuf mille pensionnaires dans l'hôtel, et que six mille attendaient leur tour pour y être admis; qu'en outre beaucoup de gens dans le même état, mais que leurs blessures ne rendent pas incapables de travailler, peuvent exercer quelque modeste emploi du gouvernement en province.

Notre vieux soldat, qui ne nous avait point quittés, et semblait s'attacher à B., nous amusa beaucoup en nous racontant quelques anecdotes

---

[1] Par Coysevox et Girardon.

sur lui et ses camarades. Dans la cuisine, il vit que nous étions charmés de voir la quantité de provisions qui se trouvaient sur la table, et il fit remarquer que bien que tout parût régulier et en ordre, cependant, ajouta-t-il, *on peut dire que nous vivons au jour la journée: car ce que vous voyez ici n'est rien en comparaison d'autrefois. Mais enfin, messieurs, lorsque les enfants chassent leurs pères de leurs maisons et veulent tout gouverner, les affaires vont toujours mal, et on vit comme je l'ai déjà dit, au jour la journée.* Il faisait allusion au très grand nombre de jeunes réquisitionnaires, qui sont maintenant aux Invalides et qui, se trouvant en majorité, en ont pris possession et veulent faire la loi aux anciens. — *Car ma foi!* continua-t-il, *nous sommes quelquefois si réduits, qu'hier au soir, par exemple, nous eumes un grand fracas pour une goutte d'huile, et cela parce qu'on nous avait donné à chacun un hareng pour souper avec du vinaigre seulement, ce qui est à la vérité contre la coutume; là-dessus, ces jeunes gens très fâchés attaquèrent tout de suite les directeurs de l'office et les forcèrent de chercher de l'huile. Ainsi vont les affaires de cette grande maison.* Notre vétéran avait raison en quelque sorte; car il est certain que le gouvernement actuel, s'occupant principalement d'alimenter et de poursuivre la guerre, néglige les établissements nationaux.

Il prit congé de nous à la porte, très satisfait de *messieurs les anglais,* tandis que nous nous dirigions vers la ci-devant *École militaire,* convertie maintenant en caserne. Il nous parut suffisant de jeter un coup d'œil sur sa principale cour, remplie de troupes et de chevaux, prêts à marcher au premier signal. L'ensemble de l'édifice est vraiment beau et restera comme un monument à l'honneur de Louis XV, qui créa cet établissement pour l'éducation militaire de la noblesse pauvre.

Les troupes, qui y sont casernées, appartiennent surtout à la cavalerie légère ; elles sont mal montées, sur de petits chevaux maigres et minces ; mais les hommes ont l'air militaire et ressemblent pour le costume et la tenue aux hussards autrichiens.

Vis-à-vis s'étend le fameux Champ de Mars, qui servait autrefois de champ de manœuvre pour l'école, mais qui est aujourd'hui destiné aux fêtes et aux réjouissances publiques; c'est une vaste plaine, entourée de gradins, et au centre de laquelle s'élève une statue colosse de la liberté. A l'entrée, deux énormes caryatides représentent Mars et Minerve. Les jours de fêtes, nous a-t-on dit, on y ajoute plusieurs autres décorations, et l'ensemble forme un beau spectacle. C'est possible, mais tel qu'il est, le Champ de Mars paraît nu et désert.

XII.

PARIS.

Musée des Petits-Augustins. — L'observatoire. — Lalande. — Les télescopes. — La Bibliothèque nationale. — Galerie des médailles. — L'Hôtel-Dieu. — Améliorations dans les services. — Défilé sur les quais d'un corps de troupes. — Célébration de la victoire d'Arcole. — Éloge de Bonaparte. — Patriotisme. — Confiance dans l'avenir. — Le Jardin des plantes. — Herbiers. — Conversation sur un projet de descente en Angleterre. — Combinaisons politiques et stratégiques de salon. — Attaques contre le gouvernement. — L'opinion en France.

2 décembre 1796.

Nous avons voulu visiter les *Petits-Augustins* dont j'ai parlé dans une lettre précédente comme d'un dépôt d'objets curieux. C'est en effet un dépôt ; mais les *dépouilles* qui ont été enlevées aux églises, aux couvents, aux édifices publics lors des débuts de la révolution, y sont entassées sans ordre et sans soin, et forment un étrange chaos d'objets rares et remarquables, qu'il est impossible de voir à leur avantage. Ils sont dans un état de négligence qui excite la tristesse plutôt que la satisfaction. Nous n'avons rien vu distinctement, et par conséquent rien vu avec plaisir [1].

[1] Sur le musée des Petits-Augustins, alors à l'état de forma-

À l'Observatoire, que nous avons visité ensuite, mon *caro sposo* fut heureux de voir le célèbre Lalande, à qui l'on nous présenta. Ce sage aimable et vénérable [1] a réussi, au sein de cette grande ville et au milieu des factions politiques, à se tenir en dehors de tous les partis et à conserver assez de courage et de force pour ne pas laisser atteindre son moral par les crimes que l'on commettait autour de lui. Avec le calme et la tranquillité d'Archimède, mais avec plus de bonheur, il continua ses observations astronomiques. Il est encore absorbé dans ses études scientifiques, et vit pour jouir du fruit de ses recherches, respecté et aimé de tous.

Les caves de l'Observatoire sont très curieuses et forment plusieurs rues souterraines. On nous montra dans un des appartements un télescope de 22 pieds de long, et un grand nombre de pièces destinées à un autre qui doit en avoir 40, trois de plus, si je ne me trompe, que le grand télescope d'Herschell. Cependant, vu le manque d'argent, son achèvement est différé jusqu'à la paix.

Puisqu'il est question de sciences, je mentionnerai les bibliothèques que j'ai vues, parmi lesquelles la vaste et belle ci-devant bibliothèque de Louis XVI, aujourd'hui convertie en bibliothèque nationale. Elle occupe un grand nombre de salles

---

tion, voir entre autres *The Stranger in France*, de sir John Carr (p. 318 à 320) avec la gravure à l'aqua-tinta, publiée d'après son dessin.

[1] Lalande avait alors soixante-cinq ans.

dans l'ancien palais du cardinal Mazarin, qui n'est pas seulement rempli de livres, mais d'objets de la plus haute curiosité. La plus grande salle occupe tout le premier étage, qui a 750 pieds de long, sur 30 de large et environ 20 de haut. Les livres y sont rangés avec goût et avec ordre, et l'on suppose, d'après ce que nous a dit le bibliothécaire, qu'ils dépassent le nombre de 200,000 volumes.

Après la galerie des manuscrits, la galerie des médailles est particulièrement digne d'être vue, autant pour ses riches et grandes collections de médailles et de monnaies anciennes, en excellent état, que pour ses autres spécimens d'objets antiques, qui doivent intéresser au plus haut point les *amateurs dans ce genre*. On nous conduisit ensuite à la galerie des estampes, qui me plut davantage que les précédentes, et qui est regardée comme une des plus complètes de l'Europe. Toutes ces galeries sont ouvertes au public les troisième, sixième et neuvième jours de chaque décade, et aux gens de lettres tous les jours, de dix à deux heures.

J'aurais voulu y rester quelque temps, mais je fus entraînée à l'Hôtel-Dieu, qui passait, il y a peu de temps encore, pour avoir souvent rempli les poches de ceux qui étaient à sa tête, au détriment des malades que l'on négligeait d'une manière honteuse. Un grand hôpital abandonné à des mains mercenaires est la moins charitable des charités. Je songe avec regret à la grande quantité d'argent que l'on gaspille sous le couvert de la bienfaisance, et qui sert à accroître les maux du pauvre plutôt qu'à les soulager. Il en était ainsi à l'Hôtel-Dieu ; mais son administration est améliorée, et son organisation présente excellente.

Les salles pour les malades sont particulièrement bien distribuées, et les procédés chimiques, d'après le système de Fourcroy, pour expulser l'air méphitique et le remplacer par une quantité égale d'air vital et de calorique, sont employés si minutieusement et ont été trouvés si efficaces, que, contrairement à ce qui se passait autrefois, il y a des lits disponibles à l'hôpital. Les malades maintenant couchent seuls, et non deux et même trois dans le même lit ; amélioration, qui ajoutée à la précédente, a contribué à la surprenante diminution de décès que l'on y constate ; on nous a dit qu'auparavant on en comptait communément de 15 à 20 par jour, tandis qu'à présent ils dépassent à peine trois ou quatre par semaine.

Comme nous revenions, un grand concours de peuple amassé sur un quai semblait dans l'attente d'un spectacle. En nous joignant à lui, nous vîmes un corps de hussards et d'infanterie, d'un aspect formidable, drapeaux déployés, musique en tête, faire halte, pour annoncer avec une grande solennité la victoire remportée par Bonaparte sur les Autrichiens à Arcole[1].

---

[1] Le 17 novembre 1796. Le beau rapport du général Bona-

7.

Cette nouvelle fut naturellement le sujet de la conversation à table d'hôte, où toutes les circonstances de cette victoire furent très amplement détaillées par le *représentant* dont j'ai déjà parlé; panégyriste des plus convaincus, il exalta le jeune général jusqu'aux nues, et après avoir ajouté qu'Annibal, Scipion l'Africain et même Jules César n'étaient pas à comparer à Bonaparte, il conclut en disant à notre ami : « Nous désirons certainement la paix, quelle que puisse être l'opinion commune ; mais si nous étions forcés de continuer la guerre actuelle, permettez-moi, *Monsieur l'Anglais*, de vous édifier sur un point, que vous refuserez peut-être d'admettre, mais qui est certainement un fait, et je puis vous assurer (ce furent ses propres paroles) *qu'au lieu d'être contraint de faire des recrutements forcés et extraordinaires, comme nos ennemis le supposent, les jeunes gens de la première réquisition seuls, si on voulait les faire joindre leurs drapeaux, seraient beaucoup plus que suffisants pour remplir, non seulement les cadres de l'armée, mais pour culbuter à jamais les forces de l'Autriche et des ennemis de la République.* »

Nous ne répondîmes pas à cette vantardise. Tel est le caractère français que chaque victoire remportée par la république augmente l'orgueil de ceux qui la gouvernent et rend le peuple enthou-

---

parte sur cette bataille est inséré dans le *Moniteur* du 12 frimaire (4 décembre).

siaste de la gloire militaire. Le gouvernement actuel, tirant parti du caractère bien connu du peuple, ne manque aucune occasion d'alimenter cet esprit belliqueux, afin de pouvoir prolonger la guerre, sachant bien que plus elle durera, plus le système républicain acquerra de force. Si le Directoire pouvait contraindre les Autrichiens à faire la paix, qui semble à présent leur seul désir, le gouvernement français, nous dit-on, se débarrasserait du reste de ses ennemis. Mais la vieille Angleterre, avec sa marine, sera plus aisément menacée qu'atteinte par les Français !

Le jardin botanique, ci-devant jardin royal des Plantes, m'a particulièrement intéressé. Ce jardin, ainsi que les bâtiments qui en dépendent, a été respecté et ne paraît pas avoir souffert le moins du monde ; au contraire, la collection primitive de botanique a été considérablement augmentée par l'addition de beaucoup de plantes rares et précieuses des îles de la mer du Sud. Il y a aussi une collection d'insectes qui proviennent des mêmes parages. On est admis dans les salles les mêmes jours qu'à la Bibliothèque nationale, avec les mêmes facilités pour les savants. Rien n'a été modifié, et des cours y sont faits comme avant la révolution ; seulement on se plaint de ce que les professeurs ne sont pas payés régulièrement, ce qui amène un certain relâchement parmi eux. Quant aux personnes qui sont chargées de montrer et d'expliquer les objets de collections, je n'en ai jamais vu de plus attentives et animées d'un plus grand désir d'obliger.

Le cabinet d'histoire naturelle est charmant; il renferme tout ce qu'il y a de rare et de curieux dans les trois règnes de la nature. Le musée et l'amphithéâtre d'anatomie ont aussi un grand mérite. On nous montra l'herbier de Tournefort, qui contient toutes les plantes rares recueillies par ce grand et célèbre botaniste, outre un nombre incroyable d'objets, qu'il faudrait des mois pour examiner et décrire. En outre, les récentes *importations* d'Italie m'ont paru immenses, et d'une valeur prodigieuse. Je mentionnerai quelques articles de ce trésor scientifique.

Avant tout, mon amie, en tête de la liste, je placerai le grand herbier d'Haller, qui contient 60 volumes, enlevé à l'université de Pavie; 2º une collection de matières volcaniques, faite par Spallanzani et provenant de la même université; 3º le rare et précieux herbier d'Aldovrande, en 16 volumes, venant de l'université de Bologne; 4º une collection de différents marbres et pierres précieuses; 5º douze petits manuscrits sur les sciences, par Léonard de Vinci; 6º un fameux carton du même; 7º un manuscrit des antiquités de Josèphe sur papyrus; 8º un autre de Galilée; plus un millier d'autres objets que je ne puis rappeler.

J'ai oublié de rapporter une conversation à laquelle nous avons assisté hier soir, et que je reproduis simplement pour vous donner une idée de la vanité et de la jactance de la nation, que des siècles de république parviendraient difficilement à modifier. On parlait de la prochaine descente sur les côtes d'Angleterre, la flotte étant presque équipée et prête à mettre à la voile. La majorité de la société, dans laquelle se trouvaient trois ou quatre membres des deux conseils, semblait croire au succès de l'entreprise, et l'un d'eux émit des opinions qui me surprirent étrangement.

« *Si nous ne réussissons pas*, dit-il, *qu'importe pour cela ; nous aurons du moins l'avantage de nous débarrasser par là de nos turbulents, qui lors de nos élections prochaines, ne manqueraient pas de s'en rendre les maîtres, et de nous envoyer des jacobins pour compléter nos conseils.* »

Un autre avança, avec une confiance extrême que la descente sur les côtes d'Angleterre avait uniquement pour but de dissimuler des plans plus profonds, car on savait bien que pour forcer le gouvernement anglais à traiter, il était indispensable d'attaquer partout son commerce et de ne l'épargner en aucune façon. « Ne lui avons-nous pas arraché, continua-t-il en élevant la voix, une de ses plus riches provinces, la Hollande, n'avons-nous pas expulsé les Anglais de l'Espagne et de l'Italie? Aussi nous n'avons plus maintenant qu'à révolutionner le Portugal, si nous ne pouvons le conquérir, à prendre Hambourg et à le donner au roi de Prusse. » En disant cela, il fit une pirouette, et s'assit, parfaitement satisfait de sa *gasconnade*.

Juste ciel ! avec quelle impatience j'aurais voulu

parler ! mais la prudence me fit garder le silence. Tout à coup j'entendis une troisième personne, s'adressant à une autre qui causait avec quelques dames. *Ah! ma foi! dit-elle, en envoyant nos têtes chaudes en Portugal, et nous en débarrassant ainsi, nous ferions un grand coup, car, après tout,* continua-t-il après une pause, *lorsqu'une révolution aussi sanguinaire qu'injuste a fait chanceler sur leur base antique des usages qui étaient devenus comme des lois, et qu'elle a renversé tous les sentiments de religion ; qu'elle a aussi prêché l'athéisme, ainsi que tous les crimes ; enfin qu'elle a fait monter l'innocence et la vertu sur l'échafaud, certes on ne saurait désirer que les monstres qui en sont les auteurs rentrassent encore dans la société. — Oh! pour cela non!* s'écrièrent les dames, en se renversant sur leur chaise, *mille fois! mille fois mieux un roi que ces sans culottes à moustache horrible et couverts de sang.*

On continua sur le même ton, mais ce que l'on dit ne fut pas assez saillant pour être répété. Néanmoins, jugez de notre surprise, de voir presque tout le monde d'accord et applaudir. La réunion n'avait rien d'intime; on n'en manifesta pas moins avec une liberté sans limite ses opinions contre le gouvernement actuel, malgré la présence de plusieurs de ses membres, et l'on exprima hautement ses vœux pour la restauration de la royauté.

Avec quelle facilité un étranger ne peut-il se laisser prendre à de pareils discours, en tirer des conséquences favorables pour le rétablissement de la royauté, et en conclure que les Français sont prêts à se sacrifier pour hâter cet événement ! mais hélas, il serait dans une grande erreur ! Cette nation aime à mystifier les voyageurs, et je suppose que quelques-uns de ces discours avaient pour but de nous tromper et peut-être de découvrir quels étaient nos vrais sentiments politiques [1].

[1] L'auteur nous paraît bien défiant. Il est plus injuste encore et tout à fait dans le faux lorsqu'il accuse ensuite les Français de manquer de sincérité. Selon lui, l'avocat de la royauté, s'il s'était trouvé dans une réunion de démocrates, aurait soutenu l'opinion contraire avec une égale chaleur. On a pu accuser les Français pendant la révolution de crimes et de vices nombreux, mais sauf de rares exceptions, ils n'ont mérité dans aucun parti le reproche d'hypocrisie.

XIII.

PARIS.

Les spectacles. — Les vingt et un théâtres.— Passion pour le théâtre. — Salles de danse. — Citation de Mercier sur la fureur de la danse. — La mode. — L'Opéra. — Les toilettes. — Mme Tallien. — Costumes du dernier goût. — Femmes élégantes. — Liberté de conversation au théâtre. — Réaction religieuse.

Paris, 4 décembre 1796.

Il faut des spectacles dans les grandes villes, dit Rousseau; les Parisiens paraissent tout à fait convaincus de cette nécessité; il y a dans cette ville vingt et un théâtres[1], sur lesquels quatorze sont chaque jour ou plutôt chaque nuit en activité. Nous avons visité la plupart d'entre eux, et généralement nous nous y sommes amusés; mais, rassurez-vous, je ne vous fatiguerai pas à copier des programmes de pièces républicaines ou à vous décrire des salles de spectacle; je sais que les théâtres des grandes villes se ressemblent beaucoup et qu'ils diffèrent surtout par leurs dimen-

---

[1] Il n'y eut pas moins de trente à quarante théâtres à Paris sous le Directoire. (Lacroix, *Directoire...*, p. 177.)

sions. Je n'ai pas besoin de dire que dans la distribution et la décoration intérieures de ceux de cette capitale on s'est préoccupé partout de la commodité et de l'élégance.

Quatorze théâtres ouvrent tous les soirs, et généralement remplis, témoignent de la fureur des Parisiens pour ce genre d'amusement. Directeurs et acteurs reçoivent des encouragements, et chacun dans sa sphère s'efforce de satisfaire le public; car, comme le disait Garrick : ceux qui vivent pour amuser doivent amuser pour vivre.

Pour montrer à quel point a été poussée la passion pour le théâtre, on nous a dit, et je ne l'aurais pas cru si je ne l'avais entendu d'un témoin oculaire, que pendant la grande disette de pain qui a eu lieu il y a peu de mois dans cette capitale, les théâtres étaient aussi remplis qu'à présent, et que les spectateurs pour s'y rendre, se frayaient un chemin par la force à travers la masse du peuple, qui s'assemblait devant les boutiques de boulangers en réclamant hautement du pain.

Après les théâtres, on peut placer les salles de danses, qui sont, s'il est possible, plus nombreuses qu'avant la révolution et réparties dans toute la ville. Les Français en général et les Parisiens en particulier, passent en un moment d'un extrême à l'autre ; ils dansent maintenant à Paris, sans respect pour les personnes et pour les choses, même dans quelques ci-devant églises, dans des couvents, des hôtels, des palais, à l'Opéra, dans les rues, en somme partout[1]. Je finis en ce moment de parcourir une petite brochure sur les amusements les plus en vogue à Paris, due à la plume du célèbre Mercier ; je lui emprunterai sa description, au lieu de tenter d'en faire une moi-même. Son ouvrage dépeint la rage que les Parisiens ont à présent pour la danse, la parure et la mode, non seulement avec esprit et humour, mais avec tant de justesse, de vérité et d'exactitude, que vous en serez charmée. Je dois ajouter que le plaisir et la dissipation sont tellement répandus ici, que les souffrances du commerce feraient seules soupçonner à un étranger que le pays est en guerre. Mais écoutez ce que dit Mercier :

« Après l'argent, la danse est devenue l'idole des Parisiens. Du petit au grand, du riche au pauvre, c'est une fureur, c'est un goût universel. On danse aux *Carmes,* où l'on a égorgé ; on danse aux *Jésuites;* on danse au *Séminaire St-Sulpice,* aux *Filles Sainte-Marie,* dans trois ou quatre églises, chez *Ruggieri,* chez *Luquet,* chez *Mauduit,* chez *Wentzel*[2]*,* à l'hôtel Marbeuf, à celui de Richelieu, etc., on danse partout. Toutes les femmes sont en blanc, et le blanc sied à toutes les femmes ; leur gorge est

---

[1] Jamais on a tant dansé, dit Pujoulx, que depuis que l'on n'a pas le cœur à la danse. (*Paris à la fin du XVIIIe siècle,* p. 54, chap. xv, Bals publics.) Voir *l'Histoire de la société française pendant le Directoire,* par Edmond et Jules de Goncourt, p. 137 et suivantes, et plus loin les Extraits de Swinburne.

[2] Excellents traiteurs. (Note de l'auteur.)

nue ; leurs bras sont nus. Les hommes sont trop négligés, ils dansent d'un air froid, triste et morose ; on dirait qu'ils rêvent à la politique ou à l'agio. Après la danse vient le concert ; au concert succède le souper. Les femmes, qui n'ont plus la gêne des corps, peuvent manger à satiété. Elles s'en acquittent bien... [1] »

A cette satire des Parisiens et de leurs folies, laissez-moi ajouter un mot ou deux sur leur manière de s'habiller ; car jamais la mode et le luxe n'ont eu un empire aussi excessif qu'à présent. A l'Opéra, qui est le premier des théâtres, et avec raison, car la salle est superbe, les décorations et les costumes très beaux, et les ballets brillants, les femmes sont *ornées* avec autant de goût et de coquetterie qu'auparavant. On peut dire que la mode a repris son ancienne influence, et qu'elle devient comme autrefois chez les Français une occupation importante.

Le premier soir où nous allâmes à ce théâtre [2], je fus très curieuse, et je fis un millier de questions sur les toilettes, l'assistance, etc. Une dame, qui était assise dans la même loge, prit la peine de tout m'expliquer et me donna toutes les indications que je désirais. Après m'avoir montré quelques-unes des femmes les plus à la mode, parmi les-

---

[1] Nous croyons inutile de donner dans son entier la citation de Mercier, qui est extraite, avec quelques variantes, du chap. XCII de son *Nouveau-Paris*, intitulé : Les bals d'hiver.

[2] Voir plus loin sur les théâtres, les extraits de Swinburne.

quelles était Mme Tallien, elle me demanda si je ne la trouvais pas très belle, et sa toilette charmante; avant que je pusse répondre, elle ajouta : « Peu importe toutefois ce qu'elle porte, car elle fait tout valoir à son plus grand avantage; cependant, comme vous semblez étrangère, je vous recommande de remarquer sa robe, qui est du dernier goût et qu'on appelle *robe ronde à la Flore;* rien certainement n'est plus seyant. La dame, continua-t-elle, qui est assise à droite de Mme Tallien est vêtue *à la Bérénice,* et l'autre, à gauche, à *la Cérès;* les trois charmantes jeunes femmes que vous voyez sur le devant portent *des redingotes à la Galatée,* costume, à mon avis, préférable aux précédents, parce qu'il dessine la taille avec exactitude et la montre à son plus grand avantage; bref, nous en avons une telle variété, et tous si élégants, que vous ne saurez lesquels admirer le plus; ce qui ne vous étonnera pas, *puisque de tous les temps,* dit-elle en souriant, *les dames françaises se sont rendues célèbres par leurs modes et que même toutes les nations du monde se sont empressées de les suivre et de nous copier.* »

« Il y a deux toilettes dans la loge voisine, que je dois recommander à votre attention, parce qu'elles sont surtout portées par les *femmes comme il faut:* l'une en blanc est appelée *habillement au lever d'Aurore,* et l'autre en bleu, *au coucher du soleil;* elles sont toutes deux exceptionnellement jolies, et sûres de plaire à tous ceux qui se font une idée juste du goût et de la mode. — Tout à coup elle se tourna vers un monsieur, qui lui avait parlé précédemment, mais à qui elle n'avait pas fait la moindre attention; puis, se retournant aussi vite de mon côté, elle résuma la conversation, en disant :

— Tout a changé d'une manière extraordinaire depuis deux ans; alors, on ne voyait que des costumes *à la houssarde, à la sans-culotte, à la Jacobine, à la Guillotine* et même *à la Monarchie détrônée.* Y avait-il rien de plus horrible ? »

Le ballet commença, et me délivra heureusement de son babil, qui devenait fatigant; car nous avons partout remarqué, surtout à Paris, que les Français pensent qu'ils jouissent au théâtre d'une liberté illimitée, les femmes en causant, les hommes, en applaudissant ou en blâmant bruyamment tout ce qui, pendant la représentation, est conforme ou contraire à leurs opinions politiques ; liberté qui ne paraît gêner en aucune façon leurs voisins, qui sont très probablement d'un avis contraire, mais dont le tour peut venir bientôt.

Le grand changement, qui depuis la mort de Robespierre a eu lieu d'une manière si visible dans le caractère et dans le costume de la majorité des Parisiens, semble avoir influé également sur leurs opinions politiques et même sur leurs principes religieux. Il n'est rien de plus certain que presque tous ceux qui, pendant le régime de la Terreur, ont été athées ou déistes, sont devenus maintenant les avocats les plus ardents et les plus fervents apôtres de la religion qu'ils avaient bafouée, et pour laquelle ils vont jusqu'à professer des sentiments de bigoterie.

Le changement soudain, qui s'est fait dans leurs manières et dans leurs opinions, ne forme pas seulement un singulier contraste avec leur conduite antérieure, mais il démasque le caractère de ceux qui adoptèrent par pusillanimité et avec un enthousiasme apparent la soi-disant philosophie alors en vogue, surtout pour cacher leurs sentiments réels, arriver eux-mêmes au pouvoir, et rétablir plus tard l'ancien régime, avec l'aide du temps et de leurs manœuvres habiles ; mais, ayant manqué ce double but, ils semblent maintenant résolus à abdiquer leurs erreurs, et à commencer une chaude croisade en faveur de cette même religion qu'ils avaient tournée en ridicule. La contradiction est vraiment frappante. Mais après tout, si toutes les professions ont leurs charlatans, pourquoi la religion et la philosophie n'auraient-elles pas les leurs[1] ?

---

[1] Ici plusieurs pages sont consacrées à l'histoire, à la description de la Bastille, et à des réflexions banales sur sa destruction.

XIV.

LA FORÊT DE SENART.

Abandon et désolation des campagnes sur la route de Melun. — Causes de cet abandon. — Montgeron. — Les victimes des brigands. — Le cocher doit rebrousser chemin. — L'hôte de Montgeron. — Les chauffe-pieds ou chauffeurs. — Leurs crimes. — Villageois chargés de les poursuivre. — L'acquisition d'un bien national. — Le bon émigré. — La nuit dans l'auberge. — Départ par le brouillard. — Rencontre d'une troupe de soldats. — Conversation avec le capitaine. — La troupe va rejoindre l'armée d'Italie. — Éloge de l'officier. — Son enthousiasme patriotique. — La forêt de Senart. — Melun. — Montereau.

Montereau, 5 décembre 1796.

Quoique mon séjour dans la capitale de la France satisfît ma curiosité, je n'éprouvai aucun regret en la quittant. Le rapide coup d'œil que j'avais jeté sur elle me suffisait, et comme la foule et les plaisirs ont pour moi peu d'attraits, je pressai le moment du départ, quoique la saison fût peu favorable à un voyage dans les provinces. Je vous envoie le récit de ce voyage; si vous le trouvez fastidieux, ce sera quelque peu la faute de ce sombre mois.

Peu de scènes animées se présentèrent à nos regards, lorsque nous sortîmes de Paris par la porte Saint-Antoine. Nous étions arrivés à cette ville à travers un pays cultivé; mais en la quittant, nous fûmes bientôt au milieu d'une scène d'abandon et de désolation. Qui aurait pu croire que nous n'étions qu'à une demi-lieue des bords cultivés et peuplés de la Seine? Le contraste nous frappa. — Quelle peut être la cause, disions-nous, de l'état de désolation où se trouve cette terre, qui paraît en elle-même si bonne et si fertile, dans le voisinage de la capitale, à quelques milles du siège du gouvernement? — La révolution, cette féconde source de misères, la révolution, nous répondit-on, en est la cause. — Mais comment la révolution, demandions-nous, a-t-elle pu causer les progrès de la culture d'un côté de Paris, l'abandon et la ruine de l'autre? — Ici, dit-on, les terres que vous voyez sont devenues propriétés nationales, à la suite de l'émigration de leurs anciens propriétaires; elles sont restées sans acquéreurs ou ont été achetées par des spéculateurs, qui ne sont pas à même de les cultiver ou qui, craignant que les émigrés ne soient rappelés et ne rentrent en possession de leurs biens, n'ont aucun intérêt à améliorer des terres qu'ils ne conserveront peut-être pas longtemps. »

Au misérable village de Charenton, nous traversâmes la Marne, et quittant la grande route qui conduit à Brie et à Varennes, nous prîmes celle qui passe à Villeneuve-Saint-Georges et à Melun, et qu'on nous avait recommandée comme la meilleure et la plus sûre; mais nous eûmes bientôt un désagréable spécimen de la sécurité qu'elle offrait.

C'était notre intention de traverser la grande forêt de Senart; mais entendant dire à Montgeron[1], où nous nous étions arrêtés, qu'un meurtre y avait été commis le matin même, mon ardeur d'avancer, je l'avoue, fut étonnamment diminuée. Je ne pus faire partager mes craintes féminines au cocher, qui persuada à B. que nous avions bien le temps de la traverser, sans qu'il y eût le moindre danger, et que nous devions continuer notre route, malgré les remontrances et les prières de l'aubergiste.

Cependant, à près d'un quart de lieue du village, nous rencontrâmes une nombreuse cavalcade, composée d'un chariot ouvert, escorté d'une escouade de gendarmes à cheval et d'une foule de gens à pied. A notre rencontre, ils firent halte; deux gendarmes s'approchèrent de notre cocher et l'engagèrent à ne pas continuer. Celui-ci, se riant du danger, fouetta ses chevaux et persista à vouloir avancer. Une altercation s'ensuit; lui ordonnant d'arrêter, nous en demandons la raison. On nous dit que ce serait de la folie de poursuivre notre route à travers la forêt cette nuit, comme notre cocher paraît décidé à le faire; les malfaiteurs en ce moment infestent le voisinage, et quoiqu'on revienne de leur poursuite, on n'a pu s'emparer d'aucun d'eux.

---

[1] Le texte anglais porte Melun par erreur.

— Voyez, disent les gendarmes, un triste exemple d'imprudence; sur ce chariot sont étendus deux pauvres malheureux, qui ce matin sont tombés victimes de leur courage, ou plutôt de leur témérité. Ayant essayé de lutter avec ces bandits, ils furent cruellement et mortellement frappés, tandis qu'un troisième qui les accompagnait a été, selon toute apparence, mortellement blessé. Nous faisons maintenant de notre mieux pour gagner la ville voisine, pour lui procurer des secours. — Il nous informèrent que les deux hommes tués étaient des bouchers, qui se rendaient à une foire distante de quelques lieues; et que le troisième, qui avait survécu, était un voyageur que le hasard avait amené à faire le même chemin que ces deux bouchers. — Après avoir ainsi parlé, ils prirent congé de nous et rejoignirent leurs camarades.

Je n'ai pas besoin de vous dire que nous n'hésitâmes pas à revenir sur nos pas à l'auberge que nous venions de quitter, et dont le propriétaire, comme s'il avait un pressentiment de notre retour, se tenait à la porte pour nous recevoir.

Cet honnête homme, bien loin de paraître nous en vouloir de n'avoir pas suivi ses avis, redoubla d'attentions à notre égard, nous félicitant d'avoir rencontré des gens qui avaient eu plus d'influence que lui pour nous dissuader de continuer notre chemin. « Car, ajouta-t-il, nous entendons continuellement parler de vols et de meurtres commis par les abominables scélérats appelés *chauffe-pieds*, qui sont non seulement nombreux, mais font des expéditions en bandes et commettent des méfaits incroyables. A peine se passe-t-il une nuit sans que quelque ferme des environs soit entourée et pillée par ces misérables, qui avant de les voler, livrent les infortunés, qui tombent entre leurs mains, aux plus grandes tortures, afin de leur faire révéler l'endroit où ils déposent leur argent et leurs valeurs. Après leur avoir lié les mains et les pieds, ils approchent ces derniers tout contre le feu (ce qui leur a fait donner le nom de *chauffe-pieds*), et les forcent ainsi à leur révéler le nom et la résidence de leurs plus riches voisins, afin de pouvoir les attaquer bientôt de la même manière; ils terminent souvent leur pillage par le meurtre, ou du moins en laissant les pauvres gens liés les uns à côté des autres devant un grand feu. »

Voyant que cet horrible récit me bouleversait, il m'épargna de plus amples détails, et pour me consoler, il m'assura que le terrible règne de ces monstres ne durerait pas; les villages voisins étaient résolus à les exterminer; dans ce but, ils s'étaient organisés en une sorte de garde nationale, pour faire des patrouilles nuit et jour; six de ces scélérats avaient déjà été pris, et l'assassinat qui venait d'avoir lieu devait faire redoubler de vigilance; aussi ne doutait-il pas que l'on ne fît bientôt des exemples qui effraieraient les autres et qu'on n'arrivât à les chasser de leurs repaires et de leurs lieux d'embuscade. — « Pour vous, ajouta-t-il, vous ne devez avoir aucune crainte, pourvu que vous restiez chez moi jusqu'à demain matin. Mon fils, qui fait cette nuit une patrouille avec vingt-deux jeunes gens des environs, sera encore dans la forêt quand vous la traverserez; et comme il est dans leur intention de s'avancer jusqu'à ce qu'ils rencontrent la patrouille de Melun, la route sera parfaitement sûre. »

Passant à un autre sujet, il nous amusa par quelques anecdotes sur ce qui s'était passé dans sa commune pendant la révolution, et nous proposa de faire un tour dans son jardin, qui venait d'être achevé. — Pourquoi, ajouta-t-il, vous dissimulerai-je que j'ai acheté un bien *national*, sur lequel j'ai construit cette auberge, dans l'espoir d'établir mes enfants et d'assurer leur bonheur, ayant l'intention de me contenter et de m'occuper uniquement de la ferme. Ne croyez pas cependant que j'aie profité du bien des malheureux. En aucune façon. Au contraire, je tiens à honneur de faire ce que je crois juste; en tenant compte de ce que j'ai déjà payé à l'État, je fais tenir régulièrement, par toutes les occasions qui se présentent, une certaine somme d'argent au ci-devant propriétaire, qui est maintenant réfugié en Suisse avec sa famille. — *Car, ma foi,* dit-il, *c'est un brave homme, et il n'a d'autres défauts que celui d'avoir émigré. Quel dommage! Étant si généralement aimé de nous tous!* S'il était resté avec nous, nous aurions pu en faire un de nos représentants ; rien n'aurait été plus facile, puisque moi, qui ai le malheur de ne pas savoir lire, j'ai été élu *capitaine de la garde nationale.* »

Notre hôte nous amusait, et sa *naïveté* nous fit sourire ; nous restâmes avec lui quelque temps avant de rentrer dans nos chambres. Le sommeil « n'étendit pas sur moi ses ailes garnies de duvet » aussi tôt qu'il l'aurait fait dans d'autres circonstances, tant était grande l'impression que les incidents de la journée avaient faite sur mon esprit. Je m'imaginais parfois avoir lu une scène effrayante dans un roman. En réfléchissant qu'elle était réelle, je remerciai le ciel d'avoir échappé au danger, et me félicitai d'appartenir à un pays, où les forêts n'étaient pas hantées par des bandits et où le gouvernement n'était pas obligé de choisir pour l'armée des capitaines qui ne sussent pas écrire [1].

On nous réveilla de grand matin ; notre voyage devait être long, le jour était très court, et il avait été décidé que nous n'essayerions pas de marcher la nuit. Nous étions donc prêts à partir avant le jour ; mais, au lieu d'un horizon clair, un épais brouillard s'offrit à notre vue. Il fallut recourir à l'assistance de quelques-uns des hommes de l'auberge, qui nous accompagnèrent avec des lanter-

---

[1] L'auteur confond ici la garde nationale avec l'armée.

nes une partie du chemin ; mais, assurés de rencontrer la patrouille dont l'aubergiste avait parlé, nous renvoyâmes les hommes aussitôt que le cocher put trouver sa direction sans l'aide d'autrui. Je dis sa direction, car il n'était pas question de route ; celle-ci avait été si effondrée depuis la révolution, et sur le sol, entremêlé de larges pierres, l'herbe avait tellement poussé que l'on ne pouvait avancer avec rapidité, ni même avec sûreté.

Je souhaitais de ne pas m'être levée aussi matin, en nous trouvant plus avancés dans la forêt que nous ne le croyions. Mes craintes devinrent bientôt fatigantes. B. fit tout ce qui était en son pouvoir pour les calmer. Je blâmais notre témérité et notre curiosité. Je voyais déjà une attaque des *chauffe-pieds* ou *chauffeurs*, comme on les appelle le plus souvent, qui en général ajoutent le meurtre au vol.

Déjà toute tremblante et demi morte de peur, mon oreille fut frappée par un bruit confus, quoique éloigné, de voix et de marche. Jugez de ce que furent alors mes sensations ! Je me crus perdue. B. essaya de me persuader que c'était la garde revenant de Montgeron. Les voix s'approchèrent, devinrent plus distinctes, et l'air résonna de grands éclats de rires et de chants patriotiques. Aucun misérable obtenant un sursis au moment d'être conduit à la potence ne peut avoir éprouvé une plus soudaine transition de la crainte à la joie, que celle que je ressentis en voyant apparaître une troupe de soldats, dont le capitaine mit fin immédiatement à notre anxiété, en demandant au cocher : « Qui était dans la voiture, » et en lui disant que comme nous faisions le même chemin, ses hommes nous protégeraient.

Cette politesse n'était pas moins surprenante qu'acceptable. L'officier nous fit bientôt comprendre qu'il avait couché avec son détachement dans le même village que nous, quoique dans une autre maison, et que notre aubergiste, inquiet de notre sort, nous avait fortement recommandés à sa protection. Jamais gratitude ne fut plus vive que la nôtre, et comme il était impossible d'aller plus vite qu'au pas, mon compagnon descendit de voiture, et continua à pied avec notre *ami dans la forêt* [1].

Dans le cours de la conversation, il nous apprit que ces hommes, qui pouvaient être environ deux cents, formaient un détachement provenant de l'armée de Vendée, composé en partie de recrues de la première réquisition et de quelques vieux soldats, en route pour Chalon-sur-Saône ; ils devaient y rencontrer quelques-uns de leurs camarades, et un autre corps de l'armée du Rhin, pour gagner ensuite Chambéry, traverser les Alpes avant les grands froids, et rejoindre l'armée d'Italie. — Le Directoire, dit-il, est déterminé à tout risquer pour s'emparer de Mantoue, depuis que les ouvertures

[1] Sans doute titre d'un roman anglais?

de paix faites à l'Empereur par le gouvernement français ont été non seulement écartées, mais rejetées avec mépris ; et vous verrez, Monsieur, ajouta-t-il, que nous réussirons. Quoique je ne sache pas à qui je parle et quelle est votre manière de voir, je suis trop généreux pour vous le demander ; il suffit que vous soyez un voyageur, et que vous ayez besoin d'assistance. »

Tout cela était charmant, et je fus ravie de notre *rencontre*. Ce jeune homme, dont la conversation et les manières indiquaient qu'il avait reçu une bonne éducation, avait appartenu au corps royal des *gens d'armes*. Il n'était pas entièrement converti aux doctrines de la démocratie pure ; cependant, comme tous les militaires français, il était enthousiaste, au suprême degré, de la gloire de son pays, et prêt à tout sacrifier pour ce qu'il appelait l'*honneur national*.

Nous lui offrîmes une place dans notre voiture ; il la refusa poliment, en disant avec un sourire qu'il avait perdu depuis longtemps l'habitude de monter à cheval, le gouvernement actuel n'accordant des chevaux qu'aux officiers supérieurs.

Pendant que nous bavardions ainsi, les jeunes gens de Montgeron passèrent, et nous voyant bien escortés, continuèrent leur route sans s'arrêter. Nous trouvant bientôt parfaitement en sûreté et la route s'améliorant, nous prîmes congé de l'officier, et traversant le misérable village de Lieusaint, nous gagnâmes Melun pour dîner.

La forêt de Senart, que nous laissions derrière nous, appartenait à la couronne avant la Révolution ; elle est vaste, car sa traversée est de six lieues. On y voit encore les anciens pavillons des chasses royales, quoiqu'ils soient en ruines. Elle contient de nombreuses allées, bordées de grands arbres, qui se perdent dans l'étendue de la forêt. Dans d'autres temps et dans d'autres circonstances, j'en aurais été charmée ; mais la crainte m'enleva tout le plaisir que m'aurait causé l'aspect de la forêt. Je me réjouis d'arriver à Melun.

Je dirai peu de chose de cette ville. Sa population n'est évaluée qu'à six mille âmes ; avant la Révolution, grâce à sa situation avantageuse sur la Seine, son commerce était considérable. Ses environs ont à la fois un caractère rural et romantique ; elle est placée à l'entrée de deux belles vallées, bordées de collines couvertes de vignes.

De Melun, nous avons gagné Montereau, ville d'une certaine importance, bâtie au confluent de la Seine et de l'Yonne. La route n'offre rien de particulièrement intéressant, si ce n'est à un mille ou deux de la ville, où l'horizon s'étend, en laissant voir une très charmante vallée, arrosée par ces deux rivières, et bordée de collines en forme d'amphithéâtre qui, couvertes de vignes jusqu'au bord des rivières, donnent une certaine diversité au tableau et une beauté réelle au paysage.

XV.

DE MONTEREAU A AVALLON.

Tumulte à Montereau. — Révolte des « honnêtes gens » contre la municipalité. — Prêtres réfractaires. — Arrivée du détachement d'infanterie. — Le tambour pour le coche d'eau. — Mauvaise route. — Pauvre village. — Riches environs de Villeneuve-la-Guyard. — La table d'hôte de l'hôtel à Sens. — Le négociant patriote. — Dévastation de la cathédrale. — Rétablissement du culte. — Auberge de Bassou. — Auxerre. — Excellent hôtel. — Édifices. — Établissements charitables. — Arrivée à Avallon.

Avallon, 8 décembre.

On dit que « les malheurs vont par troupes, que les chagrins ne marchent pas en éclaireurs, mais en bataillons ». Je ne sais pas s'il en est de même des alarmes; mais ce que je sais, c'est qu'à peine remise d'une frayeur, je suis retombée dans une autre.

En descendant de voiture, à Montereau, nous vîmes une grande agitation : la garde nationale en armes, le tambour battant et toute la population dans la consternation. Je fus moi-même si émue, que je voulais continuer ma route, quoique nous dussions coucher dans cette ville. Cependant, il fallut se soumettre à la nécessité. Mon trouble n'échappa pas à l'hôtelière, une grosse femme, qui semblait ne pas se laisser aisément décontenancer.

Elle leva les épaules et dit : « *On voit bien que c'est la première fois que vous voyagez dans un pays en révolution; autrement, vous ne seriez pas sitôt effrayée.* »

L'agitation qui m'avait alarmée provenait de ce qu'un *jacobin, un buveur de sang*, avait dénoncé la ville comme étant pleine d'aristocrates. L'hôtelière nous affirma à ce sujet que tout ce qu'avait dit ce drôle était entièrement faux, car les magistrats de sa ville étaient, elle en était sûre, comme ils devaient être; ils avaient été choisis dans le *parti des honnêtes gens*, épithète qu'on donne généralement aujourd'hui à ceux qui sont opposés dans une certaine mesure au gouvernement actuel, inclinent vers la monarchie et désirent l'exécution de la Constitution de 1789. — « Comme ils ont *seulement laissé subsister leur culte*, ajouta-t-elle, ils sont sur le point d'être disgraciés, et les pauvres habitants sont accusés de *chouannerie* et de royalisme. Était-il rien de plus injuste? mais tout cela, continua-t-elle, n'est rien, et finira, j'en suis sûre, comme le reste, par beaucoup de bruit pour rien. » L'incohérence évidente de ce récit m'empêcha de lui accorder aucune confiance, quoiqu'il fût débité avec un air d'assurance.

La physionomie de B., qui revenait de prendre des informations, confirma pleinement mes soupçons. Il m'apprit que le tumulte était loin d'être apaisé, que les femmes et les enfants y prenaient part, et que les hostilités étaient sur le point de commencer; les épées étaient tirées du fourreau; les femmes avaient poussé les hommes à en venir aux mains. En outre, il craignait aussi quelque peu pour notre sûreté personnelle; quelques individus, qui avaient aperçu la voiture dans la cour de l'hôtel, l'avaient traité d'aristocrate; de plus l'hôtelière était compromettante; elle était connue comme royaliste, extrêmement dévote, et passait pour protéger deux prêtres réfractaires, cachés sous son toit et qui, en retour de ses bons offices, lui donnaient l'absolution et d'autres consolations spirituelles.

Ce renseignement, particulièrement désagréable pour nous, ne me surprit pourtant pas; nous avons trouvé presque partout que si la Révolution avait entièrement détruit tous les principes de religion dans l'esprit de beaucoup de Français, les autres s'étaient jetés dans l'extrême opposé, non seulement en redoublant de ferveur et de dévotion, mais en s'attachant davantage à tous les mystères de la superstition; aussi les prêtres cachés sont-ils en grand nombre et ont-ils surtout sur les paysans et les femmes plus d'influence, s'il est possible, qu'auparavant; ils sont par conséquent capables, par un désir de vengeance, de causer beaucoup de mal, et en trompant ces êtres crédules, de les porter à des actes semblables à ceux qui se sont déjà accomplis en Vendée[1].

[1] L'auteur, tout en constatant l'influence des prêtres que la persécution n'avait pu diminuer, se laisse entraîner à des appré-

Le tumulte continuait, et le parti des *soi-disant honnêtes gens* de l'hôtelière étant supérieur par le nombre à l'autre, je ne sais ce qui serait advenu, si notre détachement ou du moins celui qui nous avait offert sa protection, n'était arrivé à temps. La nouvelle municipalité, nommée par le gouvernement de Paris, le requit de donner main-forte à la loi; il fut ainsi possible de changer l'ancienne municipalité, de réorganiser la garde nationale, enfin de rétablir momentanément l'ordre et la tranquillité.

Les choses ainsi arrangées, je me calmai, et après avoir achevé mon journal, je me jetai sur mon lit pour y prendre un peu de repos; mais à peine m'étais-je endormie, que je fus brusquement réveillée par un tambour qui battait violemment sous ma fenêtre. Vous pouvez supposer s'il eût quelque effet sur mes nerfs, après la panique de la soirée précédente; mais quand j'appris que c'était simplement le *réveil* ordinaire de quatre heures du matin pour indiquer le départ du *coche d'eau* qui va régulièrement d'ici à Paris, je fus si agacée, qu'au lieu de chercher à retrouver le sommeil perdu, je fis tout préparer pour le départ, et que nous quittâmes cette ville tapageuse entre cinq et six heures du matin.

Aussitôt qu'il fit assez clair, nous vîmes que la

clations que ses sentiments protestants lui inspirent et que l'histoire de ce temps ne justifie pas, particulièrement dans la région qu'il traverse.

route continuait sur une haute chaussée ou digue bien construite, à travers des prés, qui au printemps sont entièrement sous l'eau, jusqu'à ce qu'elle eût rejoint la route de Paris à Dijon par Fontainebleau ; route trop connue pour être particulièrement décrite, parce qu'elle a été souvent parcourue par beaucoup de mes compatriotes, quoique jamais, je l'avoue, dans un état comme celui où elle se trouve en ce moment ; elle est dans une condition si détestable et si pitoyablement entretenue, que nous fûmes obligés de faire la plus grande partie de notre chemin en dehors du grand chemin, à travers des champs et des prés sur lesquels nous n'aurions pas dû passer. Si le gouvernement français ne s'en occupe pas immédiatement d'une manière sérieuse, cette route sera bientôt impraticable.

Après Montereau, la première localité que nous avons traversée était le pauvre village de Fossard ; son aspect était véritablement misérable avec ses quelques chaumières en ruines, aux toitures à demi détruites, aux fenêtres garnies de papier, et montrant de toutes parts des symptômes de pauvreté ; mais le pays qui vient ensuite, jusqu'à Villeneuve-la-Guyard, forme contraste ; il est romantique et fertile, entremêlé de vignes, de champs et de prés ; les collines aussi commencent à s'élever, les vignes sont plus nombreuses, s'étendant jusqu'au bord même de la route ; de sorte que pendant la saison des vendanges, toute cette contrée doit être une scène continuelle de réjouissances et de gaieté[1].

Sens, où nous nous sommes arrêtés quelques heures, est une grande ville. L'auberge y est excellente, et comme on servait la *table d'hôte* au moment de notre arrivée, nous nous y installâmes sans autre cérémonie.

La compagnie, qui consistait en une douzaine de personnes sans nous compter, était en partie composée de prêtres constitutionnels, de quelques prêtres réfractaires déguisés et qu'on n'aurait pas suspectés pour tels, si la chaleur de leurs arguments ne les avait pas trahis, et de trois ou quatre autres individus. Le sujet de la discussion roulait sur la politique et la constitution nouvelle, et

---

[1] Mme Piozzi qui a parcouru en 1784 la vallée de l'Yonne, en fait également un tableau flatteur. « Je ne m'étais pas fait idée, dit-elle, de la belle rivière de l'Yonne, avec ses troupeaux paissant sur ses bords fertiles; ses rives, il est vrai, ne sont pas garnies de notre douce verdure, mais d'une pourpre royale, provenant de petites fleurs d'automne qui émaillent les prés dans cette saison... Les vignes croissent sur les collines; les blés sont cultivés dans la vallée; tandis que des bouquets de jeunes peupliers ou un noyer superbe et digne attirent l'attention en inspirant des idées poétiques. On ne trouve pas ici l'uniformité monotone qui fatigue les yeux, ni les aspérités heurtées qui les rebutent, mais une variété infinie de couleur parmi les arbres, tels que le saule argenté, le noyer jaunissant, le sombre hêtre, qui semblent jetés par la main généreuse de la nature sur un paysage d'une ampleur convenable, pour unir le sentiment du sublime qu'une vaste étendue imprime à l'esprit avec la précision que l'œil désire et que peuvent seules lui procurer la culture et la fertilité. (*Observations and reflections made in a course of a journey through France, Italy and Germany* by Hester Lynch Piozzi; London, 1789, t. I, p. 25, 26.)

chacun se permettait d'en parler avec la plus grande liberté. La discussion s'animant, un homme de bonne apparence, qui se trouvait avant la révolution être un honorable négociant d'une des villes voisines, s'efforça de modérer ses interlocuteurs. La continuation de la guerre, disait-il, avait été tellement nuisible à lui et à sa famille, qu'ils auraient été réduits à la dernière misère, si heureusement ils n'avaient pas acheté une petite propriété nationale, qu'ils cultivaient maintenant et dont ils vivaient; il n'en était pas moins d'avis que, du moment que les Français avaient été assez téméraires pour entreprendre une révolution, ils étaient obligés de la maintenir, tout en reconnaissant qu'ils étaient encore dans l'enfance en ce qui concernait l'intelligence exacte de la liberté. *Moi-même*, ajouta-t-il en élevant la voix, *qui ai déjà compté mes cinq dizaines, j'ai cependant marché il y a quatre ans à l'armée du nord avec six de mes fils, tous volontaires; aussi vous voyez que j'ai la consolation, avant de mourir, d'avoir eu la gloire de servir ma patrie et la liberté.*

C'est un exemple d'enthousiasme réel, qui en ce moment n'est pas rare en France.

La ville de Sens est ancienne; sa cathédrale est du même genre que Notre-Dame de Paris; on l'admirait beaucoup autrefois pour ses statues et ses bas-reliefs. Malheureusement l'*esprit révolutionnaire* a été ici porté à un tel degré, que toutes les pièces de sculpture ont été détruites ou du moins reléguées dans quelques chapelles intérieures, livrées à l'abandon et à l'oubli, tandis que les petites figures placées à l'extérieur de l'église, et qui sont au nombre de quelques milliers, représentant des apôtres, des martyrs, etc., ont été toutes, comme à Paris, décapitées avec un acharnement singulier.

Nous entrâmes dans cet édifice pour voir les vitraux qui sont beaux et qui, par miracle, ont été préservés. Le service religieux est aussi rétabli dans l'église, et il est fait par trois prêtres assermentés, défrayés par les habitants, de sorte que tout s'y passe très tranquillement. Quant aux autres églises et couvents, comme partout ailleurs, ils ont été transformés soit en halles et marchés, pour les grains particulièrement, soit en écoles primaires ou communales, ou bien démolis et vendus comme propriétés nationales.

De Sens à Villeneuve-le-Roi, la route suit à quelque distance les bords de l'Yonne, qui coule dans le centre d'une large vallée. La beauté du paysage augmente jusqu'à Joigny, où l'on traverse la rivière sur un pont de pierre ; puis viennent pendant trois lieues des terres mauvaises et marécageuses. Arrivés à Bassou, nous avons trouvé un misérable village, une auberge détestable, des habitants sales, un aubergiste impertinent, qui voulait à peine nous recevoir. Comme il avait acquis quelques propriétés pendant la révolution, il n'estimait que ceux de sa bande et traitait tous les autres avec la plus grande insolence. Aussi notre séjour y fut-il aussi court que possible. De là, nous avons gagné Auxerre, grande ville sur les limites de la Bourgogne. Il s'y trouve un excellent hôtel sur les bords de l'Yonne; cette maison avait sans doute appartenu à quelque personne opulente ou à la mode, à en juger par sa distribution intérieure, l'élégance de son mobilier, l'étendue de ses jardins; mais elle est malheureusement tombée entre les mains de gens qui, par défaut de soin et de méthode, en altéreront bientôt l'apparence; car ils sont, comme la majorité des Français, dépourvus de propreté et d'ordre.

La ville est belle et digne d'être visitée. Grâce à sa position avantageuse sur l'Yonne, son commerce était considérable avant la révolution. Il y a beaucoup d'édifices remarquables, tels que la cathédrale dédiée à saint Étienne, un grand nombre d'anciens couvents affectés à d'autres usages ou démolis; on nous a dit qu'il y avait encore plusieurs institutions charitables existantes; nous sommes passés auprès de deux d'entre elles, en entrant en ville : l'une est un asile pour les vieillards et les infirmes, l'autre pour les orphelins. Il nous fut impossible de les visiter, car grâce au clair de lune, nous devions partir le lendemain matin à cinq heures.

La route traverse une contrée montagneuse, par des chemins si mauvais que nous nous attendions à chaque instant à verser; cependant nous arrivâmes sains et saufs, quoique très fatigués et démoralisés, à Avallon, en Bourgogne.

XVI.

SEMUR.

Routes détestables. — Bœufs de renfort. — Semur. — Le café de la Nation. — Le prisonnier de guerre en Angleterre. — Le soldat de la république royaliste. — Les sœurs. — Les tribulations. — Encore de mauvais chemins. — Opinion sur le caractère des Français. — Régime politique peu en rapport avec ce caractère. — Persistance des opinions antérieures. — Difficulté pour la république de s'établir.

Pont de Pany, 12 décembre.

D'Avallon ici, peu d'incidents. On peut résumer notre voyage de trois jours en trois mots : saleté, pauvreté et insolence.

Il n'y a pas de barrières à péage, dit-on en France; il serait bien injuste qu'il y en eût, car il n'y a pas de route, du moins dans la région que nous venons de parcourir. Les roues brisées ont figuré sur la liste de nos infortunes; nous nous sommes aussi égarés; dans un endroit, nous fûmes heureux de trouver l'aide de quatre bœufs pour nous faire gravir une côte, le maître de poste étant dans l'impossibilité de nous fournir des animaux appelés chevaux.

A Semur, où il fallut s'arrêter pour faire réparer

notre voiture, B. ne manqua pas de s'enquérir de l'esprit politique; mais il trouva au *Café de la Nation* plus d'insolence que d'informations. Le soupçonnant d'être Anglais, quelques personnes ne parurent pas disposées à le traiter avec politesse. Les préjugés nationaux étaient sur le point de se manifester; il jugea donc à propos de sortir.

Mais sa visite ne fut point sans résultats. Un jeune homme, qui avait été soldat, et qui disait avoir été prisonnier en Angleterre, le suivit, et s'excusant de la conduite de ses compatriotes, lui demanda de l'accompagner à notre hôtel. Je fus flattée de sa sympathie pour notre pays; sa triste histoire m'intéressa, et je lui dus de connaître son aimable famille.

Il ne nous permit pas de douter de ses opinions politiques. Quoiqu'il eût combattu pour la république, il ne l'aimait pas. Tandis qu'il risquait sa vie à l'armée, son père et sa mère avaient péri dans son pays par la main des révolutionnaires; il avait perdu ses biens, et ses six sœurs étaient restées sans ressources.

Épreuves du patriotisme et des vertus publiques! Quelque charme que puisse avoir la liberté, si elle ne peut être acquise qu'au prix de tels sacrifices, qui ne rabattrait de son admiration pour elle? Des révolutions achetées au prix de torrents de sang doivent être une source de plaintes amères pour des milliers d'individus.

Vous pouvez juger des opinions de notre nouvelle connaissance par le langage qu'il tint en nous présentant à ses sœurs : *Permettez qu'on vous introduise mes sœurs, dont je suis devenu le père — et c'est le fait de la révolution que nous venons d'éprouver.*

C'était un groupe intéressant et touchant, jeune mais sans beauté. Toutes étaient occupées, mais le souci et la mélancolie respiraient sur leur physionomie. Leur demeure, quoique petite, était propre; et la manière dont elles nous reçurent nous prouva qu'elles avaient connu des jours meilleurs. Le frère, avec des larmes dans les yeux, raconta ses malheurs et ceux de sa famille, et les grandes difficultés qu'il avait éprouvées, quoiqu'il eût combattu pour la république, afin de recouvrer une partie de ses biens. Ses sœurs, nous dit-il, avaient dû un asile temporaire à la charité d'un voisin, qui avait rendu leur sort moins déplorable qu'il n'aurait dû l'être.

« Aussi, dit la sœur aînée, vous pouvez être convaincus que le patriotisme de mon frère a été mal récompensé. » Nous répondîmes affirmativement; et comme cette famille malheureuse était très affectée par le récit du frère, nous cherchâmes à changer de conversation, et nous réussîmes à distraire leur attention de leurs chagrins particuliers en la portant sur les questions de politique générale.

Je ne répéterai pas les observations de notre nouvelle connaissance, car elles n'avaient rien de particulier. Comme beaucoup de ceux que nous avons rencontrés antérieurement, il attaquait avec violence la nouvelle constitution, qu'il regardait comme une sorte de tyrannie bien plus intolérable que la monarchie absolue.

Après Semur, nous suivîmes d'abominables chemins, si toutefois, on peut leur donner le nom de chemins, jusqu'à la vilaine et sale ville de Vitteaux, et de là, à travers un pays désagréable, au village du Pont-de-Pany. Ici, nous devons séjourner, non par goût, mais par nécessité, car l'auberge n'est pas confortable, et le personnel n'est pas obligeant.

Comme je ne peux m'y procurer aucune distraction, vous me pardonnerez si j'essaie d'employer mon temps en terminant cette lettre, dépourvue d'anecdotes, par quelques rapides remarques sur le caractère français.

J'aurais bien peu de discernement, si ce caractère pouvait être regardé comme républicain, quel que soit le système républicain qui prévale. J'ai remarqué que les idées et les mœurs des Français, comme on peut naturellement le supposer, participent plus de l'ancien régime que du nouveau. Je n'ai pas la prétention de dire quels sont les attraits et les mérites d'un gouvernement républicain ou démocratique; mais ce que je vois clairement, même d'après la vue superficielle que j'ai eue du peuple français, c'est qu'il lutte et travaille pour établir un système mal adapté à son caractère.

On me dira peut-être que ce caractère changera ; cela, pourtant, peut être une affaire de temps. Lorsque les nations ont pris une empreinte particulière, elles la perdent difficilement. Les traits du caractère français sont fortement prononcés, et quoique je ne veuille pas dire qu'il soit impossible au système actuel, s'il dure, de les effacer, je regarde que l'accomplissement de cette tâche sera plus difficile et plus long qu'on ne le suppose généralement. L'Angleterre, si je ne me trompe, a été deux fois plus longtemps en république que la France ne l'a été jusqu'à présent, mais ce temps a été insuffisant pour détruire son attachement à la monarchie, et pour la porter à préférer le presbytéranisme aux anciennes formes de l'Église établie.

Les maîtres actuels de la France refusent de rétablir la religion, mais ils ne peuvent décider le peuple à vénérer le Temple de la Raison. Ils peuvent méconnaître les prêtres, mais le peuple veut encore aller à la messe. L'habitude et le préjugé prévaudront encore longtemps contre les innovations politiques et religieuses. Il est plus facile de décréter une république que de rendre républicain un peuple comme le peuple français.

Le caractère du peuple, dans tous les pays, est en grande partie formé par les institutions politiques et religieuses ; il est très probable que si la république française est capable de se maintenir, les habitants de ce pays éprouveront, par degrés, de grands changements dans leurs sentiments et dans leurs manières. Cependant ils ne sont pas encore républicains; et tant que l'ignorance, la superstition et le dérèglement prévaudront, je ne puis admettre que la république s'établisse.

XVII.

DIJON.

Canal en construction. — Maisons de campagne. — Ruines de la Chartreuse. — Prisonniers autrichiens. — Leur aspect misérable. — Manière dont ils sont traités. — Traitement des prisonniers français en Autriche. — Dijon. — Remparts et boulevards. — Portes. — Éloge de la ville. — L'ancienne place Royale. — Le théâtre. — Acteurs amateurs. — Une soirée. — Détails sur la guerre de Vendée. — Accusations contre la conduite des Anglais.

Dijon, 15 décembre.

Aujourd'hui nous avons passé le long d'un canal nouvellement projeté, dont l'exécution, quoique inachevée, est très avancée, et promet, lorsqu'elle sera terminée, de grands avantages pour cette partie du pays; mais les travaux en sont ajournés jusqu'à la paix; il doit, nous a-t-on dit, unir la Méditerranée à l'Océan, en joignant à l'Yonne la rivière l'Ouche, qui se jette dans la Saône.

Il y a dans le village de Plombières quelques jolies villas, agréablement situées sur les bords de la rivière; immédiatement après avoir traversé le pont, s'élève une belle maison de campagne, qui était autrefois la résidence d'un évêque; devenue propriété nationale, elle appartient maintenant à un Anglais, dont nous n'avons pu savoir le nom.

A peu de distance de la ville, s'élèvent les tristes ruines de l'église gothique qui faisait partie de la célèbre Chartreuse. Un fragment du portail principal subsiste seul, et il est dans un tel état qu'il semble destiné à tomber au premier souffle de vent. Le reste des bâtiments a été aliéné, et converti en manufacture, tandis que les admirables peintures que renfermait le monastère, regardées comme excellentes par tous les amateurs, ont été envoyées à Paris pour le musée national.

Près de deux lieues avant d'arriver à Dijon, la route était pour ainsi dire bordée de prisonniers autrichiens, blêmes et amaigris. Malgré la rigueur du temps, ils étaient vêtus seulement d'un unique vêtement trop râpé et déguenillé pour les protéger contre le froid. Ils étaient aussi tête nue et sans souliers. En voyant leurs haillons et leur demi-nudité, ainsi que leur attitude accablée, on était disposé à voir en eux les enfants même de la misère.

Quelques-uns, il est vrai, avaient conservé de mauvais restes de leur uniforme, avec des bonnets *à la houlan;* plusieurs de ces pauvres gens portaient d'honorables marques de la manière dont ils avaient défendu la cause de leur prince [1]... En en-

---

[1] Ici nous supprimons une page de déclamations sur les misères et les maux de la guerre.

trant à Dijon, à chaque pas on voyait de ces pauvres Autrichiens, isolés ou en groupes au coin des rues, et n'ayant pas meilleure apparence que ceux que nous avions rencontrés sur la route.

Afin d'en savoir davantage sur eux, nous sommes entrés dans une belle boutique, et après avoir acheté quelque bagatelle pour entrer en conversation, nous avons demandé combien il y avait de ces pauvres soldats dans la ville et pourquoi le gouvernement français les entretenait si mal? Comme nous faisions ces questions, un *gentleman* qui venait d'entrer par hasard, prit très poliment la peine de satisfaire notre curiosité.

Il dit que leur nombre dépassait neuf mille et que leur apparence déplorable ne provenait pas de la manière dont ils étaient traités comme prisonniers. Sans essayer de condamner les sentiments d'humanité qui paraissaient nous animer, il croyait cependant les étrangers trop prompts à blâmer un gouvernement qui avait déjà tant d'ennemis, sans connaître les motifs réels qui le faisaient agir.

« Supposez même, ajouta-t-il, qu'il en soit ainsi; pensez-vous que leurs souffrances puissent être comparées à celles que leurs compatriotes infligent aux Français qui sont assez malheureux pour tomber entre leurs mains? Un de mes parents, qui a été pendant quelques mois prisonnier des Autrichiens, et plusieurs jeunes gens du département de la Côte-d'Or m'ont dit qu'ils avaient été tenus dans une étroite captivité, à plus de deux cents lieues de chez eux; bien que couverts de blessures, ils furent conduits à leur destination à marches forcées; ces marches furent fatales presque à la moitié de leurs camarades, tandis que les malheureux survivants furent jetés en prison jusqu'au moment où ils furent échangés.

« Ici, au contraire, les prisonniers autrichiens sont en liberté; ils peuvent aller toute la journée où ils veulent, pourvu qu'ils soient présents à de certaines heures. En outre, on ne les empêche pas de travailler pour ceux qui veulent les employer, et moi-même en ce moment j'en ai dix à ma ferme, que je nourris et paie bien; plusieurs de mes voisins, désirant aussi leur rendre service, en font autant; mais hélas! leur gain n'est pas plutôt reçu qu'il est immédiatement dépensé en acquisition de tabac et de spiritueux; par conséquent, notre gouvernement ne peut être blâmé pour leur air minable et leurs haillons. En outre, la charité publique peut avoir été restreinte par cette circonstance, c'est que ceux qui ont témoigné quelque bonté à ces pauvres diables ont été inculpés de royalisme. »

La ville de Dijon est belle et agréable, les rues plus larges et mieux pavées que dans la plupart des villes de France; presque toutes en droite ligne, elles sont aussi bien éclairées, et l'effet général est satisfaisant sous tous les rapports. Elle est fortifiée, quoique d'une manière peu sérieuse, en dépit d'un mur épais, de fossés profonds et d'une douzaine de bastions. Les boulevards sont très agréables; bordés d'une double rangée d'arbres, ils s'étendent autour de la ville comme les boulevards de Paris, et ils semblent être la promenade favorite des habitants.

Il y a quatre portes à Dijon, qui rivalisent entre elles de régularité et de beauté. Celle où aboutit la route de Paris est maintenant appelée porte de la Liberté, ci-devant Guillaume. Elle a été récemment réparée; sur la gauche, s'élève un château, commencé par Louis XI, achevé par Louis XIII. Il est de forme carrée, flanqué de tours rondes à chacun de ses angles, et son entrée est protégée par deux demi-lunes. Son extérieur n'a pas été modifié; il sert actuellement de dépôt pour les prisonniers autrichiens. En dehors de la porte d'Ouche et dans le faubourg de ce nom, se trouve la route de Beaune, qui est belle, très large, bordée d'arbres des deux côtés; tandis que la sortie du côté de la Porte-Saint-Pierre, pendant l'espace de trois quarts de mille, forme une superbe avenue de quatre rangées d'arbres qui mène à un grand parc, arrangé en parterres, promenades, charmilles et labyrintes, dans le vrai style français, et terminé par une terrasse sur les bords de l'Ouche, sur laquelle est un pont qui conduit au château de la Colombière.

Nous avons vu la ville et ses abords, mais dans une saison peu propre à en faire apprécier les beautés; pourtant, à en juger par ce qu'il nous a été donné de voir, je puis aisément imaginer que peu de villes réunissent autant d'agréments que Dijon[1]. Quant aux églises, aux monastères et aux couvents, les deux tiers ont été supprimés, quelques-uns ont été démolis, le reste n'a pas été modifié ; la plupart des églises sont ouvertes de nouveau, et le service du culte y est rétabli, comme dans les autres villes de France.

Il n'y a qu'une seule belle place, l'ancienne *Place Royale*, aujourd'hui *Place d'armes*. Les édifices sont beaux ; tel est celui qui servait antérieurement à la réunion des États de Bourgogne ; c'est aujourd'hui une *Maison nationale*, où siègent les juges du tribunal criminel et l'administration du département dont Dijon est le chef-lieu. La statue équestre en bronze de Louis XIV[2], qui s'élevait au milieu de cette place, a été renversée ; elle n'a été remplacée par aucune autre, et il n'en reste pas la moindre trace dans le lieu où elle était dressée. Ainsi passent les grands de ce monde et les monuments de leur grandeur !

Nous avons été au théâtre, et nous avons été

---

[1] L'auteur du *Gentleman's Guide* dit qu'il ne connaît pas en France de ville préférable pour y résider. La ville est propre, saine, bien située. Pour 600 livres on peut prendre pension, de la manière la plus convenable, avec les conseillers au Parlement. Il s'y trouve beaucoup de noblesse ; les vins sont abondants et d'un bon marché extrême ; le jeunes gens de la ville sont très polis pour les étrangers, les plaisirs sont nombreux et peu coûteux. (P. 135.136.)

[2] Cette statue, œuvre de Le Hongre, avait été érigée en 1725. (Courtépée, *Description du duché de Bourgogne*, éd. 1847, II, 85.)

surpris de trouver que les acteurs n'étaient autres que des habitants de la ville, hommes et femmes, qui s'étaient réunis en société dans le but charitable de jouer deux ou trois fois par semaine au bénéfice des pauvres [1]. Ces amateurs, dont quelques-uns sont réellement au-dessus du médiocre, ne peuvent rivaliser avec d'excellents acteurs de profession; mais ils réussissent à merveille, et ils se contentent, en ce qui les concerne, d'applaudissements sans profit, car une fois les frais du spectacle acquittés, le reste de la recette est appliqué à l'usage dont nous venons de parler; une sorte de secrétaire est chargé d'en assurer la distribution régulière.

On nous a dit que le théâtre était plein à chaque représentation, tant chacun était désireux d'encourager une entreprise qui avait pour effet d'unir le plaisir à la charité.

Nous passâmes une soirée chez une personne que connaissait B. Nous y vîmes un commissaire *du gouvernement pour les vivres de l'armée*, avec sa femme, qui était jeune et belle. Tous deux étaient de la Vendée. Ce fonctionnaire est parent d'un des membres les plus considérés du conseil des Cinq-Cents; il est intéressant, parle bien, et ses manières

---

[1] Il s'établit de même à Troyes une société civique et dramatique, qui donna des représentations avec succès dans l'hiver de 1794-95 et de 1795-96. (*Hist. de Troyes pendant la Révolution*, t. II, p. 338 et 398.) Dans la plupart des villes du Jura, il se forma pendant la Révolution des salles de spectacle, qui furent installées dans des églises. (Lequinio, *Voyage pittoresque et physico-économique dans le Jura*, an IX, t. II, p. 97.)

sont celles d'un gentleman. Il nous donna de tristes détails sur ce qui s'était passé dans cette partie de la France, s'appesantit sur les horreurs et les cruautés qu'on y avait commises, et dit que malheureusement lui et sa femme avaient été les témoins oculaires de la plupart d'entre elles; il ajoutait avec regret que les deux partis devaient être également blâmés; que les cruautés avaient dépassé tout ce que nous pouvions imaginer, et pour me servir de ses propres expressions, avaient été pires que celles de Néron et de Caligula.

Il nous apprit que les biens de son père avant la Révolution avaient été considérables dans ce pays; mais que pendant les guerres civiles, presque tout avait été saccagé et brûlé. Les amis de sa femme avaient eu le même sort; son père avait été guillotiné pendant la tyrannie de Robespierre; lui-même avait été emprisonné, et conduit à la Conciergerie pour entendre son arrêt le jour même qui avait décidé de la chute du tyran. « Néanmoins, ajouta-t-il, quoique j'aie des raisons pour maudire le despotisme de Robespierre, je ne puis m'empêcher d'accuser les Anglais d'être en grande partie les véritables auteurs des malheurs de notre pays.

— Que voulez-vous dire? s'écria notre ami avec vivacité.

— Je ne veux, répliqua-t-il, ni vous offenser, ni condamner témérairement les Anglais *en gros*. Permettez-moi de vous exprimer mon opinion, et quand je l'aurai expliquée, vous ne vous offenserez pas de la chaleur avec laquelle je parle. Je suis un véritable ami de la liberté et de l'ordre, un admirateur de l'Angleterre, plusieurs de mes parents sont dans ce pays; cependant je répète que les Anglais ont encouru une grande responsabilité, et sont pour une forte partie les auteurs de nos malheurs : premièrement, en ne tenant pas la parole qu'ils avaient donnée à nos infortunés compatriotes qui s'étaient fiés à eux, dans les différentes attaques qui avaient pour but la restauration de la royauté ; secondement, en donnant leur confiance et de l'autorité à des hommes qui, manquant de talent et de caractère, étaient incapables de diriger les entreprises qui leur étaient confiées; enfin, en nous poussant sans cesse les uns contre les autres, sans jamais aventurer leurs propres soldats. Juste ciel, ajouta-t-il en se frappant le front, et en se levant pour marcher à grands pas dans la chambre, comment puis-je qualifier cette conduite ? Mais non, ajouta-t-il, en revenant à lui, je ne le ferai pas. Pardonnez mon indignation ; nous avons si cruellement souffert de ces indignes manœuvres, que les Vendéens n'en sont plus dupes désormais ; ils savent qu'ils ont été trompés ; et je ne vous engagerai en aucune façon à traverser actuellement leur pays, de peur que quelque malheur ne vous arrive ; les Anglais n'ont pas maintenant de pires ennemis. »

Nous n'avons pas voulu en savoir davantage sur la politique des Dijonnais, et le lendemain nous avons continué notre route par Genlis.

XVIII.

LES MILITAIRES.

Auxonne. — Prisonniers autrichiens. — Pays plus pittoresque. — Montagnes. — Dôle. — Édifices ruinés. — Triste impression que causent les ruines récentes. — Antiquités romaines. — Le Doubs. — Vallée enchanteresse. — La neige. — Maisons rurales respirant l'aisance. — Rencontre d'un corps d'armée de 5,000 hommes. — Tableau des fantassins. — Petite quantité de bagages. — Hussards et dragons. — Auberge de Mont-sous-Vaudrey. — Le vieux militaire. — Son histoire. — Trait de patriotisme. — Églises respectées. — Bonnets de la liberté. — Arbois. — Nuit tapageuse. — Deux officiers de hussards dans la chambre de l'Anglaise. — Politesse des officiers. — Leur sollicitude pour leurs hommes. — Le souper. — L'église. — Le pont sur la Cuisance.

Le pays, jusqu'à une distance de sept lieues de Dijon, est bien cultivé, et les routes sont meilleures que celles que nous avions parcourues précédemment ; mais dans les environs d'Auxonne, il devient plat et marécageux, quoique les prés soient beaux et couverts de troupeaux.

Auxonne est une petite ville située sur les bords de la Saône ; son aspect est animé ; la rivière est couverte de bateaux chargés de grains, de foin, de paille, de bois, en destination de Lyon et du sud de la France. La ville est entourée de tours et flanquée de quelques bastions, en triste état et très négligés.

Ici, comme à Dijon, il y a des prisonniers autrichiens, qui sont libres de travailler pour ceux qui veulent les employer; malheureusement, un même penchant pour la boisson absorbe la totalité de leur gain, et ce qui est pis, suscite des rixes. Quelques jours avant notre arrivée, ils avaient tenté de tuer un garde national; on les avait depuis gardés plus étroitement, et les meneurs avaient été arrêtés.

D'Auxonne à Dôle, la route ne change guère, si ce n'est deux lieues avant cette ville, où le pays commence à prendre un aspect alpestre; les collines deviennent des montagnes; les maisons sont construites dans un goût différent, avec des toits et des balcons saillants, à peu près dans le genre, me dit mon compagnon, de ceux du pays de Vaud: les habitants sont aussi plus propres et par conséquent plus à l'aise.

La route est en beaucoup d'endroits curieuse, étant construite sur une digue très élevée, passant sur des rivières, des chemins de traverse et des maisons. La montagne est aussi curieuse par elle-même; elle est formée d'une espèce de calcaire de couleur rouge, dont la surface polie ressemble au marbre. Le versant méridional de cette montagne est couvert de vignes, qui produisent, dit-on, du vin assez bon.

Bonnevaux, dans les montagnes du Jura.
20 décembre.

Dôle est une ville agréablement située sur la rivière le Doubs, au milieu d'un pays riche et fertile. Les rues sont tirées au cordeau ; elles sont d'une largeur suffisante. Avant la révolution, elles étaient ornées de beaucoup de nobles constructions et d'édifices publics. Ici, comme ailleurs, la main de la destruction a été à l'œuvre, et les convulsions de l'État apparaissent dans les mutilations et les ruines dont nous sommes témoins. Beaucoup de ces édifices ont été aliénés comme biens nationaux, et quelques-uns d'entre eux ont été démolis.

Je ne puis m'empêcher de méditer sur ces tristes spectacles ; je ne suis pas de ces philosophes sévères qui peuvent contempler avec satisfaction les débris mutilés de la superstition monacale et les demeures dévastées et ruinées d'une noblesse déchue et exilée. Le vrai philanthrope ne peut voir sans tristesse des changements effectués au prix de tant de dévastations et de souffrances.

Je dois avouer que les ruines des châteaux bâtis pendant la féodalité ne m'ont jamais émue comme les ruines modernes ; je regarde les premières comme des objets pittoresques, et sans me préoccuper de la cause de leur destruction et de leur abandon, je suis charmée de l'effet qu'elles produisent dans le paysage. Mais il n'en est pas ainsi des ruines qui se présentent journellement à nos yeux ; celles-ci ne sont pas revêtues d'un manteau de lierre, mais portent toutes les marques de la violence ; elles ne rappellent pas les « récits des anciens temps, » mais elles ont été produites par les chocs et les convulsions de la veille. Il me semblait marcher au milieu des ruines causées par un tremblement de terre, dont l'effroyable violence aurait à peine cessé de se faire sentir.

On nous a dit cependant que pendant les troubles, il y avait eu moins de violences à Dôle que dans beaucoup de villes de France, si ce n'est à l'égard des couvents et des abbayes, qui ont partagé le sort commun [1].

Il y a ici plusieurs débris d'antiquités romaines, parmi lesquels les restes d'un amphithéâtre, quelques fragments d'un aqueduc, une partie d'un palais et deux arches d'un pont sur le Doubs. Celles-ci sont très pittoresques et produisent un bel effet.

La rivière est belle, très large ; elle coule au milieu d'une vallée enchanteresse, comme vous pouvez en juger par le nom qui lui est donné de *Val d'amour ;* elle a de plus l'avantage d'être navigable, et se jette dans la Saône ; ce qui ne fait pas

---

[1] Sur la population de Dôle et sur la route de Paris à cette ville, on peut consulter le *Journal d'un royage de Paris à Genève par la diligence* (1792, petit in-12), qui contient des détails vrais, mais peu piquants, quoique l'auteur se soit efforcé d'imiter Sterne.

seulement de cette ville une charmante résidence, mais par les communications qu'elle a avec la Méditerranée, un excellent séjour pour les négociants. On nous dit en effet que depuis la suppression des douanes intérieures et leur translation aux frontières, quelques étrangers s'étaient établis ici et y élevaient différentes sortes de manufactures.

De retour à l'hôtel, trouvant tout prêt, nous partîmes immédiatement, en dépit de la neige, qui commençait à tomber; la route était bonne, bordée de maisons rurales qui avaient un aspect de confort et d'aisance, à en juger d'après la quantité de bois empilés sous les hangars annexés à chaque habitation, la grande provision de maïs sous la saillie du toit, les fenêtres garnies de vitres, et les bons feux qu'on voyait brûler.

A peine avions-nous fait cinq ou six milles qu'un corps d'armée de 5,000 hommes fut rejoint par nous. Nous étions alors au bas d'une grande descente, au milieu d'une forêt, sur le penchant d'une montagne; dans le fond, un torrent rapide roulait de roc en roc, écumant et bondissant avec un bruit terrible.

Le soldats étaient à pied, capitaines, lieutenants, fantassins marchant pêle-mêle ensemble, excepté trois officiers supérieurs à cheval.

Le mauvais état de la route nous obligeant à cheminer avec eux, ce fut une excellente occasion pour nous de les examiner de près. Ils étaient dans un état pitoyable, couverts de neige et vêtus médiocrement ; presque tous paraissaient, d'après leur langage, venir de Provence ou du midi de la France ; c'étaient des jeunes gens ; malgré la rigueur du temps, ils se hâtaient de leur mieux pour gagner l'armée d'Italie, chantant de toute leur force le célèbre chant patriotique *des Marseillais*.

Nous eûmes ainsi une forte escorte dans la forêt ; mais ce qui nous surprit le plus et particulièrement notre ami, c'était la petite quantité de bagages qui accompagnait le corps ; malgré l'importance de celui-ci, ils ne remplissaient pas dix voitures. Système si différent de celui de nos troupes en marche, que nous ne pouvions supposer qu'il n'y en eut pas d'autres ; mais un officier nous assura que ce système était généralement adopté dans les armées françaises, et qu'on le préférait à l'ancienne mode de traîner à sa suite une foule de bagages inutiles, qui dans les marches forcées devenaient de grands embarras. — En outre, dit-il, nous sommes tous à pied : aussi notre garde-robe, ajouta-t-il en souriant, à en juger par celle de nos soldats, n'est ni lourde, ni volumineuse. »

Ces soldats firent route avec nous jusqu'à une courte distance de Mont-sous-Vaudrey, petit village à l'entrée des montagnes, où nous prîmes quelques rafraîchissements et où se trouvait un autre détachement de troupes, composé de hussards et de dragons. Quelques-uns des premiers étaient à pied, mais les seconds tous à cheval ; ils étaient particulièrement bien montés et pour la plupart très jeunes, sauf les officiers supérieurs. Ceux-ci paraissaient des vétérans, et, comme on nous le dit plus tard, avaient servi sous l'ancien régime.

La plupart de ces pauvres gens, à en juger par leurs balafres et leurs blessures, portaient des marques visibles des terribles épreuves qu'ils avaient traversées. Leur casque, où était attachée une queue de cheval pendant sur leur épaule, leur donnait une physionomie très martiale; ils avaient servi en Allemagne sous les ordres de Moreau, et revenaient de ce pays.

En arrivant à l'auberge, une pauvre maison d'aspect misérable, mais la seule auberge du village et le rendez-vous général, on nous introduisit dans une pièce qui était occupée par un respectable vétéran avec sa femme et sa fille; de crainte d'être indiscret, nous ne voulions pas entrer; mais comme il nous invita poliment à nous réunir à sa famille, nous ne pûmes refuser.

En attendant qu'on nous servit un dîner quelconque, ce vieux militaire charma nos loisirs par le récit suivant. Il nous dit qu'il appartenait à un corps d'artillerie; que pendant longtemps il avait supporté les fatigues de la vie militaire avec l'énergie de la jeunesse, « et j'ose ajouter, dit-il en élevant la voix, avec la persistance d'un vétéran, qui brave tous les obstacles; mais hélas, ayant eu récemment le malheur d'être blessé pendant la mémorable retraite de Moreau ; une retraite, ajouta-t-il en s'adressant à notre ami, qui immortalisera ce jeune général, j'ai obtenu la permission de rejoindre ma famille, dont cette cruelle guerre m'avait longtemps séparé. Il est vrai, dit-il en voyant les larmes couler sur les joues de sa fille, que nous espérions la paix ; dans ce cas, je serais resté plus longtemps avec elle ; mais il n'y faut plus penser. Mon pays m'appelle, et quoique vous voyiez ici toute ma famille, je dois et je veux obéir. » En parlant ainsi, il se leva et marcha dans la chambre, pour cacher une larme qui s'apprêtait à couler ; puis se rasseyant, il parut plus maitre de lui et continua de parler, en disant que son corps était maintenant en marche avec d'autres pour rejoindre l'armée d'Italie, afin de faire régulièrement le siège de Mantoue — « et d'ici à peu, dit-il, vous apprendrez que nous avons réussi ; car puisque l'empereur refuse d'accepter des propositions de paix modérées, la guerre sera continuée, et il s'en repentira. Rappelez vous qu'un vieux soldat de soixante-douze ans vous l'a dit. »

Le diner ayant été servi, nous l'avons engagé à y prendre part ; mais il refusa, et au lieu de manger, il nous entretint jusqu'à l'arrivée de ses frères d'armes.

Le reste des officiers vint alors nous rejoindre ; ils montrèrent par leurs attentions et leur politesse l'estime qu'ils éprouvaient pour le vétéran et sa famille. Tandis que chacun s'occupait à se procurer quelque nourriture, le vieillard disparut, et l'on découvrit qu'il était parti, laissant la tâche pénible de consoler sa femme et sa fille à ses camarades, qui s'en acquittèrent avec une extrême douceur. Nous avons essayé aussi de soulager leur chagrin ; mais, tandis que deux officiers leur offraient de les reconduire à leur maison, située dans un village voisin, nous fûmes obligés de leur dire adieu, voulant gagner ce soir même Arbois, distant de 12 à 14 milles, à travers un pays montueux et déplaisant.

J'ai oublié de dire, à l'honneur des habitants de cette partie de la montagne, que généralement les églises n'ont point été mutilées et que le service religieux y est fait comme auparavant, quoique les prêtres aient prêté le serment dont j'ai parlé plus haut. Ce qui est plus singulier, c'est que ces montagnards étaient au début de la révolution d'ardents républicains ; même dans ce petit village, des bonnets de la liberté sont exhibés de toutes parts ; il n'y en a pas seulement sur l'arbre destiné à le recevoir, mais sur l'église, sur chaque maison et même au-dessus du manteau de cheminée de l'auberge où nous étions descendus. Notre hôte nous apprit que lui et deux de ses frères avaient servi pendant trois campagnes, mais qu'ils étaient mariés et par conséquent exempts de rejoindre l'armée.

Le temps continuait à être mauvais. La chute de la neige et du grésil rendait notre voyage plus désagréable. Les ruines d'un château solitaire purent seules donner quelque variété à la tristesse monotone du paysage, jusqu'à notre lieu de destination, dont l'aspect n'avait rien de séduisant. C'était une ville de sale apparence, irrégulière, mal bâtie, bien que située d'une manière romantique à l'entrée du Jura. Nous y avons couché ou plutôt nous avons voulu y dormir; nous n'avons pu fermer l'œil pendant toute la nuit; l'auberge était détestable, le logement mauvais, les gens insolents. Mais c'était le seul lieu où l'on aurait pu nous recevoir, et ce fut avec la plus grande difficulté que nous eûmes une chambre. La ville était déjà pleine de troupes, surtout d'artilleurs et de mineurs, sans compter celles que nous avions devancées et qu'on attendait.

A peine avions-nous pris possession de notre appartement que l'hôtesse se présenta, et nous apprit d'un air impérieux l'arrivée du détachement de hussards que nous avions rencontré dans la forêt. Elle ajouta en quittant la chambre : *Vous ne devez pas avoir peur ce soir, Madame, car je mets deux officiers de hussards coucher dans votre chambre.* Supposant qu'elle plaisantait, je ne répondis rien, et n'attachai aucune importance à ce qu'elle avait dit, lorsque la femme de chambre entra pour faire les lits. Je pensais qu'il était temps de demander pour qui on les faisait, et comme on me confirma les paroles de l'hôtesse, je réclamai, mais en vain; elle continua sa besogne avec calme, jusqu'à ce que mon compagnon eût déclaré d'une voix ferme qu'il ne permettrait à personne d'autres que nous d'occuper cette chambre. La femme de chambre éclata de rire, en disant : *Voilà vraiment une belle affaire ! Ce n'est pas la première fois que nous avons mis des Messieurs dans cette chambre lorsque des dames y couchaient.* Et sortant, elle ramena son maître. Une vive altercation s'ensuivit, et je ne sais comment elle se serait terminée, si les officiers en question, apprenant qu'ils étaient le sujet de la dispute, ne s'étaient présentés eux-mêmes; après avoir témoigné leurs regrets de ce qui s'était passé, ils insistèrent pour qu'on transportât les lits dans la cuisine ou ailleurs, plutôt que d'incommoder les voyageurs, avec lesquels ils avaient cheminé dans la forêt.

B., charmé de ces procédés, les invita à souper; ils s'empressèrent d'accepter, promettant de revenir aussitôt qu'ils en auraient terminé avec leurs hommes, qui étaient logés par billets chez les habitants. C'était un excellent moyen de connaître leur manière d'agir et la manière d'être des simples soldats; aussi mon *caro sposo* sortit avec eux.

Ils se comportèrent à l'égard de leurs hommes avec bonté et attention; ils leur distribuèrent eux-mêmes leurs rations de pain et de viande, voyant si elles étaient de bonne qualité, et même menaçant de destitution les personnes qui étaient chargées de les fournir, si la quantité ou la qualité faisaient défaut.

Nos invités, après s'être ainsi occupés consciencieusement de leurs hommes, vinrent partager avec nous un détestable souper, salement apprêté et mal cuit, quoique pour relever ce triste repas, notre hôte nous eût apporté de l'excellent vin blanc, pour lequel Arbois est renommé et qui est de bien peu inférieur au champagne. Les officiers en parurent très satisfaits, et après le souper, ils nous entretinrent si agréablement de récits militaires que très contents de notre rencontre, nous ne nous séparâmes qu'à une heure avancée de la nuit. Aussi, au lieu d'aller nous coucher, nous nous sommes préparés à continuer notre route.

Le matin, le manque de chevaux de renfort pour gravir la rapide montée, qui se trouve à la sortie de la ville, nous fit retarder notre départ. On nous engagea à visiter l'église, qui n'avait pas été détériorée et qui méritait d'être vue. Nous avons suivi ce conseil; pourtant ce ne fut pas l'église qui nous paya de notre démarche, mais un *point de vue* sur la route, qui dépassa tout ce que j'avais vu jusqu'alors.

Figurez-vous un pont jeté d'une manière pittoresque sur la Cuisance, qui, grâce à son extrême rapidité, ressemble à cet endroit plutôt à un torrent qu'à une rivière, tandis qu'une chute d'eau tombe tout près du pont et que plusieurs moulins, placés sur des rochers surplombant, semblent suspendus sur le courant impétueux, qui écume et bondit en descendant, produisant à la fois sur les sens une impression qui résulte de l'accord parfait du sublime et du beau. Le bruit produit par la chute et les moulins, qui étaient tous en mouvement, était si grand, que nous ne pouvions nous entendre parler; ce fut seulement quelques heures plus tard que je pus recouvrer l'intégrité de mon ouïe.

A neuf heures, ayant pu nous procurer un cheval, le seul que les militaires eussent laissé, nous avons quitté cette ville sale et bruyante, qui avait l'apparence d'un camp; car en entendant battre les tambours et les trompettes sonner l'appel, en voyant les rues et les avenues encombrées de soldats, j'aurais pu me croire, sinon au milieu, du moins à peu de distance du théâtre de la guerre.

XIX.

DANS LE JURA.

Montée par la neige. — Le chalet. — Le maître du chalet et sa sœur. — La vieille religieuse. — La forêt de sapins. — Le joli village de Bonnevaux. — La nièce de l'aubergiste. — Son costume. — Son fiancé. — Le lit en dot. — L'officier municipal. — Ses opinions politiques. — Nouvelle montée. — Bande de paysans à la poursuite des déserteurs. — L'ancien couvent de bénédictins. — La douane et le pourboire. — Jougne. — Son château. — Ses remparts. — Les mines. — Entrée en Suisse. — Beauté du pays de Vaux et des montagnes. — La Sarraz.

Sortant d'une scène de mouvement et de confusion, je me trouvai bientôt dans une région toute nouvelle pour moi. L'atmosphère s'éclaircit comme nous avancions, et quoi qu'il fît très froid, je me félicitai d'un temps qui était favorable à l'observation. Le soleil commençait à éclairer le sommet des montagnes du côté opposé de la vallée, tandis que le givre, couvrant l'herbe, les vignes et les arbres, donnait au paysage un aspect tout à fait d'hiver. La route, qui est taillée dans le roc, circule sur le flanc de hautes montagnes, boisées jusqu'au sommet; ça et là, elle est tracée sur le bord de profonds et effroyables précipices.

Lorsque nous eûmes atteint le sommet, à une

lieue d'Arbois, le cheval et son conducteur furent renvoyés. La route traverse une plaine quelque peu accidentée, jusqu'à un *chalet*, sorte de laiterie, où les montagnards font leur fromage, à trois ou quatre lieues d'Arbois. Plusieurs de ces châlets sont disséminés dans les différentes parties du Jura; mais celui-là était le premier que j'eusse vu, et comme il était près de la route, il était mieux pourvu de toutes choses que la majeure partie des autres. Nous espérions nous y procurer quelque nourriture, en nous y arrêtant; nous désirions aussi faire reposer nos chevaux, qui avaient encore à faire quatre lieues dans la journée, distance assez considérable, vu le pays, la route et la saison. En outre, on nous avait appris que nous aurions à traverser une forêt d'une certaine étendue, depuis peu infestée par une bande de maraudeurs, composée de déserteurs des différentes armées, qui craignant de retourner chez eux, s'étaient cachés dans les forêts voisines et vivaient de pillage. Cette information nous fit hâter notre départ, et après avoir fait un léger repas, plutôt dans le genre allemand que dans le goût français, nous avons quitté cette paisible demeure, où nous avions pu apprécier la propreté et la simplicité de ses habitants.

C'étaient un jeune homme, le maître du chalet, sa femme, sa sœur, jolie fille de seize ans, très serviable et empressée, et une vieille femme de quatre-vingts ans, qui nous dit qu'elle avait passé la plus grande partie de sa vie dans un couvent voisin, dont la mère abbesse avait été une mère pour elle. Celle-ci lui avait promis d'avoir soin d'elle aussi longtemps qu'elle vivrait; mais malheureusement les choses avaient changé; depuis la suppression de la pieuse communauté, elle avait été jetée à l'abandon dans le monde, et sa chère bienfaitrice avait été laissée sans ressource; il en était résulté qu'elle-même, ayant rencontré ces *anges*, ajouta-t-elle, qui l'avaient prise sous leur toit, elle n'avait besoin de rien, mais qu'elle envoyait à sa bien-aimée supérieure tout ce qu'elle pouvait obtenir des étrangers ou d'autres. C'était un appel à notre charité auquel nous ne pouvions rester insensibles. En prenant congé d'elle, nous lui avons remis notre offrande pour l'abbesse.

Si j'avais pu me distraire des craintes dont les gens du chalet avaient rempli mon imagination, je n'aurais jamais joui d'un plus beau paysage que celui que m'offrit la forêt dont j'ai parlé plus haut.

Imaginez, ma chère amie, sur une étendue de trois lieues au moins, une forêt de sapins et de mélèzes répandus avec la profusion la plus sauvage sur les sommets, les pics, les flancs et les versants les plus escarpés des montagnes, tandis que de grands rochers, s'élançant à travers les arbres, nous représentaient le côté sauvage de la nature. Plus loin, nous traversions de nobles et de belles avenues, qu'on aurait pu croire tracées avec le plus grand art; cependant la peur me dominait tellement que je croyais voir dans tout objet que je ne pouvais clairement discerner un *Rolando* ou quelque être terrible du même genre.

Malgré mes appréhensions, nous sommes arrivés sans encombre dans un des sites les plus pittoresques qu'on puisse rêver : un village entièrement entouré de très hautes montagnes, qui sont couvertes d'arbres en ce moment blancs de givre et de neige, site qui, je le suppose, doit ressembler à Chamounix en Savoie.

Lausanne, 23 décembre.

Parmi les montagnes couvertes de neige du Jura, les plaintes de l'amour frappèrent mes oreilles. Dans le joli village de Bonnevaux, d'où je vous ai écrit ma dernière lettre, je m'intéressai d'une manière inattendue à une petite peine de cœur. Tandis que je rêvais rochers, précipices et cataractes, et que B. cherchait à savoir où l'on examinerait nos passeports et notre bagage à la frontière dont nous approchions, une jolie jeune femme, la nièce de l'aubergiste, vint dans ma chambre, et attira bientôt mon attention sur elle et son histoire.

Son costume[1] et sa simplicité de manières, unies au vif désir qu'elle exprimait de m'être utile et d'obtenir pour nous les meilleurs renseigne-

---

[1] Ce costume était allemand, c'est-à-dire, point de bonnet, mais les cheveux relevés autour de la tête et rattachés avec deux épingles d'or ; un épais corsage et des jupons courts, le tout tout à fait disgracieux ; mais une jolie femme sera toujours jolie. (Note de l'auteur.)

ments pour nos passeports, m'avaient inspiré des sentiments de sympathie pour elle; aussi s'apercevant que je ne la considérais pas avec des yeux indifférents, elle s'empressa de m'ouvrir son cœur sur le chapitre intéressant pour tous de l'amour.

Marianne, c'était son nom, se nourrissait de porc aussi bien que de miel. Comme la fille des champs de Gay, riche dans sa pauvreté, elle n'était pas satisfaite. Dans ses montagnes natales, elle éprouvait les maux que procure le manque d'argent; mais ses vœux n'étaient pas exorbitants : « Elle n'aurait pas envié à l'avare son trésor, mais elle eût voulu en avoir assez pour elle et pour un autre. »

Le fait était que cette héroïne des montagnes avait un fiancé à l'armée d'Italie et qu'elle caressait l'espoir de l'épouser à son retour; mais hélas! elle n'avait pas de quoi acheter le lit nuptial; l'usage du pays voulait que la fiancée eût à fournir avant le mariage cet article de mobilier, en même temps qu'une garde-robe bien garnie; la rigueur des temps rendait Marianne incapable de s'acquitter des dures conditions que cette coutume sévère imposait; aussi dépérissait-elle, et ses traits étaient-ils empreints des ombres de la mélancolie.

L'argent étant l'objectif de son imagination, elle désirait causer avec moi, et se faire connaître à moi. Elle croyait que l'Angleterre, d'où nous venions, était la terre de l'argent, l'île heureuse, supposait-elle, où l'on pouvait subvenir à tous les besoins. Aussi rien n'égalait ses attentions.

Comme elle faisait mon café, elle exprima sa surprise de ce que *madame* s'aventurât à traverser les montagnes dans cette saison de l'année; elle ajouta à demi-voix qu'elle serait bien heureuse si je voulais l'emmener avec moi à notre retour. « Car l'Angleterre, ajouta-t-elle, est le meilleur pays pour gagner de l'argent. »

Surprise de ce désir, et du but qui l'inspirait, je priai la pauvre Marianne de s'expliquer. « *J'ai*, dit-elle en soupirant et en essayant d'arrêter une larme qui perlait dans ses yeux, *j'ai un attachement; et si j'avais eu de l'argent, je me serai mariée l'année passée au fils de notre voisin, un brave jeune homme, qui a une bonne profession et qui a servi; mais malheureusement, comme je n'avais pas assez pour acheter mon lit, le mariage a été rompu, et puis ayant été forcé de joindre l'armée, Dieu sait si jamais nous nous reverrons. J'aime mon André de tout mon cœur.* »

En ce moment sa tante l'appelant très haut, elle fut obligée de me quitter et de laisser son histoire inachevée; au même instant, on annonçait que tout était prêt pour notre départ, et je me hâtai de descendre; mais comme la malheureuse Marianne vint se placer sur mon passage, je n'oubliai pas, en lui serrant la main, le lit nuptial et la raison pratique pour laquelle elle voulait aller en Angleterre.

Tandis que j'écoutais l'histoire de cette jeune fille, B. était en affaires, au rez-de-chaussée, avec un officier municipal, que l'aubergiste avait obligeamment envoyé chercher pour le renseigner sur son passeport, qu'il voulait faire régulariser, et pour lui éviter le désagrément d'avoir des difficultés avec la douane. Il n'avait pas été peu amusé de cette entrevue.

L'officier, qui était un charpentier ou un scieur de long, demanda à voir nos papiers; après les avoir lus, il affirma à B. que nous étions parfaitement en règle. « *Quand je les aurai visés,* ajouta-t-il, je ne doute pas que l'on ne vous permette de passer le ci-devant couvent des Bénédictins, à deux lieues d'ici, où il y a une douane; de là vous irez à Jougne, la dernière ville de France avant la frontière; il importe peu que vous soyez visé ou non au couvent, cela ne vous exemptera pas du dernier visa. »

En parlant d'affaires, on en vint aisément à la politique. Sachant que nous venions de Paris, il demanda à B. les dernières nouvelles, voulut savoir si la flotte de Brest, sur laquelle il avait un fils, était partie, et termina son entretien sur la politique, en remerciant pieusement Dieu de ce qu'il n'y avait pas eu de terroristes dans leurs montagnes, et de ce que les prêtres ayant pour la plupart prêté serment, le service religieux avait lieu comme autrefois.

Nous quittions Bonnevaux avec la ferme intention d'atteindre la frontière suisse le soir même; ignorant combien de temps nous serions retenus aux douanes, nous ne perdîmes pas une minute, quand tout fut prêt pour notre départ. Les gens du village avaient essayé, mais en vain, de nous effrayer.

Le froid était intense, mais la route belle. Je ne veux pas, cependant, de crainte de vous ennuyer, me laisser aller à des descriptions pittoresques. Qu'il me suffise de dire, que comme nous faisions des zigzags perpétuels sur les flancs de la montagne, absorbés dans la contemplation d'un paysage romantique et varié, nous aperçûmes à notre grande surprise, en tournant l'angle d'un rocher, une bande nombreuse, dont les armes étaient posées contre le rocher, assise autour d'un grand feu, sur le bord de la forêt, à peu de distance de la route où nous allions passer.

Juste ciel! Combien grande fut ma terreur. Mon imagination multiplia le nombre de ces bandits présumés, car je les supposais tels, au point de croire qu'on allait m'arracher de la voiture, lorsque deux d'entre eux se levèrent, et s'avançant vers nous, ordonnèrent au cocher d'arrêter, demandèrent nos passeports et où nous allions. Me voyant à demi morte de frayeur et blanche comme un linge, ils m'engagèrent à ne pas avoir peur, car ils n'avaient point l'intention de nous nuire. « Au contraire, dirent-ils, on nous a envoyés ici pour protéger nos concitoyens et arrêter ceux de nos camarades qui ont lâchement abandonné leur drapeau, pour venir infester ces montagnes. N'ayez donc pas peur; montrez vos papiers, et vous passerez sans difficulté. » Nous ne fîmes pas répéter cette demande. Après avoir montré les papiers nécessaires, aucun obstacle ne vint retarder notre arrivée au ci-devant couvent[1].

Cet édifice, qui était habité par les bénédictins, dont les propriétés étaient immenses, est noble et très agréablement situé dans une large vallée ou bassin (si vous voulez me permettre cette expression, à défaut d'autre mot pour rendre ma pensée), au centre duquel sont deux petits lacs qui communiquent avec le lac bien connu de Joux[2], qui en est peu éloigné. Les bâtiments aussi bien que les enclos de cette ancienne communauté sont devenus le partage de plusieurs particuliers, à l'exception d'une des ailes, réservée par le gouvernement pour les employés de la douane. Ceux-ci sont très sévères pour la visite des voyageurs, et demandent un compte exact de l'argent qu'ils emportent, afin de prévenir l'exportation du numéraire.

On nous obligea d'attendre avec la sentinelle l'arrivée d'un des *préposés*, le chef n'ayant pas voulu se déranger. Au lieu d'avoir affaire selon mon attente, à un homme d'aspect terrifiant, avec de grandes moustaches et une mine repoussante, nous vîmes un pauvre hère, qui n'était en rien capable d'inspirer la terreur. Aussi, pour gagner du temps, avons-nous essayé de voir si la vieille

---

[1] Aux granges Sainte-Marie.
[2] Ou plutôt le lac de Saint-Point.

mode des pourboires réussirait aussi bien sous le régime nouveau que sous l'ancien ; ayant offert une piastre à notre homme, celui-ci nous regarda et dit assez haut pour que la sentinelle l'entendit, que nous étions parfaitement en règle et que nous pouvions continuer notre route sur Jougne. Cela dit, il nous tourna le dos tranquillement, empocha l'argent et disparut.

Profitant de cette permission, nous avons traversé une plaine assez longue, arrosée par différents torrents, et peu à peu nous nous sommes enfoncés dans les montagnes.

Notre facile réception au couvent nous permit d'arriver à Jougne à une heure. On nous conduisit immédiatement au bureau, pour examiner notre bagage et nos passeports ; et pendant que mon *caro sposo* s'en occupait, un des officiers m'accompagna à l'auberge en disant que ma présence était inutile. Tout fut bientôt arrangé, grâce au *billet d'acquit* de Calais que nous avions gardé ; on nous retint moins longtemps que nous ne le craignions ; B. revint enchanté d'avoir si bien réussi, exaltant la civilité et les égards qu'ils avaient rencontrés ; les agents avaient fait strictement leur devoir, mais ils avaient eu soin de tout replacer et de veiller à ce que rien ne se perdît.

La ville de Jougne est remarquable par la singularité de sa situation ; elle est très bien fortifiée par la nature, étant placée à l'entrée d'un pays hérissé de toutes parts de montagnes très élevées, boisées presque jusqu'au sommet et contenant beaucoup de mines de fer que l'on exploite en ce moment avec autant d'activité que de profit. Son château se dresse sur le sommet d'une montagne abrupte de forme pyramidale, dont l'aspect extraordinaire attire l'attention du voyageur. Cette position est des plus avantageuses, puisqu'il sert de clef à cette région.

Ses fortifications avaient été très négligées jusqu'à la révolution, mais depuis, elles ont été remises en état; tout près de la ville, on a élevé deux ou trois batteries, si bien placées, selon B., qu'elles défendent l'entrée du défilé, tandis que leur élévation les garantit contre les effets du ricochet, et que grâce aux rochers abrupts, il est impossible de les tourner.

Immédiatement en quittant la ville, la route, très abrupte et étroite, était couverte de grands tas de glace et de neige, qui l'auraient rendue dangereuse si nous étions restés dans la voiture; on jugea qu'il était plus prudent de marcher, et nous suivîmes le chemin sinueux qui nous conduisit, à travers une neige très haute, à l'atelier des mines où beaucoup d'ouvriers étaient au travail. Beaucoup d'entre eux étaient des jeunes gens, qui avaient servi deux ou trois campagnes, comme nous le dit l'un d'eux, qui chargeait du bois près de la route. Il nous apprit aussi qu'il y avait environ cinq cents personnes employées dans ces mines.

Remontant en voiture, nous entrâmes bientôt

sur le territoire suisse, qui n'avait d'autre limite ou marque de séparation qu'une perche sur laquelle était fixée une sorte de girouette, portant les armes de Berne.

Comme nous montions une côte, un garde suisse nous demanda nos passeports et nos noms; il tient régulièrement note de tous ceux qui entrent dans le canton ou les possessions de Berne. Bientôt, après avoir traversé une épaisse forêt, nous nous trouvions dans le pays de Vaud, qui, cela est étonnant à dire, dépasse en beauté toute description, même dans cette triste saison. Je n'oublierai jamais la grandeur des horizons qui se présentèrent tout à coup à mes yeux, lorsqu'après avoir gravi une rude montée, j'aperçus pour la première fois la grande chaîne des Alpes, sur une étendue de plus de trente lieues.

On ne peut concevoir l'impression que cette vue me causa; l'admiration me fit venir les larmes aux yeux, et je pouvais à peine me contenir, en voyant la chaîne des *glaciers*, et le *mont Blanc*, au centre, levant majestueusement sa tête superbe au-dessus des masses surprenantes qui l'entourent. Le temps était glacial, quoiqu'il ne fût pas défavorable sous d'autres rapports. Je n'eus pas seulement la satisfaction de les voir pendant un certain temps; mais je continuai à apercevoir le mont-Blanc, sur lequel les rayons du soleil couchant jetaient un reflet écarlate, tandis que les autres montagnes étaient déjà cachées sous le voile obscur de la nuit.

La route était pierreuse et rocailleuse jusqu'à la Sarraz, la première ville après la frontière suisse, où nous devions coucher; s'il n'avait pas beaucoup gelé, elle n'eût pas été praticable; mais telle qu'elle était, nous nous en tirâmes. Quant à la ville, elle me causa un cruel désappointement; car elle ne me confirma en aucune façon dans l'idée que je m'étais faite de la propreté et du confortable suisses; les maisons paraissaient misérables; l'hôtel, quoique neuf, déplaisant, et les gens incivils.

Partis de grand matin, nous sommes arrivés de bonne heure à Lauzanne, au *Lion-d'Or*, où nous comptons rester quelques jours, pour nous reposer.

XX.

LAUSANNE ET LES ÉMIGRÉS.

Tranquillité du pays. — Monnaies bernoises. — Nombreux émigrés à Lausanne. — Table d'hôte. — *Babil* des jeunes *étourdis*. — Menaces de contre-révolution. — Rodomontades. — L'éloquence du silence. — Conversation dans une soirée. — L'hydrophobie en Savoie. — Émigrés respectables. — Rolle. — Opinions exagérées sur la Savoie. — Nyon. — Château de Coppet. — La douane avant Versoix. — Brutalité des agents français. — Les passeports. — Soldats ivres. — L'hôtel d'Angleterre à Sécheron. — Violences révolutionnaires à Genève.

Lausanne, 17 janvier 1797.

Nous avons séjourné quelque temps ici, sans désirer partir, tant nous avions besoin de repos. Les fatigues de la route m'avaient épuisée. Bien peu de personnes, il est vrai, se sont risquées comme nous à traverser une grande partie de la France dans un moment et au milieu de circonstances aussi critiques.

Aussi vous pouvez vous imaginer aisément combien je me réjouis de nous voir arrivés sains et saufs à Lausanne, dans un charmant pays, où le gouvernement, aussi doux que paternel, semble uniquement occupé du bonheur et de la satisfaction des *gouvernés*, où chaque citoyen semble apprécier les mérites de l'état politique dont il jouit. Il n'est pas étonnant que je me sois sentie délivrée du poids qui m'oppressait depuis mon départ de Paris; car je ne saurais dissimuler que, tout en ayant rencontré dans notre voyage beaucoup de politesse et peu de désagréments, il était pénible de penser qu'on était à la merci d'un commissaire du gouvernement français, ou même des militaires si nombreux partout, qui pouvaient nous arrêter et nous retenir.

Je ne parlerai pas de ce pays, si bien et si souvent décrit par différents voyageurs, anciens et modernes; je me contenterai de dire que la beauté des environs, ses aspects, qui dépassent l'imagination, et la société parfaite et choisie qu'on y rencontre, unis à l'affabilité des habitants, m'ont fait comprendre comment le célèbre M. Gibbon y avait fixé sa résidence; d'autant plus que le site dont il avait fait choix est vraiment beau, et parfaitement approprié à sa destination.

Le gouvernement bernois, jusqu'ici si riche, est encore plus riche; il regorge de numéraire, en or et en argent. Nous avons vu quelques-unes des nouvelles pièces de monnaies, qui sont très belles. La gravure en est simple, mais élégante: d'un côté sont les armes de Berne avec les mots : *Respublica helvetica;* de l'autre, Guillaume Tell, appuyé sur son sabre, avec cette inscription : *Dominus providebit.*

Ici l'abondance de numéraire a produit les mêmes effets qu'ailleurs; car tout ce qui est nécessaire à la vie a doublé de prix en Suisse depuis plusieurs années.

Il paraît y avoir à Lausanne encore beaucoup d'émigrés, non seulement de France, mais de Savoie, de Brabant, de Genève, etc., quoique les premiers soient en grande majorité. Il y a peu d'Anglais; on m'a parlé seulement de deux ou trois familles qui y résident. L'hôtel où nous étions étant l'un des meilleurs, et la compagnie généralement convenable, nous résolûmes de dîner à table d'hôtes, comme nous l'avions fait à Paris et partout où nous avons eu chance de rencontrer une société agréable.

Le premier jour, la réunion était nombreuse et ne nous plut guère; le plus grand nombre des assistants étaient des émigrés français, jeunes, bruyants et turbulents, quelques Allemands du même genre, un vieux colonel suisse, et nous. Nous avons parlé peu, entendu beaucoup et nous nous sommes retirés aussitôt après dîner.

Le lendemain, même société; le surlendemain, ce fut bien pis, de sorte que nous prîmes le parti de dîner désormais dans nos appartements. Le second jour, il y eut de nouveaux convives, un Anglais, et deux ou trois personnes, qui paraissaient étrangères les unes aux autres.

Les jeunes émigrés, en voyant ces nouveaux venus, s'imaginèrent-ils passer pour des gens d'importance en faisant plus de bruit que de coutume ; ou bien voulurent-ils étourdir ou dégoûter le reste de la société? je l'ignore ; ce qui est certain, c'est que leurs manières furent plus insolentes encore que la veille. Ajoutez-y leur manque de politesse et d'égards, si contraires aux usages de la société dont ils prétendaient faire partie[1]. Leur éternel *babil* sur la politique les rendait surtout à charge ; et cependant un avis officiel imprimé, suspendu dans la salle, leur interdisait toute conversation de ce genre.

Ces jeunes *étourdis*, non contents de causer entre eux, attaquaient sans cesse le vieux colonel, qui, tout en étant aussi royaliste qu'eux, s'efforçait d'apaiser l'ardeur de leur inqualifiable langage ; mais, au lieu de l'écouter, ils continuaient de plus belle, en nous donnant une triste idée de leur sagesse et de leur modération.

Vous me croirez à peine si je vous dis qu'ils allèrent jusqu'à parler des tortures qu'ils infligeraient à leur rentrée en France (dans deux mois, au plus tard, disaient-ils), à ceux de leurs compatriotes qui avaient été les premiers auteurs de la Révolution, ainsi qu'à ceux qui avaient accepté ou rempli

---

[1] Le comte de Vaublanc, qui se réfugia à Lausanne, un an plus tard, après le 18 fructidor, se loue beaucoup au contraire des nombreux émigrés qu'il rencontra dans cette ville ; il vante leur bon accord, et se loue des égards qu'ils lui témoignèrent. Il assista, il est vrai, à Yverdun, à une bruyante conversation de table d'hôte et à des discussions violentes entre émigrés. (*Mémoires,* chap. XXI.)

des places sous le gouvernement actuel[1]. « *Nous rentrerons, s'écriaient-ils, pour rétablir la monarchie et pour faire sentir la verge de fer sur tous les scélérats qui composent maintenant le Directoire et la plupart des deux conseils.* » Alors, passant en revue et accusant les princes, les généraux, les ministres et les gouvernements, ils censurèrent la conduite de l'Europe en général, et en particulier celle des ministres anglais. En vociférant ainsi, ils laissaient voir que leur vengeance serait sanguinaire. Les Allemands faisaient chorus avec eux[2], tout en écorchant si bien le français qu'on pouvait à peine les comprendre; aussi le bruit et la confusion étaient tels que je n'éprouvai jamais pareil sentiment de dégoût.

Une circonstance pourtant nous amusa, et j'aurais donné tout au monde pour que vous en eussiez été témoin; ce fut l'attitude de l'étranger que nous prenions pour un Anglais; pendant tout le repas, il garda le plus grand sang-froid, mangeant comme si de rien n'était, et quand il eut fini, plaçant son couteau et sa fourchette de chaque côté de son assiette, il tira de la poche de son gilet un lorgnon, et avec une physionomie qu'un Lavater

[1] Un girondin, réfugié en 1793 à Lausanne, prête aux émigrés séjournant dans cette ville, des sentiments analogues. (H. Forneron, *Histoire des émigrés*, t. I, p. 428.)

[2] Le comte de Vaublanc cite aussi à Yverdun un officier prussien, qui cherchait à copier les manières des Français dont il faisait la critique. (*Mémoires*, chap. XXI.)

aurait été digne de décrire, il regarda fixement chacun des jeunes gens, l'un après l'autre, sans oublier le vieux colonel, leva les yeux vers le plafond, but un verre de vin, remit tranquillement son lorgnon dans sa poche, se leva et quitta la salle, sans avoir dit un seul mot, nous laissant une haute opinion de son *talent pour le silence;* car je n'ai jamais vu éloquence muette si expressive. Nous avons depuis cherché à le revoir, mais en vain.

L'état intérieur de la France est travesti de diverses façons par les émigrés, qui sont en Suisse depuis le commencement de la Révolution, et par conséquent ne connaissent rien que par oui-dire; cependant on a confiance en eux, et les Suisses les croient jusqu'à la moindre syllabe. Malgré le voisinage de la frontière française, on ignore ce qui se passe au delà; et ce qui est pis, c'est que l'exagération est telle que l'on dit le plus sérieusement du monde des absurdités et qu'on les recueille avec la plus grande confiance.

A l'appui de ce que j'avance, laissez-moi vous répéter un fragment d'une conversation qui a eu lieu hier soir dans une des meilleures maisons de Lausanne. Elle ne s'applique pas à la France; mais comme elle a pour objet un pays qui dépend maintenant de cette république, on peut considérer l'exemple comme ayant la même valeur.

Mme S. nous avait invités à une réunion *bien choisie;* elle nous reçut avec toute la politesse possible, et pendant que le reste de la société jouait aux cartes, elle chercha par tous les moyens et de la manière la plus vive à nous détourner d'aller à Genève; mais quand elle sut que mon intention était d'aller plus loin encore, elle dit à B. : « Vous n'aurez pas sûrement le courage d'emmener *madame votre épouse* dans un pays de sauvages (elle voulait parler de la Savoie), où peut-être les plus grandes atrocités se commettent en ce moment; » puis baissant la voix, haussant les épaules et prenant des airs singulièrement mystérieux, elle l'informa que, d'après plusieurs personnes, on courait en Savoie le risque de devenir *enragé*, la rage y étant extrêmement commune.

Je désirais savoir ce dont il était question. *Puisqu'il faut absolument*, me dit-elle, *satisfaire votre curiosité, je le ferai tout de suite;* et elle raconta que des porcs mordus par des chiens enragés avaient été tués et mangés par le peuple, réduit par sa misère à cet aliment depuis la Révolution; que l'hydrophobie s'était ainsi propagée dans le pays. « Persévérerez-vous dans vos projets, ajouta-t-elle, et ne risqueriez-vous pas le même sort? » Je pus à peine retenir mon envie de rire, et je dus promettre de ne pas m'aventurer dans ce pays, si j'y voyais le moindre danger.

Ne croyez pas cependant, d'après ce que j'ai dit des émigrés, qu'ils doivent tous être dépeints de même. En aucune façon. Quelques-uns d'entre eux sont vraiment méritants, aussi sympathiques que malheureux; mais ils ne sont pas en grand nombre[1]. Il y a, près de Lausanne particulièrement, quelques respectables familles d'émigrés, qui vivent dans les environs, dans la retraite, aimées de tous, attendant avec patience que les dispositions de leur pays deviennent plus favorables pour eux. J'ai visité une de ces familles, originaire de Savoie; elle était aimable et charmante, réunissant tout ce que l'on pouvait désirer; modèle de patience et de résignation, elle vivait avec une extrême économie, et cependant en faisant beaucoup de bien; nous avons été heureux de savoir, d'après ce qu'on nous a donné à entendre, que celle-là aussi bien que les autres rentreraient probablement bientôt dans leur patrie.

Sécheron, 21 janvier 1797.

De Lausanne à Sécheron, près de Genève, je fus ravie de la beauté de la route, qui pendant dix lieues ne s'éloigne point des bords du lac. Elle traverse Morges, Rolle, Nyon, Coppet, Versoix,

---

[1] Comme contraste à cette opinion, on peut citer celle de sir John Carr, qui rend cet hommage aux émigrés réfugiés en Angleterre. « Notre pays, dit-il, a profité de leur moralité sans tache, de leurs mœurs douces, polies et simples, et partout où la destinée les a placés, ils ont payé de retour l'assistance qu'ils recevaient en répandant dans notre pays la connaissance de leur langue... » Carr tient aussi à payer un juste tribut aux prêtres expatriés, à la pureté et à la sainteté de leur caractère. (*The stranger in France*, p. 11.)

localités situées sur les bords du lac, et très attrayantes.

A Rolle, nous fîmes visite à une dame d'un certain rang, à qui nous avions été très recommandés et qui nous reçut avec beaucoup de politesse, mais qui était encore plus *outrée* dans ses appréciations, que cette pauvre Mme S., de Lausanne.

Sachant que nous devions traverser la Savoie, elle me dit : « *Auriez-vous le courage d'aller encore chez cette nation de monstres (car à présent je les regarde comme Français) vomis par les enfers pour le tourment de l'humanité. Nation terrible que je désirerais de tout mon cœur être à jamais effacée du globe que nous habitons.* » Elle ajouta beaucoup d'autres vœux dans le même style, appuyés sur une foule d'anecdotes. Elle attribuait à l'imitation des Français les crimes récemment commis à Genève. Comme elle avait beaucoup souffert des révolutions de France et de Genève, on pouvait excuser en quelque sorte son langage.

Nyon, petite ville du pays de Vaud, possède plusieurs maisons agréablement situées, qui commandent une vue étendue sur le lac, et qui, pour cette raison, étaient généralement habitées, avant la Révolution, par des familles anglaises; aujourd'hui elles sont presque toutes vides, de sorte que leurs propriétaires déblatèrent contre les effets de la guerre. C'est la première localité en Suisse où je remarque un mécontentement si visible. Il fallut à Nyon nous présenter au *bureau* suisse, pour déclarer la quantité de numéraire que nous avions sur nous; précaution nécessaire pour traverser Versoix, qui est sur le territoire français.

A Coppet, le château situé sur une hauteur, était ouvert et habité; nous avons conjecturé que son possesseur, M. Necker, s'y trouvait, ainsi que sa fille, la comtesse de Stael, bien connue dans le monde littéraire.

A la douane de Versoix, notre ami descendit pour aller au bureau, afin de nous mettre en règle. Jugez de ma surprise et de mon effroi lorsque je le vis accosté par deux fusiliers, qui, faisant mine de le prendre au collet, lui ordonnèrent de le suivre au bureau, en disant : « *Allons vite, votre passeport; vous ne nous échapperez pas.* »

Il s'ensuivit une curieuse altercation. Avec plus de présence et de sang-froid que je ne l'aurais supposé : « *Messieurs*, leur dit-il, *voulez-vous bien entrer au bureau, et je vous satisferai. — Qu'appelez vous messieurs?* répliquèrent-ils en colère. *Monsieur vous-même*, crièrent-ils à la fois, *sachez que nous sommes des citoyens. — Eh bien*, reprit-il, *messieurs les citoyens, si vous voulez. — Citoyen tout court et pas de badinage!* » reprit le plus tapageur des deux, avec un regard qui me fit trembler.

Cette scène, nullement agréable, rehaussée par des épithètes malsonnantes, me causa d'autant plus de perplexité, que je restais seule, par un temps très froid et un vent piquant, à la merci de trois pauvres chevaux, qui, s'ils n'avaient pas été aussi fatigués, n'auraient pas attendu tranquillement le retour de leur cocher, appelé de son côté au bureau.

Lasse d'attendre, j'allais appeler, lorsque notre ami revint, suivi de deux ou trois *préposés du bureau*, qui, d'après leur apparence menaçante et leur langage brutal, me faisaient l'effet de vrais bandits. Ils m'ordonnèrent de descendre de voiture, et me donnant à peine le temps d'en sortir, ils en ouvrirent les deux portières, comme s'ils étaient certains d'y trouver de la contrebande, fouillèrent partout et voulurent même regarder dans nos poches. Pour mettre un terme à leur insolence, nous menaçâmes de nous plaindre au résident français à Genève, M. Adel, dont le caractère conciliant était bien connu. Ils renoncèrent à nous fouiller, mais je dus montrer tout ce que j'avais dans mes poches.

Je vis ici pour la seconde fois, depuis mon entrée en France (la première avait été à Calais), les effets horribles de la brutalité et des manières sauvages des jacobins, que le gouvernement actuel n'avait pas été capable de faire disparaître.

Après avoir été longtemps retenus, par un temps très froid, on nous permit de partir; mais à peine nous étions-nous félicités de notre délivrance, qu'un mille plus loin, à un point qui sert de limite entre les territoires français et genévois, quatre soldats ivres nous commandèrent d'arrêter, en demandant notre passeport avec des imprécations terribles. Ne discernant pas immédiatement leur état d'ébriété, nous leur dîmes qu'à coup sûr le titre de citoyen ne leur donnait pas le droit d'insulter des voyageurs, et que nous ignorions s'ils pouvaient même lire nos passeports; ils se mirent alors dans une violente colère, et l'un d'eux, passant sa tête par la porte, hurla : « *Non, ce n'est pas seulement votre passeport que nous voulons, mais celui de ce jeune homme que vous cachez avec tant de soin dans le coin de la voiture.* » C'était de moi qu'il s'agissait; comme j'avais un habit de cheval, il crut que j'appartenais au sexe masculin. Un caporal, cependant, qui était moins ivre que les autres, parcourut le passeport, et voyant que j'y étais désignée comme femme du *citoyen*, découvrit l'énigme et mit fin à la dispute.

La frontière fut enfin franchie; mais étant entrés sur le territoire de Genève, nous eûmes, dans une distance de quatre milles, à traverser encore un village français. Ces enclaves nuisent beaucoup au commerce, surtout à celui des Français. Nous avions peur de subir dans ce village un nouvel *halte-là;* mais le corps de garde fut au contraire très *honnête;* voyant que nous étions en règle, il nous laissa passer, et peu après, nous eûmes la satisfaction d'arriver à *l'hôtel d'Angleterre*, à Sécheron [1], lieu charmant dont B. nous avait parlé avec enthousiasme, et où nous étions attendus. Ici, nous avons

---

[1] Le D'' Rigby y descendit en 1790. Il fait l'éloge des environs. (*Lettres*, p. 173, 175.)

fait un nouveau séjour de repos, et nous avons retrouvé, pour la première fois depuis notre départ, le confortable anglais.

Cet établissement, tenu par MM. Dejean, bien connus de nos compatriotes par leurs attentions, leur politesse et leur caractère recommandables, est vaste, commode et situé d'une manière très attrayante. Construit sur la grande route de Genève, dont il est éloigné d'un mille, il a l'apparence d'un château, entouré comme il l'est de belles prairies appartenant à diverses personnes, tandis que l'une des façades de la maison, donnant sur le lac, à une certaine distance de ses bords, commande un superbe panorama des Alpes de la Savoie. Malgré ma satisfaction, notre ami remarqua un changement assez sensible dans le service et même le mobilier de la maison; il supposa que l'état désastreux de Genève avait son contrecoup chez ces bonnes gens; il avait raison. Ils ne confirmèrent pas seulement ses soupçons, mais lui donnèrent des détails si horribles sur les violences et les injustices qui avaient été commises, à l'imitation des Français, que je commençai à croire que la bonne dame de Rolle était moins extravagante que je ne l'avais supposée.

Je dois ajouter que deux individus avaient été massacrés par la populace soulevée, six semaines ou deux mois avant notre arrivée. Emprisonnés pendant les troubles, ils venaient d'être mis en jugement et acquittés par le jury, lorsqu'ils furent tués, en plein jour, en présence des magistrats et de nombreux assistants au moment où ils sortaient du tribunal.

Les nombreuses villas élégantes situées de la manière la plus attrayante sur les bords du lac, et qui forment le plus beau tableau de genre qu'on puisse imaginer, sont maintenant à peu près abandonnées ; la plupart de leurs habitants les ont quittées par crainte et se sont réfugiés ailleurs. Cette émigration a été si grande, et elle est si visible à Genève et dans ses environs que plusieurs maisons, qui étaient louées de 7,500 à 10,000 francs par an, en 1790, où la gloire de cette République était au zénith, pourraient être cédées pour 625 francs ou 750 francs par an.

Je ne m'étonne pas que la Révolution française soit jugée aussi sévèrement dans ces régions. Elle fut saluée d'abord comme un bienfait ; mais ses progrès ont causé la ruine de milliers de personnes. La main de la Providence pourra et sans doute voudra dans l'avenir la faire tourner au bien de l'humanité ; mais pour beaucoup, elle est aujourd'hui une source de misères et fait naître plus de crainte que d'espoir.

Les tristes récits qu'on nous fit à notre arrivée nous embarrassèrent beaucoup, sur ce que nous avions à faire ; mais comme on nous assura que les voyageurs et les étrangers n'avaient rien à craindre en dehors de la ville, nous prîmes le parti de ne pas coucher dans l'intérieur de Genève.

XXI.

DE GENÈVE A CHAMBÉRY.

Le résident français à Genève. — Départ pour Chambéry. — Carouge. — Club d'enfants. — Le président sur une brouette. — L'orateur. — Saint-Julien. — Effets du passage des troupes. — Auberge dévastée de Frangy. — Nuit peu confortable. — Effets de givre. — Pont sur le Fier. — Accidents. — Rumilly. — Destruction des clochers. — Violences et réaction. — Plaintes de l'hôtelière. — Convoi d'artillerie. — Aix. — L'invalide. — Légion des Allobroges. — Les bains. — Le cocher ivre. — Arrivée à Chambéry.

Chambéry, 28 janvier 1797.

Aussitôt que l'on nous apprit qu'il était possible de traverser le mont Cenis, en *dépit de la neige,* nous prîmes la résolution de continuer notre voyage. Aussi, le 19, nous quittions Sécheron, après avoir fait viser nos passeports au résident français de Genève, et lui avoir exposé nos plaintes contre le douanier de Versoix. Ce résident nous reçut avec beaucoup de politesse, et son accueil fut entièrement conforme à notre attente.

A Carouge, qui fait maintenant partie du département du Mont-Blanc, je fus témoin d'une scène, vraiment singulière et toute nouvelle pour moi. Elle vous donnera une idée des progrès que l'esprit révolutionnaire a faits dans beaucoup de petites villes situées sur les frontières de ce pays et à quel point il s'est emparé des jeunes générations.

Un petit groupe de gamins déguenillés, dont le plus âgé n'avait certainement pas douze ans, s'amusait à parodier une discussion. Je crus d'abord qu'il s'agissait d'une véritable dispute, mais comme ils étaient parfois d'humeur plaisante, j'en conclus que ce devait être un jeu et je demandai à un passant ce qu'il en était. Il me répondit très sérieusement que c'était une réunion de jeunes jacobins, qui, pour me servir de ses propres expressions, *étaient dans l'acte d'organiser le bureau*, et s'occupaient dans ce moment même de choisir un président. Ma curiosité fut excitée, et je m'appliquai à examiner cette assemblée pour rire, dont les opérations furent conduites d'une manière vraiment plaisante. Comme on ne pouvait accorder tous les suffrages pour la nomination d'un président, on décida à l'unanimité de s'enquérir de l'âge des assistants et de prendre le plus âgé. Cela fait, les deux plus jeunes furent désignés comme secrétaires, et aussitôt le président, les secrétaires déguenillés et la tribu de polissons coururent à travers la route, s'emparèrent d'une vieille brouette et la retournèrent sens dessus dessous; le président y monta; les secrétaires prirent place à ses côtés, tandis que le reste s'asseyait alentour, avec autant de gravité qu'aurait eue le *conseil des Anciens* ou même le Directoire.

Un des gamins parla alors à voix basse au secrétaire le plus rapproché de lui; celui-ci dit à haute voix au président : *Président, on demande la parole.* — Citoyen, répliqua l'autre, *la parole est accordée.* Alors le jeune orateur en haillons commença un long discours plein d'emphase, dont je ne saurais définir le sens; mais jamais discours ne fut débité plus sérieusement. Lorsqu'il fut terminé, le président dit d'une voix très distincte : *Citoyen, tu as bien mérité de la patrie!*

Nous en avions assez de cette scène de républicanisme enfantin, et laissant cette *convention à la brouette*, nous continuâmes notre route, en réfléchissant sur la farce que nous venions de voir et sur laquelle vous ne manquerez pas de raisonner.

Nous atteignîmes bientôt Saint-Julien, ancienne ville de Savoie, à quatre milles environ de Genève, mais qui n'est plus à présent qu'un pauvre village.

La partie de la Savoie que nous traversions paraissait avoir beaucoup souffert de la quantité de troupes qui l'avaient traversée depuis le commencement de la révolution; d'après les calculs des habitants, elles s'élevaient à un nombre surprenant. L'auberge de Frangy, qui passait pour la meilleure de la localité, était dans un état si épouvantable que les chambres à coucher étaient littéralement dépourvues de portes; plusieurs *militaires*, entre autres des officiers de la garde nationale et des fonctionnaires du gouvernement, s'étaient arrêtés pour la nuit dans cette maison, ou plutôt dans cet hospice, car elle en avait tout à fait l'apparence. Pour nous enfermer, nous fîmes une porte de la table sur laquelle nous avions soupé, et l'une des nappes nous servit de rideau.

Oh! chère Madame, quelle nuit peu confortable! Le froid était le plus vif que nous eussions éprouvé; les étoiles brillaient au ciel, et nous pouvions les apercevoir à travers les crevasses du papier qui tenait lieu de carreaux de vitres!

Il faut traverser un pays qui a été le théâtre d'une guerre pour se faire une idée exacte des terribles effets d'une semblable calamité!

Ici cependant, on nous servit un vin blanc assez semblable au Champagne, ou plutôt à celui que nous avions bu à Arbois, et qui est renommé dans le pays.

Voulant arriver le soir à Chambéry, nous quittâmes cette mauvaise auberge de bonne heure, en dépit d'un épais brouillard, accompagné de grésil qui ne tarda pas à poudrer le cocher et les chevaux. Bientôt il fallut gravir les rapides montagnes de Clermont, après nous être pourvus de chevaux de renfort et d'un conducteur. Le sommet en fut atteint au bout d'une heure et quart. A la poste *Doucy*, le brouillard en se dissipant nous laissa voir les pics dénudés des Alpes, éclairés par les rayons du soleil. Cette vue ranima mes esprits et me fit oublier ma mauvaise nuit. La singularité et la beauté du paysage nous charmèrent au plus haut degré. Imaginez, chère Madame, un pays des plus sauvages, entièrement cristallisé; arbres, buissons, haies, rochers, brins d'herbe, tout était recouvert de glaçons, les uns pendant sur nos têtes, les autres se dressant sous nos pieds; partout nous étions entourés de diamants, et telle était la force de la réverbération du soleil sur la neige que je n'ai pas encore retrouvé la netteté ordinaire de ma vue. Le froid avait durci la route, qui était beaucoup meilleure que nous ne l'espérions, et à trois quarts de mille de Rumilly, nous traversions le Fier.

Ce rapide torrent, qui descend des montagnes du Faucigny, roule ses eaux avec violence au fond d'un précipice effrayant dont les flancs abrupts étaient ornés avec beaucoup d'art, par la nature, de guirlandes de glaçons. Nous ne nous doutions pas en les contemplant du danger que nous allions courir. Après le pont, qui est formé d'une seule arche, jeté sur un abîme de 100 pieds de profondeur, la route monte presque d'une manière perpendiculaire le long de ce même précipice. A peine avions-nous atteint le milieu de la montée que nous nous aperçûmes de la situation critique où nous nous trouvions. Le cocher, sans doute pour ne pas nous inquiéter, nous avait laissés tranquillement dans la voiture. Le verglas qui couvrait la route empêchait les chevaux d'avoir prise, et à chaque pas qu'ils faisaient notre danger augmentait. Notre ami, voyant tomber un des chevaux, sauta de la voiture assez à temps pour aider le cocher à soutenir l'autre pauvre bête et à retenir la voiture, qui était sur le bord même du précipice. Un sixième de minute plus tard, elle aurait été brisée en mille pièces; aussi je puis dire que nous avons échappé à la mort par miracle.

Avant d'arriver à Rumilly, un beau pont, construit par ordre du dernier roi Victor-Amédée, traverse le Chéran, qui coule à une profondeur de 150 pieds. Pendant qu'on le construisait, un chemin provisoire avait été établi le long du précipice, mais de telle sorte qu'il exigeait beaucoup de précautions de la part des cochers. En 1787, un gentilhomme et sa femme, voyageant dans une chaise, furent précipités au fond du torrent par suite de la maladresse de leur postillon. Les chevaux furent tués, la voiture mise en pièces, tandis que, par une véritable merveille, les personnes qui s'y trouvaient étaient encore vivantes, dans les bras l'une de l'autre, attendant la mort et couvertes de meurtrissures.

Chambéry, 28 janvier 1707.

Rumilly a beaucoup souffert dans les guerres qui ont eu lieu autrefois entre la France et la Savoie. Elle fut détruite en 1630, ainsi que son château, par les Français. Elle faisait partie, avant la Révolution, de la *Savoie propre;* mais depuis sa réunion à la République française, qui eut lieu le 29 novembre 1792, la Savoie forme un des départements de la République, et contient 83 cantons. Rumilly est le chef-lieu d'un de ces cantons.

Quoique petite, cette ville est le siège de grandes foires très fréquentées. Les principaux articles dont on y trafique sont les bêtes à cornes, les chevaux, le grain, l'huile, le chanvre et les vêtements; mais à en juger par l'état déplorable des églises, des ci-devant couvents, aussi bien que des maisons des émigrés, nous devons supposer que les habitants de Rumilly, qui passent pour riches, malgré l'apparence misérable de leurs demeures, ont été des plus violents dans le paroxisme de la Révolution ; car aux églises il ne reste ni clochers ni fenêtres, et les murs nus subsistent seuls. Cette manie révolutionnaire a été poussée si loin en Savoie qu'on ne peut voir un seul clocher dans les campagnes, si ce n'est au milieu des hautes montagnes, où la main de la destruction ne s'est pas fait sentir. En France cependant on a toléré le maintien de ces parties saillantes des édifices religieux. Ce qui est surprenant, c'est qu'avec ce désir apparent de pousser les choses à l'extrême, nulle part en France il n'y a eu moins d'actes de cruauté qu'en Savoie pendant la Révolution. Plût au ciel que, comme en Savoie, la fureur républicaine se fût bornée à démolir des clochers !

La violence populaire étant, comme les torrents des montagnes, rapide et terrible, le peuple ici redevient calme et retourne à ses anciennes opinions. Ceux qui avaient manifesté le plus de zèle en faveur de l'athéisme, sont maintenant les plus ardents partisans des vieilles doctrines et les plus disposés à restaurer leurs antiques cérémonies.

Les habitants de Rumilly se plaignent aussi amèrement des effets de la guerre, dont ils ont beaucoup souffert. Leur ville est située sur une des principales routes de l'Italie; il n'est pas surprenant que leur commerce ait été entravé. Notre hôtesse bavarde était une de celles qui regrettaient, les larmes aux yeux, comme l'hôtesse de Clermont au nord de Paris, *les temps heureux pendant lesquels les milords anglais, les riches Anglais traversaient la Savoie*. « *Ils payaient* répéta-t-elle deux fois, *en bonnes guinées; tandis qu'à présent,* dit-elle en haussant les épaules, *nous ne voyons que des troupes sans religion et des officiers jacobins, qui ne payent qu'en gros sols de la nation, et encore bien aise lorsqu'ils veulent nous en donner; car pour l'ordinaire c'est des mandats, qui ne servent plus qu'à raccommoder mes châssis* [1]. »

De Rumilly à Aix, renommé pour ses eaux minérales, la route est bonne, merveilleusement variée, traversant des vignes, des pâturages, en longeant des bois de châtaigniers. A près d'un mille de la ville, nous rencontrâmes un convoi d'artillerie. Les officiers et les hommes étaient en bon état, et leur aspect était respectable. Ils se dirigeaient vers

---

[1] A Rumilly comme à Saint-Julien et à Lyon même, les fenêtres étaient garnies de papier, au lieu de vitres.

Chambéry, quartier général de l'armée des Alpes, pour aller rejoindre en Italie les forces de Bonaparte.

A Aix, nous avions pour guide un jeune homme avec une jambe de bois, et qui était de bonne et d'agréable humeur. Il nous raconta, sur notre demande, qu'il avait servi dans la *légion des Allobroges* et qu'il avait perdu sa jambe au siège de Toulon, en 1793. Comme nous lui demandions si la Savoie avait perdu beaucoup de monde. « *Comment, Monsieur*, répondit-il en secouant la tête, *beaucoup de monde? Nous composions presque la totalité de cette légion, et vous devez bien savoir que c'est nous qui avons été partout les premiers au feu, soit dans les Alpes, soit à Toulon, ainsi qu'aux Pyrénées; et je puis vous assurer que dans notre corps seulement nous avons plus de quinze mille hommes à regretter, presque tous aussi jeunes que moi.* » Triste récit, et preuve terrible du grand nombre des victimes qui ont été immolées depuis le commencement des hostilités à la soif de sang du dieu de la guerre !

Les bains ont été très améliorés par le dernier roi de Sardaigne, Victor-Amédée; ils ne sont pas seulement fréquentés par des malades, mais par beaucoup de bonnes familles, qui y viennent pour leur plaisir; on nous a dit que l'été précédent, il y avait eu plus de monde que ne permettrait de le supposer l'état actuel des choses. Le bâtiment qui contient les bains est de forme circulaire, et d'un bel ordre d'architecture; les baignoires, qui sont de marbre, sont placées dans des cabinets, avec des robinets pour faire couler l'eau à volonté.

Pendant que nous visitions les eaux, notre cocher goûtait d'une plus noble liqueur, le vin ; mais il ne s'en tira pas aussi sobrement que nous. Tenté, et qui peut résister à la tentation ? par du bon vin de Montmélian à six sous la bouteille, il fit de telles libations à Bacchus qu'il fut aussi incapable de conduire ses chevaux que Phaéton le fut de diriger les coursiers du Soleil. B. fut obligé de prendre les rênes, et grâce à lui nous pûmes gagner le soir même Chambéry, où nous descendîmes au faubourg Montmélian, à la Poste. Cet hôtel, autrefois renommé et très fréquenté, est très déchu depuis les troubles, quoiqu'il soit tenu par les mêmes propriétaires.

XXII.

CHAMBÉRY.

Actes du conventionnel Albitte. — Le château. — La chapelle. — Démolition des remparts. — Société d'encouragement. — Manufacture de gaz. — Beaux travaux publics. — Petite guerre. — Arrivée de Kellermann. — Société de Chambéry. — Conversation chez des nobles. — La liberté. — Le volontaire de la légion des Allobroges. — Respect pour le roi de Sardaigne, mais plaintes sur son gouvernement. — Prison d'État et fouet. — Le sénat. — Conduite des administrateurs actuels. — Passeports. — Formalités. — École centrale. — Portraits de Pitt et de Fox.

Chambéry, 10 février 1797.

Chambéry a beaucoup souffert pendant le long séjour du conventionnel Albitte, bien connu pour ses principes jacobins et sa conduite révolutionnaire. Commissaire du gouvernement français près du département du Mont-Blanc, ses procédés excitèrent contre lui une haine générale. Il agit de la manière la plus despotique, ordonna de raser les murailles, de renverser les portes et les édifices publics, de fermer les églises et les couvents, et, en vrai disciple de Robespierre, se rendit coupable de tous les excès qu'un mauvais génie peut suggérer.

Il n'introduisit pas, il est vrai, la guillotine; ce ne fut point, disent les Savoyards, parce que ce monstre était devenu moins cruel, mais par suite de la fermeté des habitants de Chambéry.

Avant la Révolution, Chambéry contenait beaucoup de belles églises et de beaux édifices publics, de jolies maisons, plusieurs couvents, un excellent théâtre, une garnison permanente de troupes; la police était très bien organisée et les environs bien habités. La population était alors évaluée à 16,000 âmes; à présent, elle en a 18,000. C'était la résidence des anciens ducs; aussi un vaste château, flanqué de tours rondes, commande-t-il la ville. Bien qu'il ait été plusieurs fois incendié, il en subsiste plusieurs corps de logis habitables, une partie des tours et la chapelle ducale. De l'avis des connaisseurs, celle-ci est un beau morceau d'architecture, et sa façade est ornée de colonnes et d'entablements d'un bon style corinthien, en pierre d'un grain fin qui ressemble au marbre.

La chapelle fut construite en 1241 par Amédée IV; elle est sur le point d'être transformée en bibliothèque publique. On y célébra en 1775 les noces du prince de Piémont, aujourd'hui roi de Sardaigne, avec Clotilde de France, sœur de l'infortuné Louis XVI. Ce fut à cette occasion que l'on fit réparer le château, et les ordres du roi furent exécutés si largement que non seulement on put y loger la famille royale et toute sa suite, mais Monsieur et Madame de France et leur maison. On éleva en même temps le théâtre, qui est beau et subsiste encore.

Avant sa réunion à la France, il y avait à Chambéry un parlement, qui jugeait toutes les causes civiles et criminelles. C'était aussi le siège d'un évêché; et quoique la ville ne pût passer pour être fortifiée d'une manière régulière, elle était entourée de murs épais, flanqués de tours rondes et s'élevant au-dessus d'un fossé profond, comme il y en avait autour de toutes les villes importantes avant l'invention de la poudre. Leur démolition a produit un grand vide, et laisse la ville sans défense; mais elle est avantageuse, au point de vue de la salubrité, et dans l'avenir elle procurera de grands avantages. Bien que située dans un fond, la ville commande les points de vue les plus variés; les grandes montagnes qui l'entourent de toutes parts, aussi bien que les collines qui l'avoisinent, sont bien cultivées.

L'agriculture en Savoie n'est pas négligée comme autrefois. Il y a à Chambéry une société pour son encouragement, dans le genre de celles de Londres et de Bath, et les progrès dans cette science utile ont été considérables depuis la Révolution.

M. M., le vieil ami de mon *caro sposo*, entreprit de nous faire voir les curiosités, et nous conduisit dans une manufacture de gaze, bien connue dans toute l'Europe et qui est l'industrie la plus renommée de Chambéry. Elle est toujours dirigée par les mêmes personnes. MM. Faures et

Dupuy, mais avec moins d'activité qu'avant la Révolution. De là nous allâmes à l'hôtel-Dieu, un vieil hôpital pour les malades et les blessés des deux sexes, qui heureusement a été respecté et continue à être bien administré. C'est un grand bâtiment, qui fait honneur à son fondateur et à ses directeurs actuels, qui sont choisis parmi les habitants.

On nous montra la route par laquelle nous étions arrivés comme digne de remarque. Elle a été taillée dans un roc aussi dur que le marbre, à grand renfort de travail et d'argent, pendant plus d'une lieue. A certains endroits, elle est soutenue au-dessus d'une profonde vallée par des murs de 12 à 15 pieds d'épaisseur et de plus de 150 pieds de haut. Cette curieuse entreprise, vraiment digne des Romains, a été exécutée par l'ordre du feu roi Amédée, pour éviter une descente rapide et *périlleuse*; sa vue montre quels grands travaux la paix permet à de petits rois d'accomplir en faveur de leurs sujets.

En allant à Vernay, promenade publique près de la ville, nous vîmes manœuvrer de l'artillerie, des troupes légères et des hussards. Cette petite armée, qui avait dix pièces de canon, attira notre attention. Elle faisait *une petite guerre* pour se préparer à la grande qui avait lieu en Italie, où elle devait se rendre dans quelques jours. L'extrême rapidité et la précision des manœuvres charma tellement notre ami, en sa qualité de vieux militaire, que nous restâmes longtemps à les regarder.

Pendant que nous étions là, Kellermann arriva. Vous savez qu'il est général en chef de l'armée des Alpes, et que son quartier général est à Chambéry. Ce vétéran et ses aides de camp prirent garde aux moindres détails, et le général en partant exprima aux officiers et aux soldats toute sa satisfaction pour la manière dont ils s'étaient comportés.

Nous avions l'intention de nous diriger vers le Piémont; mais une lettre de Turin nous força d'ajourner ce projet et nous causa quelque embarras, comme notre passeport limitait le temps de notre passage en France. Dans cette conjoncture, B. s'adressa à son ami, qui écrivit à Paris pour lui rendre service. En attendant, on nous introduisit dans plusieurs familles nobles; car peu de nobles savoyards ont émigré, et plusieurs de ceux qui étaient d'abord partis avaient pu revenir, grâce au traité qui avait été passé entre le roi de Sardaigne et la République française. Nous passâmes agréablement notre temps dans leur société.

Un soir, que nous étions chez M. M.. ., où il y avait une réunion choisie, Kellermann arriva et lut une lettre qui rendait compte d'une victoire importante gagnée en Italie par Bonaparte sur les Autrichiens. La compagnie accueillit cette nouvelle avec joie, et l'on parla de la liberté. Je me risquai à faire part de mes idées à un ci-devant noble, qui me dit à demi-voix : « Nous vivons, Madame, dans un temps si extraordinaire qu'il semble que la plupart des hommes ont perdu le sens et sont prêts *de but en blanc à se faire tuer pour une maîtresse imaginaire que personne ne connaît et que tout le monde cherche.* » Il faisait allusion à la liberté. « *Et tenez*, ajouta-t-il, vous ne pouvez vous imaginer combien l'approche des Français a fait tourner la tête de nos jeunes gens, et même des hommes mûrs, et combien cette chimère de liberté et d'égalité a fait de veuves, d'orphelins et de filles éplorées. Ce même enthousiasme a malheureusement entraîné si loin la majeure partie de nos jeunes gens, et parmi eux un de mes neveux, qui avait déjà un grade élevé dans l'armée de notre dernier souverain, qu'ils ont déserté son service et se sont engagés comme simples soldats dans la légion des Allobroges. »

Dans la même soirée, il nous montra un jeune homme qui venait d'entrer, dont la physionomie était triste et la démarche un peu raide. « Ce pauvre garçon, nous dit-il, est vraiment intéressant. C'est une cruelle victime de l'enthousiasme dont nous venons de parler. » Alors il nous raconta que, bien que fils unique et héritier d'une fortune convenable, ce jeune homme avait servi comme volontaire dans la légion des Allobroges, quand elle combattait dans les Pyrénées-Orientales. Dans un engagement qui eut lieu entre les Espagnols et les Français, à la fin de 1793, il reçut plusieurs blessures sans vouloir se rendre. Les Espagnols, furieux de son obstination, le frappèrent à plusieurs reprises, et le jugeant atteint mortellement, le laissèrent sur place. Après le combat, comme quelques escadrons de hussards poursuivaient les Espagnols, un des hussards crut entendre un gémissement, s'arrêta, descendit de cheval et trouva le jeune homme respirant encore. Ce généreux soldat, voulant le sauver, le plaça sur son cheval, le conduisit à l'ambulance la plus rapprochée, et disparut, après l'avoir laissé entre les mains des chirurgiens. Là, contrairement à toute attente et par une sorte de miracle, il revint bientôt à la santé.

En le remerciant de ce récit, je priai mon interlocuteur de m'expliquer la cause de la tristesse que ce jeune homme semblait éprouver. — « Cela vient, me répondit-il, d'une extrême sensibilité et de sa bonté de cœur; n'ayant pas pu découvrir son sauveur, malgré toutes ses recherches, il est à supposer que celui-ci ayant été rejoindre sa compagnie dans la poursuite, est tombé victime de son zèle. »

Ce récit nous affecta, et la conversation prit un autre cours; mais si je devais répéter tout ce que j'ai entendu et vu depuis que nous sommes ici, sur la révolution, ses causes et ses effets, ma correspondance serait fastidieuse; je ferai seulement remarquer que depuis notre arrivée en Savoie, les individus, quelle que soit leur opinion politique, sont unanimes pour parler avec respect de leur dernier souverain, mais aussi pour exprimer leur haine pour le ci-devant gouvernement piémontais. Je n'en suis nullement surprise, sachant que la plus grande partie des places et des emplois du gouvernement étaient donnés continuellement à des Piémontais, au détriment des indigènes; en outre, cette haine était suscitée par la conduite despotique du dernier gouverneur général de la Savoie. Piémontais et investi de pouvoirs illimités, il en abusait de la manière la plus fâcheuse. Excité par une antipathie naturelle contre les Savoyards, non moins que par les émigrés français qui remplissaient alors Chambéry, il se lança dans des actes arbitraires, au lieu d'adopter les conseils de modération et de conciliation que lui donnait le sénat, et croyant pouvoir contenir les Savoyards avec des liens de fer, il éleva une prison, dont les murs existent encore comme un monument de sa tyrannie.

Ce bâtiment était sur la place Saint-Léger, une des places publiques les plus fréquentées de la ville, et juste en face du café qu'il fréquentait. Il semblait prendre plaisir à y renfermer tous ceux qu'il jugeait à propos de faire arrêter, persécutant sans discernement ceux qu'il suspectait d'être partisans du régime français. Après les avoir emprisonnés pendant un certain temps, il les faisait conduire de bonne heure, sans autre forme de procès, sur la place d'armes, pour leur faire donner autant de coup de fouet qu'il lui prenait fantaisie d'en ordonner.

On nous a affirmé ces faits; beaucoup de jeunes gens, des meilleures familles de Chambéry et des environs, sont passés en France pour éviter un traitement de ce genre. Ne vous étonnez donc pas si ces Savoyards, qui n'ont jamais aimé les Français et qui sont renommés par leur attachement à leur souverain, ont été forcés dans l'intérêt de leur défense personnelle, de s'unir aux premiers lorsqu'ils sont entrés dans leur pays.

On nous a de plus assuré qu'ils n'avaient aucune idée, à cette époque, de s'unir à la république française; loin de là, les membres du Sénat, les syndics et tout le corps de la magistrature rédigèrent une sorte de constitution à leur usage, qu'ils soumirent à Montesquiou [1]; il les reçut avec beaucoup de satisfaction apparente, en leur promettant en retour protection et assistance. On parle avec beaucoup d'estime de ces magistrats, à qui l'on attribue la tranquillité de la Savoie et le peu d'horreurs qui y ont été commises, si on les compare à ce qui s'est passé dans d'autres parties de la France, sous la domination de Robespierre et de ses partisans. Même maintenant, ce département peut-être regardé comme passablement et humainement administré.

Grenoble, 21 février 1797.

Peu de jours après le départ de ma dernière lettre, monsieur M. reçut une lettre de Paris, qui, à

[1] L'auteur a écrit Montesquieu. Il s'agit du marquis de Montesquiou Fezensac, général en chef de l'armée du Midi, qui fit en septembre 1792 la conquête de la Savoie et fut décrété d'accusation au mois de novembre de la même année.

notre grande satisfaction, contenait une autorisation du ministre de la police de prendre un passeport comme nous le voulions, dans le département du Mont-Blanc. En la recevant, le *bon vieillard* s'empressa de venir nous la communiquer, ajoutant avec un ton de bonne humeur : « Comme je crois que vous en avez assez de Chambéry, je vais vous mener d'abord à la maison de ville, où siège la municipalité, et où vous vous procurerez une demande destinée au président du département et dans laquelle il sera établi que vous avez droit à un passeport, sous la garantie de deux personnes connues. »

Me voyant sourire à l'idée de ces formalités, il ajouta : « Félicitez-vous de ce qu'il n'y en ait pas d'autres, car si vous étiez inconnus et que vous ne pussiez trouver de répondants, vous auriez été ou retenus longtemps ici ou renvoyés à Paris; pour vous, il n'en sera pas ainsi, car je serai l'une de vos cautions, et pour gagner du temps, votre hôte sera l'autre. »

Là-dessus, nous allâmes avec monsieur M. à la municipalité, puis aux bureaux du département, établis dans l'ancien château royal. Le président, qui nous connaissait de vue pour l'avoir rencontré dans le monde, nous accorda immédiatement notre requête, sans nous faire grâce toutefois d'aucune formalité.

Avec l'appui de notre bon mentor, tout fut bientôt terminé, et à notre grand étonnement, gratis comme à Paris, sauf pour le prix des timbres ; ceux ci sont actuellement une des sources les plus productives du revenu public, puisqu'aucun acte n'a de validité que s'il est rédigé sur papier timbré.

Je dois ajouter que le président du département est très considéré ; il entretient une correspondance régulière avec le directoire, les deux conseils et les ministres [1].

Près du château se trouve l'ancien jardin royal que l'on transforme en jardin national botanique ; lorsqu'il sera terminé, il sera sous la direction d'un professeur de cette science. L'école centrale du département du Mont-Blanc doit être établie à Chambéry. On y élèvera la jeunesse avec le plus grand soin ; les professeurs, déjà désignés, recevront de 2,500 à 4,000 fr. par an, sans compter le logement [2].

En allant, avant notre départ, remercier par courtoisie la municipalité, un des *citoyens* nous pria, en nous retirant, de regarder quelques gravures exposées dans l'appartement ; il ajouta qu'en notre quantité d'Anglais, nous devions connaître plusieurs des personnages représentés sur ces gravures, et qu'il serait heureux de savoir s'ils étaient ressemblants. Jugez de notre surprise, en trouvant, au milieu des portraits des célébrités qui

---

[1] Les conseils ayant des attributions purement législatives, ne correspondaient pas avec les administrations locales.

[2] L'auteur forme des vœux pour que des institutions analogues soient établies dans chaque comté de son pays.

avaient joué le plus grand rôle en Europe depuis le commencement de la révolution : l'empereur, le roi de Prusse, Louis XVI, Sa Majesté Sarde, le Stadthouder, sa sainteté le Pape et Catherine II, les portraits de Pitt, Fox, Burke, l'abbé Maury, etc. Les portraits de Pitt et de Fox nous parurent très ressemblants. Comme nous déclarions que celui de ce dernier l'était plus que l'autre, un assistant fit remarquer très spirituellement : *Cela n'est pas surprenant, car il est bien plus aisé de peindre Fox que Pitt, puisqu'on ne sait par où prendre ce dernier.*

XXIII.

GRENOBLE.

De Chambéry à Grenoble. — Vignobles de Montmélian. — Travaux de fortifications. — Conduite des troupes piémontaises. — Grenoble. — Effets de la révolution dans cette ville. — Hôtel de ville. — Anciennes églises *rebénites*. — La Chartreuse. — Étrangers arrêtés.

Étant parfaitement en règle, nous avons quitté Chambéry où nous étions depuis près d'un mois, traversant le vaste faubourg de Saint-Joire, commandé par un vieux château, dont les ruines embellissent un paysage digne du pinceau d'un *Parell* ou d'un *Gainsborough*. Presque immédiatement après commencent les vignobles étendus de Montmélian, qui couvrent plus de dix milles anglais et produisent l'excellent vin dont j'ai déjà parlé. Ils sont situés sur les flancs d'une chaîne de montagnes d'une élévation et d'une déclivité surprenantes, et par conséquent d'une culture difficile. Les propriétaires ont dû très fréquemment construire des murs ou de petites terrasses pour soutenir le sol; et comme le dégel au printemps et les violentes pluies d'été enlèvent souvent la petite quantité de terre végétale qui couvre les rochers, les habitants que fait vivre le produit de ces vignes, sont obligés chaque année de porter sur leur dos, avec beaucoup de peine et de patience, de la bonne terre qu'ils vont chercher dans des hottes au fond de la vallée; cependant ce même vin se vend dans le pays, comme je l'ai déjà dit, à moins de six sous la bouteille.

Quittant la grande route d'Italie, nous prîmes celle de Grenoble. Sur notre chemin nous eûmes occasion de voir le beau château et le village appartenant à l'ancienne famille des marquis des Marches, alliée au général autrichien Bellegarde. Près de là s'élèvent encore divers travaux de défense, du genre de celles que les Français appellent « *fortification de campagne*, » construits en terre à grands frais par les troupes sardes à la première apparition de l'armée française, et qui ne furent pas défendus.

Quand cette armée se disposa à les attaquer, les troupes piémontaises s'enfuirent immédiatement, laissant un régiment d'infanterie savoisienne déterminé à faire son devoir. Un capitaine et quelques soldats de ce régiment furent blessés; ce fut le seul sang répandu dans cette circonstance; quant aux Piémontais, ils se refugièrent dans le fort de Montmélian, qui avait été récemment remis en état, et qui par sa position isolée et avantageuse, à l'entrée des provinces de Maurienne et de Tarentaise, pouvait tenir pendant quelque temps les Français en échec, en donnant le temps d'attendre des secours du Piémont; mais aussitôt que leurs ennemis s'approchèrent, ils désertèrent ce poste aussi rapidement qu'ils avaient quitté le précédent, sans tirer un coup fusil, et passèrent bravement les Alpes, laissant la Savoie à la merci des envahisseurs.

Après Chapareillan, nous traversâmes Barreaux, petite ville dominée par un fort, située sur les bords de l'Isère, et les routes étant excellentes, nous sommes arrivés de bonne heure dans la soirée à Grenoble.

Cette ville est belle ; ses fortifications sont en état tolérable ; ses rues larges ; elle est régulièrement bâtie et ornée de beaucoup de beaux édifices publics. Elle est bien située sur les bords de l'Isère, et très populeuse.

Avant la révolution, il y avait à Grenoble un parlement, créé en 1453 par le dauphin Louis. C'était aussi un siège épiscopal, donnant le titre de prince à son évêque. Les affaires militaires étaient sous l'inspection d'un gouverneur général de la province, qui résidait dans la ville. Il s'y trouvait aussi un établissement militaire, semblable à celui de Woolwich, qui existe encore, nous a-t-on dit. La ville prit avant la Révolution l'initiative de réformes ; la majorité des habitants étaient alors de chauds patriotes, mais ils furent assez sages pour choisir pour magistrats des hommes de talent, de bien et de fortune, qui, s'étant mis à la tête des affaires, préservèrent le département des suites cruelles et sanguinaires du gouvernement de Robespierre et de son parti. Beaucoup de ses édifices publics ont été respectés, et par suite du grand nombre de troupes qui ont traversé cette ville pour se rendre en Italie, elle a été un centre de *dépôts en tous genres* pour l'armée des Alpes; aussi, rien n'a dépéri, et l'on me dit qu'elle a conservé son ancienne activité.

Nous avons visité le ci-devant hôtel Lesdiguières, édifice d'une grande beauté, qui servait d'hôtel de ville avant la révolution et sert maintenant de *maison commune* pour la municipalité. Ses jardins et le palais épiscopal, un ancien et noble bâtiment assez rapproché, qui a été aliéné en partie comme propriété nationale, excitèrent à juste titre notre curiosité. L'église Notre-Dame est une belle construction gothique. La *bibliothèque* publique nationale n'est pas encore achevée, mais on y travaille avec une grande activité, Grenoble étant désignée pour recevoir *l'école centrale* du département.

Quant aux églises et aux couvents qui étaient nombreux, ces derniers ont été supprimés et plusieurs ont été vendus; quelques-unes des premières sont rouvertes; les autres continuent à rester fermées. Celles que l'on a rouvertes ont été *rebénites ;* c'est le nom qu'on donne à une cérémonie, qui consiste à purifier l'intérieur de l'église en y jetant çà et là un peu d'eau bénite, aux chants d'un *Te Deum* et de quelques *Ave Maria*.

Nous avons entendu dire que la fameuse Chartreuse, si connue des visiteurs mâles (puisqu'aucune femme n'y est admise), avait partagé le sort commun. Les terres avaient été vendues, mais non le monastère, qui dans son état actuel doit être le véritable château de la Mélancolie. Plusieurs de ces moines hospitaliers, nous a-t-on dit, se sont retirés dans les montagnes de Fribourg où ils ont fondé une nouvelle maison et fait quelques recrues.

Ce soir, en revenant de notre promenade, on nous a appris que quatre étrangers, arrivés depuis peu à notre auberge, avaient été arrêtés sans qu'on en sût la cause, et que même on avait fait une perquisition dans notre appartement pendant notre absence; aussi, bien que n'ayant rien à craindre, puisque nous étions en règle, il nous a paru plus prudent de partir demain.

Nous venons d'apprendre que ces gens sont soupçonnés d'avoir pris part à la conspiration ourdie par Duverne, Brotier et la Villeheurnois, arrêtés à Paris le 13 de ce mois. On a trouvé dans leur papiers des exemplaires d'une proclamation de Louis XVIII *aux bons François, attachés à leur roi et à leur religion.*

XXIV.

LYON.

Le dôme de l'Hôtel-Dieu. — La Guillotière. — Piquets de soldats. — Effets du siège de Lyon. — Le théâtre. — Manifestations réactionnaires. — Place Bellecour. — Terreur et réaction. — Établissements publics. — Retour à Genève par un beau pays.

Sécheron, 3 mars 1797.

Les bonnes gens de la maison, nous imaginant à Turin, ne furent pas qu'un peu surpris de nous voir arriver ici hier soir; mais nous ne revenions pas à Sécheron, sans avoir accompli le plan que nous avions formé à Chambéry de visiter Lyon aussi bien que Grenoble.

Vous pouvez être sûre que d'après tout ce que j'avais entendu dire de la première de ces deux villes pendant la révolution, je n'en approchai pas sans émotion. En arrivant à Saint-Denis-de-Bron, la dernière poste avant Lyon, mon imagination ne put se défendre d'impressions pénibles. Nous vîmes bientôt le beau *dôme de l'hôpital* qui s'élève majestueusement au milieu d'innombrables édifices, avec la délicieuse montagne de Fourvières, à l'arrière-plan, commandant le nord de la ville et dont les versants sont couverts de villas et de jardins;

mais mon esprit était rempli de trop tristes souvenirs pour que je pusse jouir du paysage.

A l'entrée du long et fastidieux faubourg de la Guillotière, un piquet de soldats nous laissa passer sans difficulté; mais au pont qui porte le même nom et qui servait avant la révolution de limite au Dauphiné, on nous arrêta et l'on nous fit subir la même cérémonie qu'à Paris. Bien qu'habituée à ces formalités, mes craintes me les faisaient paraître plus terribles; et mon agitation ne fut pas diminuée par les regards scrutateurs du caporal qui attendit longtemps avant d'être persuadé qu'il pouvait nous laisser passer.

Ces circonstances, ajoutées à l'arrestation qui avait eu lieu à Grenoble, me remplirent la tête de mille idées désagréables et diminuèrent mon désir de visiter cette ville célèbre. Je blâmai notre imprudence de tenter de revenir à Genève par Grenoble et Lyon, uniquement par curiosité. Il y a bien peu de voyageurs qui se risquent maintenant à traverser la France; car les voyageurs de tous genres, qui n'ont pas l'air d'appartenir aux basses classes, sont exposés, surtout à Lyon, à être suspectés d'être des espions, des agents de Louis XVIII ou des émigrés.

A peine avions-nous traversé le Rhône, au pont de la Guillotière, que nous nous aperçûmes des terribles effets des ravages dont elle avait souffert du temps de Robespierre et qui furent encore pires après la reddition de la ville. Notre hôtel étant situé sur la place des Terreaux, il nous fallut suivre les beaux quais du Rhône, et nous vîmes les dommages que plusieurs jolies maisons avaient éprouvés. Mais hélas! cela n'était rien auprès du spectacle que présentaient les abords du pont Morand: cette partie de la ville présente un aspect terrible de dévastation. Elle provenait, nous dit-on, de ce que les assiégeants avaient établi leurs batteries sur la plaine des Brotteaux, de l'autre côté du Rhône. Notre auberge, l'ancien hôtel des Quatre-Nations, portait aussi les traces de quelques bombes; cependant, nous nous y trouvâmes aussi bien que les circonstances pouvaient le permettre.

Après le dîner, nous avons été au théâtre, dans une des meilleures loges. A notre grand étonnement, ce bel édifice était à peu près vide. Cette apparence de solitude dura pendant toute la représentation de la première pièce; mais au commencement de la seconde, la salle se peupla et fut bientôt pleine. Une personne, interrogée par nous s'il était d'usage d'en agir de la sorte, nous répondit : *Vous êtes donc étrangers, puisque vous ne savez pas qu'on donne ce soir une forte leçon à nos enragés jacobins et ex-conventionnels. — Oh! c'est une satire excellente,* répliqua une jolie femme habillée à la dernière mode, avec une robe à la Terpsichore et assise dans une loge voisine, *trop douce cependant pour ces monstres. — N'est-il pas vrai que vous nous aiderez à applaudir? — Oh! sans doute,* répondit-elle; et elles continuèrent ainsi, sans nous laisser placer un mot, jusqu'à ce que le rideau fut levé.

Immédiatement on applaudit à tout rompre, et à peine le principal acteur eut-il dit trois phrases, qu'un bruit et des cris continuels pour ou contre la pièce, quoique ses partisans fussent en majorité, nous firent craindre que la pièce, qui était comique, ne dégénérât en tragédie; cependant elle se termina mieux que nous ne nous y attendions, et elle nous amusa, la satire étant *excellente*, comme notre voisine l'avait remarqué. L'assistance avait bonne apparence; les hommes bien mis, les femmes vraiment élégantes, car la mode ne paraît pas avoir perdu de son influence pendant la Révolution; au contraire, cette déesse semble avoir conservé son empire dans toutes les parties de la France.

Les plus terribles effets du régime de la Terreur sont visibles sur la ci-devant place Bellecour, où plusieurs des nobles maisons qui l'ornaient ne sont plus que des monceaux de ruines, ainsi que la charmante promenade qui l'embellissait et dont il ne reste presque rien. Les quais de la Saône témoignent de la même fureur vandale; les églises et les couvents qui s'y trouvaient sont maintenant en ruines. On nous a dit que ces quais, ainsi que la place Bellecour, avaient été le théâtre des plus grandes cruautés; cruautés qui font frémir, parce qu'elles furent exercées de sang-froid contre les suspects de royalisme ou de fédéralisme; là où la guillotine ne pouvait exécuter assez vite, on dirigea des canons chargés à mitraille contre les malheureuses victimes, liées les unes aux autres, qui tombèrent par centaines, rougissant de leur sang les eaux de la Saône. « Spectacle horrible, horrible, très horrible ! »

Les anti-Jacobins, qui sont maintenant au pouvoir, commettent en particulier des horreurs semblables à celles qui ont rendu leurs adversaires odieux [1] Si cet esprit de vengeance et de talion prévaut, que deviendra cette ville autrefois riche et charmante ?

La bibliothèque publique, dont B. nous parlait souvent, ne pouvait être oubliée par nous; nous fûmes heureux de constater qu'elle avait été respectée, de même que l'académie de peinture, l'école vétérinaire, une des plus fameuses de l'Europe, les hôpitaux, les écoles, etc.

Je ferai remarquer qu'au milieu des scènes de désolation et de fureur, les amis de la révolution avaient attaché un drapeau tricolore à leur maison et que toutes celles qui portaient ce signe protecteur furent épargnées.

On établit à Lyon l'école centrale du département, dont les professeurs sont déjà désignés. Quand la bibliothèque publique nationale sera terminée, elle contiendra, outre ses anciennes collections, quelques collections de livres rares et de

---

[1] L'auteur ne cite pas de faits à l'appui de cette assertion.

manuscrits, provenant des établissements séculiers et monastiques aujourd'hui supprimés.

Mais notre séjour dans cette ville nous donna si peu de satisfaction que nous la quittâmes sans aucun regret, heureux d'avoir pour compagnons de route M. et Mme S... dont l'agréable société nous aida à chasser de notre esprit beaucoup d'impressions et de pensées pénibles.

Le pays que nous traversâmes est des plus beaux ; mais, craignant d'avoir abusé de descriptions de paysages, je ne vous parlerai cette fois ni de montagnes, ni de bois, ni de vallées.

XXV.

UNE ASSEMBLÉE PRIMAIRE.

L'Anglais philosophe. — Son opinion sur la révolution. — Une assemblée électorale dans un village de Savoie. — Influence des prêtres. — Déclaration du commissaire du pouvoir exécutif. — Composition du bureau. — Le président et ses pouvoirs. — Appel nominal. — Interdiction des discussions politiques. — Élections de la garde nationale. — Danse finale.

Sécheron, 29 mars 1797.

Ceux qui dissertent sur les avantages de la démocratie ne doivent pas envoyer leurs disciples à Genève pour y voir pratiquer leurs doctrines. Rien ne peut dépasser les soupçons, les alarmes, le défaut de sécurité qui règnent dans cette république. Je suis retournée dans la ville, mais je l'ai trouvée dans un tel état d'agitation que je ne fus heureuse que lorsque j'en fus sortie.

Depuis notre retour, nous avons encore vu M. B. que vous devez avoir connu en Angleterre, et qui a résolu de s'établir dans cette contrée romantique, dans une petite maison, bâtie en forme de cottage, et située au pied du Salève. L'autre jour nous avons été le visiter dans sa retraite pittoresque, et je n'ai pas besoin de vous parler de notre satisfaction. L'homme du monde avait la réputation de posséder l'esprit le plus ouvert; l'homme de retraite le surpasse en clarté, en profondeur, en largeur de pensée. Les réflexions d'un sage solitaire sont dignes d'être recueillies. Il raisonne sans passion sur les grands événements qui agitent les nations, tandis que celui qui joue un rôle sur la scène politique s'abandonne à sa passion sans consulter la raison. M. B. nous fit connaître ses sentiments sur la révolution française. Il déplora ses erreurs, il gémit sur ses horreurs, et finit par exprimer l'espoir que l'ébullition du vice et de la folie ferait place à un régime rationnel et pratique, et laisserait un résidu qui profiterait au bien de l'humanité.

La modération et la bienveillance de ces sentiments nous plurent; mais *mio caro sposo* ne put s'empêcher de lui demander en souriant, si la vieille comparaison de la boîte de Pandore ne rendrait pas aussi bien sa pensée.

Le lendemain était le 1er germinal, ou 21 mars, jour fixé par la nouvelle constitution française pour la réunion des assemblées primaires communales dans toute la France et les départements annexés. Notre nouvel ami accompagna B. dans une localité où se tenait une réunion de ce genre, à trois milles environ de distance.

Ils trouvèrent un grand concours d'assistants, se composant surtout de paysans de bonne apparence, qui avaient revêtu leurs meilleurs habits pour la circonstance. A en juger par ce qu'ils virent, ces paysans s'étaient fait une opinion d'avance, ou plutôt ils se l'étaient laissé faire; chacun tenait en main un morceau de papier sur lequel étaient écrits les noms de ceux qu'il désirait élire; comme sur sept ou huit cents votants, il n'y en avait peut-être pas cent qui sussent écrire, il était naturel de supposer qu'on avait écrit ces noms pour eux, et s'il en était ainsi, n'aurait-il pas été trop aisé de les tromper en mettant un nom pour un autre? Il est impossible cependant de dire si cette conjecture était justifiée ou non.

On nous a assuré qu'en ce moment la majorité des électeurs en Savoie a été influencée par les prêtres; les curés sont rentrés en grand nombre. Ceux qui n'ont pas prêté le serment prescrit par les lois disent la messe dans des granges, des cabanes, partout où ils peuvent. Ils travaillent avec un tel zèle l'opinion des crédules habitants, qu'ils les ont en complète sujétion et qu'ils usurpent une influence secrète quoique toute puissante sur eux. Comme il est peu de maux dont ne découle quelque bien, il est à supposer que de la sorte les révolutionnaires violents, qui avaient été la terreur du pays, ne seront pas réélus ni appelés à aucune fonction publique dans le département du Mont-Blanc.

Les opérations commencèrent par une déclaration du commissaire du pouvoir exécutif; il annonça que les électeurs, étant en nombre suffisant, allaient immédiatement procéder à la formation du bureau; ce qui se fit de la manière suivante :

Dès l'ouverture de la séance, les électeurs les plus âgés sachant lire furent appelés à siéger au bureau; et le plus ancien, un vénérable vieillard de soixante-dix ans environ, à cheveux blancs et en habit de tiretaine, fut choisi pour président; trois autres, dont l'âge se rapprochait le plus du sien, furent pris pour scrutateurs. Le président invita alors les plus jeunes électeurs, ou ceux qui avaient de vingt-cinq à trente ans, à s'approcher de la table. Trois d'entre eux furent désignés pour être secrétaires de ce bureau provisoire. Cela fait, le vieux président se leva et déclara au nom de la loi le comité régulièrement constitué. Il déclara ensuite que, comme on allait élire le bureau définitif, un des secrétaires allait procéder à l'appel *nominal* pour l'élection du président et des autres membres du bureau. Le président nouvellement élu remplaça alors le président d'âge; puis, investi de l'autorité pendant la session électorale, il lut les articles de la constitution française relatifs à la police, à la direction et à la discipline des assemblées primaires, en spécifiant que cette police appartient au président et qu'on ne peut rien discuter dans cette session en dehors des opérations électorales.

Je ne puis qu'admirer cette restriction : des assemblées populaires sont facilement détournées de leur but, et leur œuvre peut être compromise par de vaines ou de dangereuses déclamations. Les

Français ont remédié à ce danger. Ils ont pris soin que leurs assemblées primaires ne fussent pas des écoles d'éloquence ou des clubs, où l'on discuterait sur le gouvernement. Ce sont des réunions d'affaires et non des discussions.

Le président procéda alors à l'appel des votants qui devaient nommer les électeurs du second degré : et comme le canton avait le droit d'en choisir quatre, chaque votant déposa dans une urne la feuille de papier dont j'ai parlé plus haut et sur laquelle étaient inscrits quatre noms. Ensuite les secrétaires dépouillèrent le scrutin, et comme quatre *citoyens* avaient obtenu la majorité absolue, l'élection fut terminée pour ce jour-là. Tout se passa avec une tranquillité parfaite. Avant de lever la séance, le président ordonna de rédiger le procès verbal, et annonça que le lendemain on se réunirait de nouveau pour élire un président de la municipalité, des administrateurs, des juges de paix, des assesseurs, etc. En outre, il doit y avoir dans chaque commune un agent, dont la nomination, qui a lieu dans la maison commune, doit être suivie de celle des officiers de la garde nationale. Cette dernière élection a lieu sur la place publique, où les soldats citoyens se rendent en uniforme.

B., désirant voir une de ces élections militaires, m'emmena avec lui au lieu désigné. Nous y vîmes un groupe de paysans sous les armes; l'aspect de beaucoup d'entre eux était aussi grotesque que possible; car, en dépit de leur accoutrement militaire, il était facile de voir qu'ils savaient mieux manier une pioche ou une bêche qu'un fusil.

Le capitaine-lieutenant, le sergent, le caporal furent nommés successivement, tandis que ceux qui avaient rempli ces fonctions l'année précédente reprenaient tranquillement leur rang parmi les simples soldats. L'agent national, dont la présence était nécessaire, exprima alors des remercîments à ceux qui s'étaient ainsi retirés après s'être acquitté de leur tâche avec honneur. Les tambours et les trompettes retentirent, et les membres de cette milice rurale ayant été rejoints par leurs femmes, leurs sœurs, leurs filles et d'autres, ils partirent tous d'un pied léger et terminèrent leurs graves opérations par un *final* bien à la française, c'est-à-dire par une danse.

XXVI.

UNE FÊTE NATIONALE.

Progrès de l'agriculture en Savoie. — Nouvelle de la signature des préliminaires de paix de Leoben. — Fête célébrée à cette occasion. — Quête pour en payer les frais. — Parade de la garde nationale. — Autel de la liberté. — Discours de l'agent national. — Médaillons et devises. — Repas patriotique. — Enthousiasme populaire.

Sécheron, 30 avril 1797.

Nous avons fait d'ici de fréquentes excursions en Savoie, et j'ai été surprise, d'après ce que j'avais lu sur ce pays, de le trouver aussi bien cultivé; ses habitants les plus respectables, imitant le louable exemple de nos gentilshommes fermiers, font de l'agriculture leur occupation favorite.

Les noms de Miller, d'Arthur Young et de Marshall sont très connus dans cette région, et sont cités dans la conversation par des personnes à qui ils auraient dû, d'après mes suppositions, être inconnus. On doit sans doute ces connaissances à quelques savants de Genève, qui depuis quelque temps publient un ouvrage périodique, dans le genre de nos revues mensuelles et critiques, où sont annoncées les nouvelles publications qui paraissent dans les différentes parties de l'Europe, avec des critiques sincères et libérales. Cette revue fait beaucoup d'honneur à ceux qui l'ont entreprise, d'autant plus qu'ils s'occupent surtout des livres dont l'usage est le plus pratique.

Le 24 de ce mois est arrivé un courrier envoyé de Chambéry par le général Kellermann au résident français à Genève, annonçant que le 18 mars les préliminaires de paix entre Sa Majesté Impériale et la République française avaient été signés au château d'Eckemwald, près de Leoben, par le major général Merveldt, le baron Vincent et le marquis de Gallo, pour l'empereur, et par Buonaparte, pour la république.

Cette nouvelle a été accueillie avec une joie expansive dans nos régions; à Genève, particulièrement, on tira le canon sur les remparts, à intervalles réguliers, toute la journée et une partie de la nuit, quoiqu'il ne cessât pas de pleuvoir.

Le département du Mont-Blanc, comme tous les autres, a célébré des fêtes en l'honneur de cette paix. On nous permit d'assister à l'une d'elles, et je vais essayer de vous en donner quelque idée.

Pendant trois jours, le tambour parcourut les différents villages du canton, pour annoncer que tel jour, qui était un dimanche, on célébrerait la fête en l'honneur de la paix. Il était chargé par les magistrats, d'inviter les habitants à un festin patriotique, auquel chacun devait contribuer en prenant ou en envoyant son dîner sur la place publique; on sollicitait aussi une légère offrande pour défrayer les dépenses de la musique, du feu d'artifice, etc., la commune n'étant pas assez riche pour en prendre les dépenses à sa charge; de sorte qu'on était forcé de recourir à la charité de chacun avant de faire les préparatifs de fête. Cet humble prélude n'indiquait rien de bien brillant.

Au jour indiqué, la garde nationale, convoquée en forme, parada en armes sur la *place publique*, où le peuple avait été invité à dîner, tandis que la musique jouait les airs patriotiques les plus en vogue. Précédée des magistrats et suivie d'une foule d'assistants, elle se dirigea vers une sorte de temple, construit pour cette circonstance en branches de chêne, au centre duquel s'élevait un autel, orné de la déesse de la Liberté, et autour duquel étaient suspendus les portraits de Bonaparte, d'Augereau, de Masséna, de Victor, de Moreau, de Hoche et d'autres généraux illustres. Ce temple de verdure rappela à notre ami les chapelles appelées *reposoirs*, que l'on élève les jours de Fête-Dieu, dans les cantons suisses catholiques.

Le cortège fit alors halte, et l'agent national commença un discours qui paraissait composé pour la circonstance. Il y énuméra pompeusement les obligations que la nation avait contractées envers l'armée et ses chefs, dont le courage, l'habileté, la persévérance avaient étonné le monde, et qui avaient forcé la plus grande partie de leurs ennemis à déposer l'épée pour prendre l'olivier. Il conclut en félicitant la république de la paix qui venait d'être conclue, en recommandant à tous de s'unir à l'abri de la constitution française, et d'ensevelir dans l'oubli les maux, les horreurs et les procédés arbitraires qui avaient terni la révolution.

L'extérieur de l'édifice était décoré de médaillons, accompagnés de devises. Sous l'un d'eux, couvert d'un crêpe, on avait écrit : *aux mânes des généreux défenseurs de la liberté;* tandis qu'un autre tout rapproché portait cette devise patriotique : *Dulce et decorum est pro patria mori.*

Mais la journée ne se passa pas uniquement à faire de la musique, à se rendre devant un autel, à faire du sentiment. A midi, le peuple s'assit devant les tables préparées pour un repas patriotique, chacun ayant son plat devant lui. Les magistrats prirent place avec leurs familles au haut bout de la table; puis venaient tous les jeunes militaires du canton qui avaient été blessés à la guerre; enfin le peuple sans distinction, qui se comporta avec plus de décence et de décorum qu'on ne pouvait s'y attendre. Pendant ce festin singulier et nouveau pour moi, on porta plusieurs toasts, suivis d'un air patriotique et d'un coup de canon. Les restes du festin furent distribués aux pauvres de la commune, et le tout se termina selon l'usage, par une danse. Vous serez peut-être surprise qu'on nous ait permis de rester simples spectateurs pendant si longtemps; mais nous n'étions pas les seuls. Plusieurs Genevois avaient été attirés également par la curiosité, et l'on ne nous remarqua pas.

La fête, que je vous ai décrite fidèlement, avait un caractère parfaitement français. Sa simplicité était touchante, quoique je ne pus m'empêcher de sourire en voyant certaines de ses décorations. Je fus émue de l'enthousiasme populaire, mais en me rappelant que je devais prendre peu de part à cette joie. Si l'on avait célébré une paix générale, j'aurais voulu m'asseoir à ces tables rurales, je me serais associée au retour de la concorde; mais j'avais les sentiments d'une Anglaise et je ne pouvais être que spectatrice. Je me flattai cependant que la paix conclue avec l'empereur conduirait à l'apaisement des différends qui existent entre toutes les puissances belligérantes et que la « belle paix règnerait bientôt sur tous les rivages. » Ignorant les secrets de la politique, je me fais peut-être une illusion; mais laissez-moi espérer qu'elle se réalisera, et croyez, chère madame, que tandis que les Français faisaient retentir l'air de leurs chants patriotiques, je répétai silencieusement la prière : « Cieux, préservez ma patrie ! »

XXVII.

CONSIDÉRATIONS GÉNÉRALES.

Appréciations sur l'état politique de la France. — Les victoires ne garantissent pas la durée de ses institutions. — Attachement du peuple pour la monarchie. — Religion. — Contre-révolution. — Situation des prêtres. — Nécessité pour le gouvernement de s'entendre avec eux. — Moralité. — Défaut d'éducation. — En quoi l'on fait consister la vertu. — Arts et sciences. — Agriculture. — Commerce. — Finances. — Incertitude de l'avenir.

[Le dernier chapitre renferme des appréciations de B... sur l'état de la France. Ces appréciations, reposant souvent sur des hypothèses, n'ont pas l'intérêt historique que peuvent présenter les témoignages d'un témoin oculaire; peut-être ne sont-elles pas de l'auteur des lettres, mais de l'éditeur Moody; aussi nous contenterons-nous de les résumer le plus fidèlement possible.]

I. — Au point de vue politique, la république a été victorieuse des puissances continentales. Elle est courtisée par les puissances de second ordre, sans être assurée toutefois de leur sincérité. Son but est de s'entourer d'un cordon de démocraties qui feront contrepoids aux monarchies, que ses troupes occuperont et qu'elle traitera comme une mère coquette qui a peur de la rivalité de ses filles.

Mais si la France a prouvé sa force sur les champs de bataille, il ne s'en suit pas que son gouvernement soit fort à l'intérieur et paraisse devoir durer. Les victoires de ses armées n'assurent point la perpétuité de ses institutions politiques. Les succès de Cromwell contre la monarchie n'empêchèrent point une prompte restauration de la monarchie.

Les politiques ne prennent pas assez en considération les *causes morales*, ni le pouvoir de l'opinion. L'attachement du peuple pour la royauté existe encore, et les prêtres s'efforcent de le maintenir. A présent, ils sont trop faibles pour le faire triompher; mais si l'armée fait surgir un *démagogue*[1], on ne saurait dire quelle influence les principes qu'ils soutiennent peuvent avoir sur la transformation du gouvernement.

La France, avec sa nouvelle république, peut paraître une menace pour les autres gouvernements, même en temps de paix. Elle triomphe aujourd'hui, et elle espère entraîner toute l'Europe à l'imiter; mais après la paix, la France sera-t-elle aussi redoutable qu'elle le suppose? La rentrée des troupes ne peut-elle faire naître la guerre civile, et l'un des directeurs ne saurait-il s'emparer de la dictature? Les démocraties sont plus facilement

---

[1] L'auteur veut sans doute dire un homme populaire et politique.

renversées par les convulsions des partis que par les forces de l'étranger.

II. — En religion, il semble y avoir actuellement ce qu'on peut appeler une contre-révolution. Il y a encore en France des athées déclarés, mais ils sont très peu nombreux si on les compare à ceux qui sont encore dans « les chaînes de la bigoterie et de la coterie papistes ». Je n'ai pas entendu dire que le protestantisme ait fait quelque progrès en France.

Le retour soudain de l'athéisme à la superstition ne doit pas surprendre ceux qui savent avec quelle facilité on a toujours été disposé à passer d'un extrême à l'autre. Les prêtres usent autant que possible de leur influence sur les esprits faibles, et l'on m'a assuré que les deux tiers au moins des assemblées électorales des départements avaient été dirigés par eux et qu'un grand nombre de représentants dans les deux conseils élus le 20 mars dernier étaient des créatures du clergé.

Comme le gouvernement ne leur donne aucun traitement, ces prêtres emploient toute leur adresse à persuader à leurs fidèles que le premier principe de la religion consiste à soutenir l'Église et ses pasteurs. Aussi ne manquent-ils de rien ; et comme les hommes sont toujours disposés à prendre le parti des victimes, surtout lorsqu'elles sont persécutées pour leur religion, la pitié se joint à la force de l'éducation et de l'habitude pour inspirer au peuple ignorant des sentiments de respect et de vénération pour ses pasteurs appauvris. Ceux-ci, n'oubliant pas les maux qu'ils ont souffert, et mettant en avant des motifs de conscience, s'obstinent à célébrer la messe dans des granges et des cabanes, et refusent souvent de rentrer dans les églises que l'on met à leur disposition.

Si le gouvernement actuel ne trouve pas moyen de s'entendre avec les prêtres ou de mettre un terme à leur influence croissante, il se trouvera bientôt dans un sérieux embarras. C'est un des côtés faibles du système actuel; c'est une menace pour son existence, et il est très difficile d'y trouver un remède. En pareil cas la sévérité et la douceur sont également dangereuses.

L'anecdote suivante peut donner une idée de l'influence des prêtres dans les campagnes de la Savoie. Un jeune paysan avait été marié quatre ans auparavant par un prêtre assermenté à une femme dont il avait eu quatre enfants; son curé voulait l'obliger à se séparer de sa femme sous peine de damnation, et à ne la reprendre qu'après avoir été marié de nouveau par lui. M. B... lui conseilla de n'en rien faire; mais on nous apprit peu de temps après qu'il avait été obligé de céder.

III. — On peut juger de l'état de la moralité en France par celui du gouvernement et de la religion. Les enfants de huit à douze ans ne reçoivent d'ordinaire aucune éducation, et on ne leur inculque aucun sentiment de moralité et de religion; de douze (?) à vingt, ils sont tous soldats. Aussi la révolution n'a-t-elle pas amélioré la moralité en France. Cependant on peut remarquer dans la jeunesse d'aujourd'hui un changement visible de caractère; elle est moins gaie et plus résolue. Cela peut provenir de l'état misérable dans lequel ce pays se trouvait. Les vieillards et les femmes font consister la vertu dans la pratique des cérémonies religieuses; les jeunes gens, dans les exercices militaires et la guerre. On s'occupe cependant de l'instruction des enfants des paysans; quelques-uns savent lire et écrire, grâce à la constitution qui exclut des assemblées primaires tous ceux qui ne sauront pas lire à la fin du siècle.

IV. — Les arts et les sciences sont maintenant peu encouragés en France. Ils se ressentent des malheurs du temps et du manque d'argent. Néanmoins, l'amour des arts est loin d'être éteint. Il y a beaucoup d'hommes du premier mérite, qui s'occupent de travaux d'une valeur réelle, et qui n'attendent que le retour de la tranquillité générale pour les mettre au jour. La plupart des livres que l'on publie traitent de sujets politiques ou religieux.

Les meilleures éditions des classiques deviennent rares, et l'on en réclame de nouvelles. Le gouvernement se prépare à établir partout des écoles primaires et centrales.

V. — L'agriculture est en honneur. Les Français paraissent désirer la porter au plus haut degré de perfection. Les sociétés d'agriculture, formées à l'instar de celles d'Angleterre, s'efforcent d'exciter l'émulation en distribuant des médailles honorifiques et des prix. On m'a dit que dans ces deux dernières années, la France avait produit plus de grains qu'elle n'en peut consommer, et qu'elle commence à exporter plusieurs des produits de son sol.

Étant donné le génie guerrier de la république, on peut s'étonner qu'elle se soit adonnée ainsi à la culture de la terre; mais c'est à ses ennemis plutôt qu'à elle qu'il faut en attribuer la cause. Leurs menaces de la subjuguer par la famine inspirèrent une telle crainte que la charrue ne fut pas plus négligée que l'épée, et que la France recueillit à la fois de brillantes moissons d'or et de fer.

VI. — Quant au commerce, il est en quelque sorte annihilé; il est réduit au dernier degré; les épices et les autres produits coloniaux sont si rares qu'on ne peut se les procurer qu'à des prix exorbitants. La France a été trop humiliée sur mer pour avoir un commerce prospère avec l'étranger. La loi du maximum, une inondation d'assignats et de mandats, un emprunt forcé ont augmenté les effets produits par ses malheurs sur mer.

Le travail et le commerce avec les peuples voisins semblent néanmoins se ranimer depuis quelques mois; les manufactures de Lyon, de Lille, de Sedan, reprennent. On m'a dit que la foire de Beaucaire doit être très suivie. Les mines de fer, de cuivre, de plomb et de sel sont exploitées avec une grande activité.

VII. — Enfin, les finances sont en très mauvais état. Elles sont tombées à un degré qu'on ne saurait imaginer. Pouvait-il en être autrement, après une telle révolution, ou, pour parler plus exactement, après une telle série de révolutions ou d'explosions politiques? Les Français parlent beaucoup de leurs ressources; mais ils ont beaucoup d'erreurs et de méprises à réparer avant de pouvoir relever leurs finances; le crédit public ne pourra de sitôt être rétabli. L'exécution de grands desseins a été ajournée à la paix, preuve convaincante de la pauvreté de l'État. On ne peut dire que la France est incapable de restaurer ses finances; mais c'est une tâche difficile, et pour l'accomplir il faudrait que ses législateurs et ses chefs s'occupassent moins de leurs querelles particulières, et davantage du bien public. Il faut remarquer aussi que les impôts ne sont pas aussi régulièrement payés dans un pays en révolution que sous un gouvernement régulier, et que le crédit public, à qui l'on manque de parole, n'accorde désormais sa confiance qu'avec beaucoup de répugnance. Quelques-unes disent que la France s'acquittera de sa dette publique en dix ans; mais il n'est nullement probable qu'elle puisse aussitôt s'exonérer des charges de la guerre et de la révolution.

Il est difficile de dire comment cette révolution se terminera définitivement; entraînera-t-elle dans son orbite les États voisins, ou le républicanisme disparaîtra-t-il comme une comète, après avoir brillé pendant quelque temps? J'avoue que j'ai mes craintes, mais j'espère que les gouvernements de l'Europe seront sages et que la divine Providence maintiendra la constitution britannique et la prospérité de l'empire britannique.

FIN.

EXTRAITS DES LETTRES

ÉCRITES PAR

HENRY SWINBURNE,

DANS L'HIVER DE 1706-1707.

I

ASPECT DE PARIS.

Absence de constructions nouvelles. — Propriétés nationales. — Quartiers déserts. — Changements. — Maisons confisquées. — Églises vendues. — Inscriptions. — Chevaux de Marly. — Bonnets rouges. — Emplacement de la Bastille. — Galeries du Louvre. — Hôtel de Nesle. — Musée des Petits-Augustins. — Hôtels garnis. — Enchérissement du prix des denrées. — Fiacres.

J'ai flâné dans Paris tout à fait comme autrefois[1]. On s'y promène avec autant de liberté qu'à Londres ; les mendiants m'appellent *Milord*. Que Paris est triste et sombre[2] ! Tout le mouvement et toute la foule semblent se concentrer dans le quartier du Palais-Royal. Le reste de la ville est désert. Le faubourg Saint-Germain ne se relèvera jamais.

Des Anglais républicains et des Américains m'avaient dit que l'on avait fait des choses merveil-

---

[1] Voir dans l'Introduction ce que nous disons des lettres de Swinburne.

[2] Paris est peu changé, dit lord Malmesbury, le 24 octobre 1796 ; on y voit pourtant moins de voitures et moins d'hommes bien mis ; les femmes au contraire sont élégantes ; elles vont toutes à pied et portent des bas de couleur sombre. (*Diaries and Correspondence*, t. III, p. 276.)

leuses et entrepris des travaux magnifiques. Je vois beaucoup d'édifices renversés, mais si ce n'est une réparation à la toiture du Luxembourg, la modification du palais Bourbon et l'achèvement du pont, je n'ai pas vu une pierre récemment mise sur une autre.

Des statues de bois et de plâtre remplaçant des statues de bronze et de marbre, des peupliers morts plantés comme arbres de la liberté, et les mots *propriété nationale* sur plus de la moitié des maisons, tels sont actuellement les ornements de Paris.

L'hôtel du Parc-Royal[1] est maintenant une imprimerie; l'hôtel de l'Université, un bureau d'administration pour l'artillerie. Le faubourg Saint-Germain est tout à fait dépeuplé; ses hôtels sont presque tous saisis par le gouvernement, et les mauvaises herbes poussent dans les rues voisines du boulevard. Il y a peu d'animation, excepté autour du Palais-Égalité, qui est un véritable réceptacle d'ordures. Les maisons qui l'entourent sont en ruines. Le pauvre Bablot du *Parc-Royal* est mort de chagrin. (17 novembre 1796.)

Le Directoire fait réparer le palais du Luxembourg. Le couvent des Dominicains (l'antre des

---

[1] Rue du Colombier, aujourd'hui rue Jacob. Swinburne y était descendu en 1774. C'était un des meilleurs hôtels de ce quartier, que fréquentaient alors de préférence les étrangers. Le prix des logements y variait de 24 à 400 livres par mois. (*État ou Tableau de Paris*, 1760, p. 69.)

Jacobins) est détruit, et une partie des jardins de la Chartreuse ont été ajoutés à ceux du Luxembourg. Le nouveau pont de la Paix, de la Révolution ou de Louis XVI est terminé, mais l'appropriation du palais Bourbon pour la Chambre des *cinq cens* en rend les abords peu praticables. (12 novembre.)

∴

La moitié des maisons de Paris sont confisquées. Si on y lit les mots *Unité, Indivisibilité de la République*, c'est signe qu'un service public y est installé. Si les mots « *propriété nationale* » y sont inscrits, c'est une preuve que la maison n'est pas encore vendue.

Beaucoup d'églises sont démolies. On les vend ainsi que d'autres propriétés, et pour recouvrer l'argent avancé pour le premier paiement, on les dépèce, on en vend les charpentes. De sorte que si l'on devait être dépossédé, on aurait fait encore une excellente affaire.

Sur bien des murs on a effacé les mots : *ou la mort*, et au palais Bourbon, où doivent être installés les Cinq-Cents, on a mis à la place : *Humanité et justice*. (3 décembre.)

Les deux chevaux de Bouchardon, qui étaient auparavant à Marly, sont placés maintenant sur la place de la Révolution, en pendants du Mercure et de la Victoire, qui sont aux portes des Tuileries.

Il reste peu de bonnets rouges sur les édifices publics. Ils ont l'air de paratonnerres. Comme on a brisé les fleurs de lis partout, on pourrait croire que Paris a été assiégé et bombardé. (12 février.)

⁂

L'emplacement de la Bastille est maintenant un chantier de bois. Comme on a créé cinquante-sept prisons à Paris, je crois pouvoir dire que les Parisiens ont détruit inutilement un des ornements de leur ville.

J'ai été voir le Musée ou la galerie du Louvre. Les dimensions en sont étonnantes; il renferme des masses de chefs-d'œuvre. Le peintre Robert nous accompagnait pour nous montrer ce que l'on comptait faire. La longueur de la galerie est prodigieuse, mais la lumière est terne et défavorable pour les peintures. Robert voudrait que le Directoire ouvrît des jours dans le toit ; mais on manque d'argent.

A l'hôtel de Nesle, sont déposés tous les tableaux, les vases, etc., pris aux émigrés. Le Directoire en a prélevé la meilleure part pour meubler ses appartements publics et particuliers, aussi bien que ceux d'autres fonctionnaires. La plupart de ceux qui restent sont marqués de la lettre M pour le musée, D pour le Directoire, et G ou N; cette dernière lettre indique Mme de Nort, femme divorcée du voyageur Le Vaillant, qui a vendu ses oiseaux à la Nation et se fait payer en tableaux.

Aux Petits-Augustins, on a réuni les tombes, les statues, les bustes, les épitaphes qui proviennent des églises démolies; ils sont tous entassés dans la cour, ou rangés symétriquement comme les parterres d'un jardin. Les statues colossales, qui ornaient le sommet de Saint-Sulpice, sont placées à la hauteur de l'œil, et le fameux tombeau de Richelieu, qui provient de la Sorbonne, est exposé à toutes les injures de l'air dans la cour.

∴

Nous sommes descendus à la maison des étrangers, rue Vivienne. Le mot hôtel est proscrit et remplacé par celui de maison. (11 novembre.)

Je loge maintenant rue *Honoré*, en face l'Assomption. Je ne suis séparé du jardin des Tuileries que par un mur. (14 décembre.)

Je suis à l'hôtel des Carmes, dans un très grand salon, avec une demi-douzaine de paravents, et une bonne chambre à coucher. Mon secrétaire est aussi logé *magnifiquement*. Mais nous mourions à peu près de froid avant le dégel. J'ai fixé les dépenses de ma table, de mon logement et des domestiques aussi bas que possible; mais quand tout est payé, il ne me reste guère que dix à douze francs pour le spectacle et les voitures. (20 décembre.)

Je suis beaucoup mieux depuis que je respire de nouveau l'air du faubourg Saint-Germain; le bruit excessif de la rue Honoré me donnait des maux de tête. Je suis maintenant, maison d'Orléans, rue des Petits-Augustins. (22 janvier 1797.)

∴

Vous ne pouvez pas vous figurer combien tout est cher ici. Je vous assure que je suis obligé de calculer avec mes deux livres sterling par jour. On demande un louis d'or par jour pour une voiture et un cocher, et les dîners sont extrêmement chers.

Tout article d'habillement a doublé à peu près depuis dix ans.

Les fiacres sont plus propres qu'autrefois. Il n'y a pas de tarif, par conséquent chacun fait son prix en montant dans ces voitures. (17 novembre.)

Les vins de première qualité sont à peu près au même prix que les vins ordinaires, par suite de la stagnation du commerce. (17 décembre.)

II.

LES GOUVERNANTS.

Audience du Directoire au Petit Luxembourg. — L'assistance
— Rewbell. — Son costume d'apparat. — Pétitionnaires. —
Huissiers. — Parade de marionnettes. — Cortège du Directoire se rendant à Notre-Dame. — Delacroix. — Merlin de
Douai. — Truguet.

Je reviens du Petit Luxembourg, où j'ai vu Rewbell recevoir les pétitions, en costume de directeur. Nous sommes montés au premier, à travers une grande affluence de monde et en passant par des salles pleines de dragons. La salle d'audience est un grand salon où Monsieur recevait ses hôtes. Une barrière placée au milieu sépare les curieux des pétitionnaires.

La pièce était pleine de gens de rien et de polissons, de femmes présentant des mémoires, de soldats mutilés, etc., tandis que des aides de camp, des secrétaires, des gens bien mis se tenaient près de la cheminée.

Le directeur avait un galopin de secrétaire, en redingote usée, contrastant avec les ornements qu'il portait lui-même; il était assis près de lui, devant une table. Rewbell était de service pour une heure. Il était très élégamment vêtu, les cheveux bien peignés, en veste et en culotte de satin, avec une ceinture bleue, des rubans bleus à ses souliers, et une épée romaine suspendue à une chaîne d'or. Par dessus, un surtout rouge, bordé et doublé de blanc, à revers de même couleur, et brodé d'or. Le collet large et tombant sur les épaules, les manches retroussées au-dessus des poignets, et une fraise à la Van-Dyck. Ce n'est en aucune façon un costume imposant; il n'a pas l'ampleur et la simplicité de la toge, ni la propreté et la simplicité du *paludamentum*. Son chapeau à plumes était posé sur la table, auprès de laquelle il se tint debout tout le temps.

Les pétitionnaires remettaient leur mémoire au directeur; celui-ci était placé entre deux soldats, qui pouvaient lire les papiers par-dessus son épaule. Il les parcourait, et répondait d'une façon ou d'une autre. Derrière lui se tenaient des huissiers, habillés de vêtements noirs et courts, avec des chapeaux rouges à plumes, costume ressemblant à celui de Crispin au théâtre, et presque aussi drôle. Quelques-uns des ministres étaient groupés autour du feu.

Cette parade de marionnettes ne peut servir à rien, mais elle amuse le peuple et les solliciteurs et plaideurs de profession. La populace, que toute farce fascine, se retira, très satisfaite d'avoir vu son chef recevoir ses pétitions en mains propres, et *gratis*, quoiqu'il était probable qu'il ne s'occuperait plus de la moitié d'entre elles. A un moment donné, le grand homme salua et se retira. (29 novembre.)

⁂

Le Directoire est allé à Notre-Dame en grand cortège, à l'occasion de l'anniversaire de l'exécution du roi. Les directeurs étaient en *grand costume*, dans leurs voitures ordinaires, avec un seul domestique derrière, sans livrée; ils étaient précédés d'un corps de troupes et de trompettes. Il n'y avait point foule pour les voir passer, et le peuple était très tranquille. Je les ai vus à mon aise sur le Pont-Neuf. A Notre-Dame, ils siégèrent au milieu de l'église, et des gens, placés au-dessus des voûtes, firent tomber sur la tête de Rewbell une pluie de poussière et d'ordures. (22 janvier.)

⁂

J'ai été voir Delacroix, ministre des affaires intérieures, dans son somptueux hôtel, qui appartenait aux Galiffet. Il fut assez poli dans son genre. Il portait une longue redingote fermée; ses cheveux très longs et poudrés étaient sans queue : c'est un homme grand et commun[1].

Je vis aussi Merlin de Douai, ministre de la jus-

---

[1] Lord Malmesbury dit de Delacroix : Il était aussi bien mis que possible. Il paraît avoir cinquante ans; il a l'air très sérieux. Il parle lentement et peu, écoute avec attention et répond correctement. (*Diaries and correspondence*, t. III, p. 274.)

tice, qui était proprement poudré, avec une queue et des lunettes. (2 janvier.)

⁂

Truguet, ministre de la marine, est un jeune beau, élégant, très poli et très causant.

III.

LES MODES.

Costume des femmes. — Perruques et chapeaux de paille. — Types curieux. — Aspect des hommes. — Déshabillé de soirée. — Cravate rouge et bas de laine au bal. — Couleurs à la mode. — Grands fichus. — Gravures de modes. — Renaissance du luxe.

Le quartier du Palais-Royal est plus que jamais rempli de monde, mais les hommes et les femmes sont laids à faire peur. Les femmes s'habillent d'une manière choquante, avec de grandes perruques ébouriffées, tout à fait en désaccord avec leur teint et leurs sourcils; les cheveux sont relevés en chignon volumineux ou pendent par derrière comme de grandes queues de cheval; par devant, ils tombent sur la figure avec une légère séparation sur le front, comme les hommes du temps de Charles II. On dirait des hiboux hérissés dans du lierre. Avec cela, des chapeaux ou des bonnets à larges ailes, et surtout des chapeaux de paille pareils à des parapluies, serrés sur les côtés et proéminents sur le front, bordés de jaune, de rouge ou d'autre couleur voyante; des châles et des fichus montant sur le cou, des bas noirs et gris et pas de talons. (11 novembre.)

Ici, le matin, les femmes portent toutes des bas pourpre foncé ou gris, à coins orange, de grands châles de couleur sur leurs épaules, des perruques et des chapeaux dénoués, avec d'immenses ailes flottantes, — quels types! Vous vous amuseriez à les voir trébucher dans les rues sales, relevant leurs jupons autour d'elles, et montrant leurs jambes jusqu'au genou. Les hommes ont tous l'air de coupe-jarrets, avec leurs cheveux tombant sur la figure, leurs cravates de couleur, leurs habits et leurs pantalons singulièrement coupés, leurs énormes cannes et leurs farouches chapeaux à cornes. (29 novembre.)

Les femmes s'habillent très bien le soir; je ne veux pas parler de celles qui ne mettent pas ou plutôt qui ôtent leurs costumes de fantaisie, ce qui est *un peu trop fort*. La longueur sans fin des bras nus jusqu'à l'épaule fait froid à voir. Leur taille n'est pas trop courte, comme celle de nos femmes à la mode en Angleterre. (17 décembre.)

Mme de Poix a eu un bal l'autre soir; mais je n'y suis pas allé. Quel costume bizarre j'aurais cu! bas de laine et demi-bottes, avec une cravate rouge autour du cou! C'est ainsi qu'on s'habille maintenant pour le bal. (25 décembre.)

⁂

Le *carmélite*, la *boue de Paris*, le pourpre, sont les couleurs à la mode pour les femmes.

Excepté au bal, les femmes de tout genre se couvrent beaucoup le cou; la plupart enroulent autour de leurs épaules et d'une partie de leurs corps de grands mouchoirs de couleur, ordinairement pourpres, entourées de larges bordures roses ou oranges. Les hommes portent en cravates des mouchoirs de couleur. (18 janvier.)

⁂

Je vous envoie deux gravures des modes actuelles de Paris, dessinées par Vernet fils; ce ne sont pas du tout des caricatures, quelque extraordinaires qu'elles vous paraissent. Quel changement depuis deux mois que je suis ici, dans le costume, dans les manières! Le retour de la tranquillité, l'apaisement de la crainte dans l'esprit des *belles*, des *beaux* et des *honnêtes gens* poltrons, qui ne méritent que le nom d'égoïstes, a augmenté le luxe d'une manière incroyable. Beaucoup de beaux équipages se montrent; je suis frappé partout des laquais qui remontent derrière les voitures et sont mieux mis; les abbés et d'autres se promènent *chapeau* bas; les hommes sont vêtus plus élégamment, les femmes plus richement. J'ai vu aujourd'hui pour la première fois une *vinaigrette*. (18 janvier.)

⁂

Mme de Laborde fait reprendre la livrée à ses gens. (13 février.)

IV.

DINERS ET CONCERTS.

Diner chez Perignon. — Conversation d'Isnard. — Cambacérès et Portalis. — Diner chez Formalague. — Bourgoing. — Opposition. — Pistolets sur la table. — Laharpe. — Talleyrand. — Cercle de l'harmonie. — Matinée musicale chez Senovert. — L'assistance. — Garat. — Bois de Boulogne. — Bagatelle.

J'ai dîné hier en grande compagnie chez Perignon, avocat de la marine. Sa femme est belle; les autres convives étaient des hommes. Nous étions trente deux. Les principaux convives étaient Isnard, Muraire, Portalis, Cambacérès, Jubries, Augustin Monneron, Vance, Janet, etc. Isnard était très bruyant et buvait sec. Il nous raconta sa fuite pendant le règne de Robespierre. Il se cacha pendant quatre mois en Dauphiné, dans la maison d'un ami; il se couchait le jour et se promenait la nuit dans le jardin. Il rit beaucoup de Louis XVI, offrant de pardonner aux régicides; il ne trouvait pas cette offre naturelle; et il disait que si les Français se mettaient dans la tête de rappeler Louis XVIII, il sortirait par quelque coin du royaume en même temps que le roi entrerait par l'autre.

Cambacérès est un jurisconsulte profond, sombre, silencieux; il ressemble à l'un de nos juges du roi; Portalis est un jurisconsulte gai et sans prétention. Le service était très bien fait. (1er février.)

*
* *

J'ai dîné chez M. de Formalague, ancien employé de Boyd, avec quelques personnages connus, Mathieu Lanjuinais, Rœderer qui était autrefois conseiller à Metz, éditeur de l'*Historien*, Bourgoing, auteur des *Essais sur l'Espagne*. Ils causèrent comme les Français l'ont toujours fait, sur la morale, la philosophie, etc.; tantôt la gaieté et l'esprit dominèrent, tantôt la discussion et l'argumentation. Ils font tous une violente opposition au Directoire, du moins en apparence. Ils ont des relations dans la presse et professent l'anti-jacobinisme. L'*Historien* est une publication violente et habile. Bourgoing fut envoyé à la Haye et en Espagne où il écrivit ses voyages. Tout le monde dîne maintenant à cinq heures.

A un autre dîner où j'assistai chez Formalague, une vive discussion s'éleva entre Rœderer et La Grange. Le premier finit par tirer ses pistolets, et les mit de chaque côté de son assiette sur la table. (26 février.)

*
* *

Dîné chez le prince Corsini, avec Caraccioli et Denon, qui excelle maintenant à graver des bêtes. (23 mars.)

⁂

Dîné chez Neilson, avec Laharpe, Henri Larivière et M. Chevenix, le fils d'un évêque irlandais; ensuite, nous sommes tous allés au lycée entendre Laharpe parler sur *Mérope;* mais il s'était plus abreuvé de bourgogne que de l'eau de la source de Castalie, et son discours n'a été qu'un ennuyeux fatras. (18 janvier.)

⁂

Dîné chez Cannel d'Anville, avec le peintre Hovel, de Sicile. Il y avait beaucoup d'hommes; une très jolie femme de charge dirigea le service, s'occupa des hôtes, puis s'assit sur une chaise derrière, sans s'occuper de la libre conversation qui suivait son cours à table. Les Cannel sont de grands négociants et possèdent maintenant la manufacture de glaces.

⁂

Rencontré, à dîner chez Perregaux, l'ancien évêque d'Autun, Talleyrand, revenu récemment d'Amérique. Nous avons renouvelé connaissance. Tout *diable boiteux* qu'il est, c'est un homme très agréable. Il remue ciel et terre pour être employé par le Directoire. Il y avait aussi là mon vieil ami Saint-Foix, aujourd'hui compère et compagnon de Talleyrand, et Simon Dumesny, petit-fils d'Helvétius. (27 janvier.)

Dîné chez Perregaux avec Saint-Foix, Talleyrand, Rœderer et Beaumarchais; ce dernier est très sourd, mais encore spirituel et gai. Soupé chez Mme d'Houdetot, jadis l'esprit et la vie de la cour, l'amie du marquis de Saint-Lambert, auteur des *Saisons*. Tout vieux et infirme qu'il est, il est encore très gai. (19 février.)

*
* *

Dîné chez Mme de Damas, avec la princesse de Foix, Nathalie de Noailles, Just de Noailles, l'abbé Morellet, de Vagne, Portalis père et fils, Delpy et l'abbé de Damas; c'était un véritable hôtel de Rambouillet. Portalis est le directeur de cette académie. (5 mars).

*
* *

J'ai été au cercle de l'Harmonie, un nouveau concert dirigé par le mulâtre Saint-Georges; il est installé dans l'ancien appartement de la duchesse d'Orléans, au Palais-Royal (13 mars).

*
* *

J'ai été à une matinée musicale chez M. Senovert, fils d'un président de Toulouse, ancien officier et maintenant marchand de tabac. Il demeure dans l'hôtel de Mme de Polignac, rue Saint-Dominique. On se réunit à deux heures. Les hommes étaient propres; beaucoup vêtus à l'anglaise, mais il y avait aussi pas mal *d'extravagants* ou *d'incroyables* en *oreilles de chien*.

Les femmes portaient toutes des perruques, qui différaient généralement, autant que possible, de la couleur naturelle de leurs cheveux et cachaient à peu près leur figure. Sur leurs bonnets et leurs chapeaux, beaucoup de velours et d'or, et de très petites plumes; leurs tailles étaient ridiculement courtes, leurs figures peintes, leur cou enveloppé. Leurs jupons de mousseline étaient garnis à profusion de paillettes et de franges d'or.

Garat chanta parfaitement; il a une voix délicieuse et beaucoup de goût; et comme il était un des invités, et parfaitement à l'aise, il chanta gaiement et sans se faire prier. On lui donne 30,000 fr. au théâtre pour douze représentations. Mlle Molinos joua de la harpe, et Mlle du Fresney, du piano, d'une manière étonnante.

A 4 heures et demie, on nous servit un grand dîner; puis le concert reprit jusqu'à dix heures; il fut suivi d'un souper et de danses (9 janvier 1797).

⁂

M. d'Hautefort mène très grand train. Il donne chaque mois un concert, dont la musique lui coûte 150 guinées (3950 fr.)

⁂

Le bois de Boulogne est maintenant la promenade à la mode, et Bagatelle est une sorte de café;

c'est d'un joli aspect, quand le monde élégant s'y trouve. Une grande partie du bois est coupée. (26 février.)

⁂

Nous sommes allés ce matin à Bagatelle; c'est une propriété nationale ouverte au public; mais il n'y a que deux jours par semaine où le monde élégant s'y rend. Ces jours-là, les belles de Paris s'y promènent, à peu près aussi habillées que si elles allaient au bal. (5 mars.)

V.

BALS.

Bals par souscription. — Costumes de nymphes. — Bal à l'hôtel Marbeuf. — Bal de l'hôtel de Richelieu. — Mme Tallien. — Sa contenance. — Hoche. — Lycée des arts. — Fête donnée par M. et Mme d'Angrelau. — Bal de Dillon. — Bals de ci-devant chez Mmes de Soyecourt, de Valence et de Gontaut. — Bal à l'ambassade de Hollande.

Il y a chaque semaine des bals par souscription. L'abonnement est de 30 fr. pour la saison d'hiver. Les femmes s'y rendent, en costumes de fantaisie ; surtout en costumes de nymphes, avec des vêtements couleur de chair. Le teint des femmes a beaucoup gagné ; elles se servent moins de rouge qu'autrefois. (17 novembre.)

⁂

Madame de Tourzel tient un bal de souscription, à six francs.

⁂

J'ai été au bal de l'hôtel Marbœuf, au lycée duquel je suis souscripteur. Il était comble. La femme de Carnot y était ; mais elle n'avait aucun caractère distinctif, et l'on n'y faisait nulle attention. (12 fév.)

J'ai été hier au *bal abonné* de l'hôtel de Richelieu; il y avait beaucoup de monde, mais peu de personnes de connaissance. La sœur de Mme Campan, Mme Rousseau, y était avec une grande fille non mariée, et une plus grande encore mariée; elles dansaient toutes trois. Je vis gigotter de même beaucoup d'hommes et de femmes, que leur âge autrefois aurait condamnés au rôle de spectateurs.

Mme Tallien était à peu près la seule dont la figure fût tolérable, quoiqu'elle semblât préoccupée et fatiguée. Elle avait une perruque noire, *en tête de mouton*, relevée par derrière, et entremêlée de perles et de diamants. Beaucoup d'or et de *ponceau* dans sa toilette. Elle fait beaucoup d'étalage; ses épaules sont larges et sa figure robuste. Elle danse bien, a de beaux yeux, un nez un peu irlandais, c'est-à-dire retroussé seulement vers l'extrémité. Elle est exposée à beaucoup de paroles et de scènes désagréables, ce qui ne me surprend pas. Elle paraît quelquefois abattue. Les femmes bien posées, même républicaines, ne la fréquentent pas. Elle a seulement une dame de compagnie, ce que nous appelons avaleuse de crapauds [1].

Le général Hoche était là; c'est un jeune homme d'assez bonne apparence, qui n'a rien de martial

---

[1] *Toad eater*, flagorneur, chien couchant. *Toady*, dame de compagnie.

dans son extérieur; il est grave et calme, et ne pose pas *en vainqueur d'Irlande* (29 janvier).

Il y a un *bal abonné*, dirigé par Robert Dillon, et qu'on appelle : *les Restes de la guillotine*. On n'y admet que des *femmes présentées* et des *fils de pendus*. (12 février.)

∴

J'ai été avec Mme de Maulde et ses filles au bal du Lycée des arts, qui est en sous-sol, sous le cirque, au milieu du Palais-Royal. Il y avait beaucoup de poussière, des odeurs horribles, mauvaise compagnie.

Pour vous montrer combien les Parisiens s'amusent : aujourd'hui il y a un commencement de fête ou un déjeuner au bois de Boulogne; puis un concert à Paris, un *dîner ambigu* et un bal qui coûtera une cinquantaine de mille francs, donné par M. et Mme d'Angrelau. Celle-ci est fille de Peron l'entrepreneur. Son mari était fabricant de chocolat; à Versailles, il a fait une immense fortune, pendant la révolution, comme fournisseur des armées; aussi les plaisants l'appellent-ils « la princesse Cacao ».

Ce soir, bal chez Mme de Soyecourt pour six cents personnes, qui danseront sur le tombeau de leurs pères ou dans leur sang jusqu'à la cheville : *n'importe, il faut danser.* (26 février.)

.·.

L'autre nuit, Mme de Valence[1], donnait un bal, *chez ma tante*[2], à un grand nombre de *ci-devant*, qui mangeaient et buvaient, riaient et dansaient, comme s'ils n'avaient pas perdu un seul ami par l'exil ou sur l'échafaud, lorsque tout à coup Mme Tallien arriva ; toutes les femmes se retirèrent aussitôt. Peut-on imaginer pareille folie ? J'ose dire qu'il y avait à peine une personne présente qui n'eût demandé ou ne demandera directement ou indirectement une faveur à cette femme, dont les plus grands crimes sont peut-être sa beauté et sa fortune. (9 janv.)

.·.

Hier, Mme de Gontaut a donné un aussi beau bal qu'autrefois ; trois cents des invités avaient eu des proches parents guillotinés. Quelques hommes dansèrent avec leur chapeau sur la tête et des talons rouges. Deux ministres étaient présents. (18 janv.)

.·.

L'ambassadeur de Hollande a donné un grand bal ; les portes de sa cour furent fermées à neuf

---

[1] Fille de Mme de Genlis.
[2] Surnom de Mme de Montesson.

heures du soir, et on ne les rouvrit que le lendemain, à huit heures du matin — un bal de liberté, comme on voit. Quelques hommes, dont les femmes étaient malades par suite de la chaleur, furent obligés d'employer la force pour se faire ouvrir les portes. (18 janv.)

VI.

THÉATRES.

Comédie française. — Aspect du public. — Parterre. — Tragédie sur la mort de Louis XVI. — Opéra. — Ballet. — Assistance élégante. — Mme Tallien. — Costume des hommes. — Le marquis del Campo et la danseuse.

La Comédie française est actuellement installée dans le théâtre de la rue Feydeau. Hier soir, Mlle Contat et Molé furent charmants dans le *Célibataire*. Je fus choqué de la vulgarité du public et de l'obscurité de la salle. Les hommes et les femmes étaient pêle-mêle dans les loges, et en chapeau ; quelques hommes en bottes et en pardessus. Si ce n'est sur les sièges de derrière, ils avaient encore assez de politesse pour ôter leurs chapeaux. On me dit que la plupart d'entre eux étaient des gens du monde.

Le parterre était rempli de tout ce qu'il y a de plus sale, de gens horribles et noirs. Les décors étaient laids, l'acoustique médiocre.

On commença par une tragédie sur la mort de Louis XVI. L'auditoire applaudissait à tous les passages de la pièce qui semblaient faire allusion au terrorisme ou aux emprisonnements. (16 novembre.)

*
* *

Après avoir dîné chez lord Malmesbury, je suis allé avec lui à l'Opéra[1]. Il est maintenant rue de la Loi (Richelieu). La salle est aussi belle que les précédentes. On y donnait un concert, ce qui est tout à fait à la mode. Les femmes étaient en toilette de soirée. Le spectacle se termina par le ballet de Télémaque. Les femmes dansèrent divinement. Le seul danseur qui y figurait, Vestris, n'a pas de pantomime, et me fatigua bientôt de ses bonds et de ses *tours de force*.

La salle était comble, bien éclairée; l'assistance élégante. Le major Gall a payé 20 francs son billet.

Mme Tallien était dans la loge de l'ambassadeur d'Espagne, très en vue, en robe de mousseline pailletée et en écharpe rouge. — Sa taille et sa figure sont belles; sa mise n'a rien d'outré. Un ruban d'or s'enroulait dans ses cheveux très noirs, dont les boucles tombaient sur son front et sur son cou. Sa taille était courte; ses bras nus et ses

---

[1] Lord Malmesbury parle aussi quelque peu des théâtres dans son journal. Au théâtre français, où l'on joue le *glorieux* et le *Bourru bienfaisant*, il trouve la salle jolie et les loges bonnes; aux Italiens, il applaudit madame Dugazon dans *Pauvre femme* et dans *Marianne*. L'opéra lui semble moins bon qu'autrefois. La salle n'est pas pleine, et le public n'a pas bonne apparence. Le ballet est passable; les costumes beaux; l'orchestre bon. Il admire davantage, un autre soir, le ballet de l'*Amour et de Psyché*, représenté devant une salle comble. (*Diaries and Correspondence*, t. III, p. 294 et 304.)

épaules très découvertes. Elle était très décolletée, ce qui est la mode.

Sur le même rang qu'elle, au milieu des élégants, deux ou trois femmes, en *bonnets* de paysannes, avaient l'air de servantes; c'était sans doute de petites marchandes. Les plus belles dames avaient des plumes et pas de rouge. Dans les loges, les hommes étaient habillés comme des gentlemen anglais; au parterre, comme les anciens laquais, les jours de pluie.

Le marquis del Campo était là, sans ses décorations. Sa platitude révolte même les gens au pouvoir. Il affecte à tel point l'égalité qu'il fait présider sa table par Mlle Chaleté, la grande danseuse de l'Opéra. Mme Monro, l'ambassadrice d'Amérique et d'autres femmes du monde, qu'il avait invitées, ayant appris qui elle était, se levèrent et partirent.

Le Directoire, qui a un intérêt dans l'Opéra, encaisse régulièrement tout l'argent qu'on reçoit à la porte. (20 novembre.)

VII.

ÉTAT POLITIQUE ET MORAL.

Immoralité. — Lassitude politique. — Mépris pour les gouvernants. — Besoin d'autorité et d'ordre. — Réaction. — Jacobins et royalistes. — Retour peu probable de l'Astrée. — Divorces. — Assassinats. — Mme de Talaru. — Mme de Boufflers. — Visite aux sœurs bleues.

On aura beaucoup de peine à rétablir même l'apparence de la moralité, de la décence et de la probité, pour qu'elles atteignent ce qu'elles étaient autrefois. Dans la crise actuelle, l'immoralité est au comble. L'éducation et des lois bien appliquées ramèneront les choses dans l'ordre ; mais je regarde les jeunes gens, qui avaient environ dix-sept ans au commencement de la Révolution, comme incorrigibles. On ne peut attendre de bons citoyens et des gens d'honneur que de ceux qui ont maintenant dix ans.

Je crois qu'il y a dans toute la nation une telle lassitude, une telle horreur pour faire de nouveaux efforts, que ceux qui la gouvernent trouveront moyen d'empêcher toute nouvelle révolution ou tout retour à la monarchie.

L'incapacité de tous les princes est un grand obstacle au rétablissement de la monarchie. Les gouvernants sont haïs et traités avec des expressions de mépris qu'on n'avait guère entendues que dans les derniers jours du règne de Louis XV. Les finances sont épuisées.

Carnot a gagné beaucoup de terrain, sous tous les rapports; son influence et sa réputation paraissent devoir augmenter.

La République a besoin de tomber entre les mains d'un conducteur habile. Aujourd'hui l'argent est la divinité qu'on invoque, et ceux qui l'acquièrent le dissipent si bien pour gratifier leurs passions, qu'on ne peut encore conjecturer quand paraîtra un grand homme qui soit en même temps un homme vertueux. Mais si le pouvoir actuel ne peut maintenir le pays en paix, la masse seule de la nation fera prédominer l'ordre par son propre poids. Trente-six millions d'hommes ne peuvent rester longtemps dans une situation malaisée, quand la force est entre leurs mains, et peu à peu, la régularité et l'ordre, nécessaires même pour l'existence d'une bande de voleurs, doivent l'emporter sur l'anarchie ou le vice; sinon, la société doit périr (3 décembre).

.*.

Les saints reprennent peu à peu leur place dans la désignation des rues. Les honnêtes gens, les gens de moyens et bien élevés, reviennent progressivement à la place qui leur est propre, et regagnent leur ascendant naturel sur l'ignorance.

la brutalité et la férocité. L'homme, par la supériorité de son esprit et la souplesse de ses organes, a subjugué tous les autres animaux ; et par la même loi à laquelle on ne peut résister, la sagesse, la vertu, la science et l'habileté doivent en peu de temps l'emporter sur les instincts sauvages de l'homme. On n'a de chance de conserver la supériorité que donnent la force matérielle et le nombre, qu'en détruisant entièrement les arts, les sciences, la littérature, les traditions et tous ceux qui ont quelque instruction (17 déc.).

* *

Je trouve, autant que j'en puis juger, qu'il y a peu de républicains à Paris; presque tous sont jacobins ou royalistes. Les premiers sont très forts et le Directoire essaie de se maintenir en excitant les deux partis l'un contre l'autre. Il y a beaucoup de confusion et d'inquiétude dans le gouvernement (26 nov.)[1].

---

[1] Lord Malmesbury écrit le 27 octobre 1796 qu'il existe trois partis : 1° les conventionnels, qui sont attachés à la constitution actuelle; quoiqu'ayant été plus modérés que les Jacobins, ils sont mal vus comme eux ; 2° les montagnards, très diminués en nombre et détestés; 3° les modérés, qui s'appellent les honnêtes gens et que leurs ennemis stigmatisent du nom de *Faction des anciennes limites*. — Plus tard, Malmesbury ajoute : Au point de vue du nombre, la faction des Jacobins n'est point redoutable ; mais elle compense ce désavantage par l'entente avec laquelle elle exécute ses projets. (*Diaries and Correspondence*, t. III, p. 287, 327.)

∴

Si vous considérez combien cette nation a été démoralisée, et que la génération présente se compose de personnes sans frein, sans éducation et sans bons exemples devant les yeux, vous ne vous étonnerez pas que je ne croie pas au prompt retour de l'Astrée (29 janvier.).

∴

Mme de Boisgibault est remariée avec un banquier suisse. Il est très facile, ici, de divorcer. Une jeune dame se maria l'autre jour, du consentement de sa mère et de ses tuteurs; mais peu après la noce, elle disparut, laissant pour son mari une lettre, où elle lui annonçait qu'elle divorcerait le lendemain, ne s'étant mariée que pour sortir des jupons de sa mère.

Voici un autre trait: Deux jeunes gens s'aimaient et ne pouvaient se marier, faute d'argent. Une tante de la jeune fille était très riche et aimait le jeune homme. Celui-ci flatta sa passion, et consentit à l'épouser à la condition qu'elle lui assurerait toute sa fortune par contrat de mariage. Ce qui fut fait; le mariage eut lieu. Aussitôt qu'il fut en possession des biens, il divorça et épousa la nièce (20 novembre).

∴

Paris, où la police fait défaut, est plein de voleurs et d'assassins. Hier soir, à sept heures, une femme fut assassinée dans sa chambre, non loin de chez moi. Il y a une grande pénurie d'argent, à tel point que le gouvernement est obligé de saisir la recette de l'Opéra.

⁂

J'ai été ce matin chez Mme de Talaru. Elle est comme vous l'avez laissée, fagotée comme de coutume et politiquant sur une grande échelle. Elle habite une maison très convenable, rue du Bac.

⁂

Mme de Boufflers vient de racheter à la nation la moitié de ses terres à très bon marché. Pendant le règne des assignats, elle s'est construit un château en Normandie, a amélioré la propriété, et a fait beaucoup de bien, littéralement avec rien.

⁂

J'ai visité les sœurs bleues [1]. Il semble étrange de les retrouver. Elles paraissent à leur aise, et je

---

[1] Sir John Carr est allé aussi, en 1802, visiter les sœurs bleues. Ce couvent de dames anglaises était le seul, selon lui, qui eût survécu à la révolution. Sous la Terreur, il fut converti en prison pour les femmes nobles. Les sœurs bleues y restèrent prisonnières. Celle qui reçut John Carr lui fit visiter la chapelle, qui avait été mise au pillage et n'était pas réparée. Les jardins de ce couvent situé rue de la Victoire étaient vastes mais négligés. Incertaines de leur sort depuis longtemps, les sœurs n'avaient osé faire aucune restauration. L'ensemble produisait une impression de réelle tristesse. (*The stranger in France*, p. 201 à 205.)

leur conseillai de rester tranquillement où elles sont, et de ne pas songer à retourner en Angleterre, comme on les a engagées à le faire. Leur couvent a été démoli, mais on leur a rendu leurs biens, et elles prospèreront, si une autre révolution ne survient pas (3 décembre).

VIII.

SÉJOUR A FONTAINEBLEAU.

Installation de Swinburne. — Prisonniers anglais. — Musiciennes. — Sans-culottes. — Rétablissement du culte. — Retour dans les châteaux. — Chez M. de Châteauvillard. — Ancien seigneur devenu juge de paix. — Chez M. de Gontaut. — Chez la princesse de Bergues. — Villa de M. Cumpelzaimer. — Mlle Guimard. — Morel. — Retour en Angleterre.

Le Directoire eut l'idée assez singulière de reléguer Swinburne à Fontainebleau pendant la période électorale. Nous résumons rapidement les passages les plus saillants de sa correspondance pendant les sept mois qu'il y résida, du 18 avril au milieu de novembre 1797.

Il avait séjourné dans cette ville en 1786, lorsque la cour s'y trouvait. Que de réflexions philosophiques lui suggéra l'abandon et la solitude du château et de ses abords, quand il les comparait à ce qu'ils étaient autrefois!

Il s'installa du reste dans un charmant appartement que lui louait un membre du comité de salut public, bien changé et tout honteux de son passé. Il avait pour voisinage une pension tenue par des dames de Saint-Cyr, dont les vingt élèves chantaient des litanies toute la journée, et de l'autre côté, une caserne de cavalerie, où l'on passait son temps à sonner de la trompette, à jouer de la flûte et à jurer.

Le château renfermait neuf prisonniers anglais; Swinburne les fit habiller. Il y avait aussi deux cents Autrichiens, en piteux état. Il leur donna à dîner.

Des amis viennent le rejoindre à Fontainebleau: c'est M. de Maulde, très gai et facétieux, et ses deux filles, toutes deux aimables. Elles jouent admirablement du violon, et chantent bien. Avec deux autres femmes qui jouent du violoncelle et de la harpe, elles exécutent des quatuors.

La société est nombreuse dans la ville, mais le commérage y domine.

Presque toutes les maisons ont de grands jardins. Elles ont été bâties par des domestiques retirés ou des pensionnaires de la cour; c'est parmi eux que se sont recrutés pendant la Révolution les plus grands destructeurs, les démagogues les plus violents.

Maintenant, il n'y a plus de sans-culottes que dans le personnel de la manufacture de porcelaines, établie dans la maison de M. de Montmorin. La municipalité est composée de gens très modérés, et la ville est très tranquille.

La grande messe, les ténèbres et le salut sont chantés à l'église paroissiale avec autant de pompe et au milieu d'une affluence aussi nombreuse qu'autrefois. Les prêtres ne sont pas salariés; mais on fait une collecte en leur faveur.

On commence à retourner dans ses châteaux, et les paysans dansent de nouveau sous les arbres le dimanche soir.

Swinburne dîne au château de Saint-Brian, à peu de distance de la forêt. Son propriétaire, M. de Châteauvillard, ancien maître à la Chambre des Comptes, avait conservé de sa fortune 100,000 l. de rentes. Il est maintenant président du district et vit comme un sultan. Il y avait chez lui beaucoup de dames, entre autres Mlle de Ferrières, jolie fille, mais pauvre. Son père, officier supérieur, avait tout perdu à la révolution; il était aveugle et aux Invalides; quant à elle, elle peignait de petits portraits à l'huile pour vivre.

M. de Saint-Sauveur, ancien lieutenant général et cordon rouge, y était aussi. Les paysans pillèrent son château; il se cacha pendant la Terreur, et revint à Saint-Sauveur, après la perte de sa fortune. Il est maintenant juge de paix, et il punit ses anciens vassaux d'une manière plus sévère et plus sommaire qu'il n'aurait pu le faire sous l'ancien régime.

Notre « interné » ne s'ennuie guère; il va déjeuner à l'hermitage de Franchard; il assiste à des comédies d'amateurs, qui jouent *le Sourd*. Il est invité dans divers châteaux, à Beuvon, à Montgermont, chez M. de Gontaut, qui avait épousé la fille d'un riche financier, Mlle Palerme, femme d'esprit et de goût. Le château était tout à fait un palais avec un parc *à l'anglaise*. Les acacias en fleurs sont superbes. La chambre à coucher s'ouvre sur une galerie ou serre, à l'extrémité de laquelle s'élève une belle copie en marbre de l'Apollon du Belvédère que Gontaut a rapportée de Rome. La serre est très négligée et ne renferme que des lilas sans fleurs.

Il passe une journée chez la princesse de Bergues, une des anciennes dames de la reine. Elle habite une maison, autrefois le pressoir du roi, que François Ier et Henri IV affectionnaient, non sans raison. Cette demeure est admirablement située au milieu d'un parc immense, et domine un incomparable paysage.

Il va aussi, près d'Arpajon, dans la belle villa de M. Gumpelzaimer, associé du banquier Perregaux, et dans le beau château de Mereville, aux Laborde. Celui-ci, dont tout le mobilier avait été vendu pendant la Terreur, est remeublé magnifiquement. Mlle Guimard, qui avait épousé un M. Despréaux, s'y trouvait avec son mari. Tous deux étaient très agréables, *faisant des couplets à l'occasion*, inventant des jeux, jouant des proverbes, etc. On parlait de préparatifs de fêtes magnifiques.

Swinburne a le sentiment des beautés de la nature. Il fait de longues promenades à pied dans les environs de Fontainebleau, dont il est capable d'apprécier les charmes. L'aspect de la petite ville de Moret, vue des hauteurs qui commandent ses alentours, lui semble « divin ». Il n'a jamais vu rien de plus beau dans sa vie : les collines bordant l'horizon, le Loing serpentant dans les prés; de toutes parts de jolis villages sur les versants des coteaux, au milieu de bouquets de peupliers; dans un large demi cercle de hauteurs, un grand château et son parc; plus bas le canal du Loing se réunissant à la rivière, avec ses moulins, ses cascades, et les eaux qui reflètent le vieux château, l'église, les remparts et les tours à demi ruinées de la petite ville fortifiée de Moret.

Il y avait treize mois que Swinburne était en France, et les négociations dont il était chargé n'aboutissaient pas. Comme lord Malmesbury, qui comptait ses missions diplomatiques par ses échecs, il ne devait rien obtenir. Sir Sidney Smith, dont il sollicitait l'échange, ne recouvra la liberté par une évasion audacieuse, que cinq mois après le départ de Swinburne. Celui-ci reçut ses passeports pour retourner en Angleterre au mois de novembre 1797. La dernière lettre, qu'il adressa à sa femme, est datée de Calais, le 4 décembre. Une des phrases qu'elle contient donne une idée assez juste du caractère de ce diplomate homme du monde : « J'emporte, écrit-il, cent mille francs pour les prisonniers français, et ce qui vous intéressera davantage, des *roses pomponnes,* du rouge, etc., bien et dûment empaquetés. »

FIN.

NOTE BIBLIOGRAPHIQUE

SUR QUELQUES DESCRIPTIONS DE PARIS
PUBLIÉES PAR DES ANGLAIS AUX XVIII° ET XIX° SIÈCLES.

Les voyageurs anglais ont toujours été nombreux en France. Nous avons fait connaître dans un autre ouvrage (1) les plus célèbres d'entre eux depuis Henri IV jusqu'à la révolution. M. Lacombe a cité un certain nombre des relations et des tableaux de mœurs qu'ils ont publiés sur Paris, dans sa *Bibliographie parisienne*. Mais un recueil de ce genre ne saurait être complet, dans sa première édition surtout, et nous pensons qu'il peut être utile d'indiquer rapidement quelques impressions de voyage qui n'y figurent pas.

Les Anglais n'écrivent pas d'ordinaire leurs voyages pour faire montre de leurs qualités littéraires et de leurs connaissances géographiques; ils veulent surtout renseigner leurs compatriotes d'une manière pratique. De là les guides et les manuels qu'ils ont publiés. Je citerai entre autres un petit volume in-12 de 140 pages, publié en 1624 par James Howell, et qui a pour titre. *Instructions and directions for forren travell*. Il contient de curieuses indications sur les dépenses que doit faire

---

(1) Les *Voyageurs en France depuis la renaissance jusqu'à la révolution*, Paris, 1881.

un gentleman à Paris. Beaucoup de guides sont surtout des compilations ou des reproductions d'ouvrages antérieurs; tel est le *grand Tour*, de Thomas Nugent, qui eut au moins trois éditions, et dont le quatrième volume est consacré à la France[1]. Il y a beaucoup plus d'observations personnelles dans un petit livre, dont le titre est tout un programme : *The Gentleman's Guide in his tour through France wrote by an officer, who lately travelled on a principle which he most sincerely recommends to his countrymen, viz. not to spend more money in the country of our natural enemy, than is requisite to support with decency the character of an Englishman.* (London, 4e éd., 1780, in-12 de 263 p.) Ce voyageur pratique avait, comme on le voit, pour principe de ne pas dépenser chez les ennemis naturels de son pays, plus qu'il n'était nécessaire pour soutenir convenablement le caractère d'un Anglais. Il eut du succès parmi ses compatriotes, puisque son livre eut plusieurs éditions. Il n'est point malveillant pour la France, faisant surtout l'éloge des officiers français et de l'accueil qu'ils font aux officiers anglais en uniforme.

On trouvera également quelques peintures de mœurs françaises et parisiennes dans certains romans anglais de l'époque, notamment dans *Tristram Shandy* de Sterne et surtout dans le roman de Smollett intitulé : *Adventures of Peregrine Pickle* (chap. 35 à 50); mais là comme dans ses voyages, Smollett est porté à tracer des caricatures plutôt que des portraits, lorsqu'il met en scène des Français.

Les Anglais de mérite qui ont visité la France ont fait connaître souvent leurs impressions sur les mœurs de ce pays. Locke, Goldsmith, Walpole, Francklin, sont

---

[1] *The grand Tour or a Journey through the Netherlands, Germany, Italy and France.* — London, 1778, 3e éd., 4 vol. in-12. Les pages 33 à 112 du tome IV sont consacrées à Paris.

du nombre. Je citerai seulement ici, à titre de curiosité, les notes écrites par Samuel Johnson pendant son séjour à Paris en 1775, et publiées par M. Alexandre Main dans son ouvrage intitulé : *Life and conversations of Dr Samuel Johnson*, 1874, p. 253 à 259. Les notes de ce littérateur célèbre sont aussi sèches qu'insignifiantes. A Versailles, ce qui le frappe le plus, ce sont les bêtes de la ménagerie. A Paris, il indique fidèlement ses principales dépenses.

Beaucoup de voyageurs anglais n'ont fait que traverser la France pour se rendre en Suisse, en Italie et en Espagne. Quelques-uns, comme Edward Wright, Mme Piozzi et Joseph Townsend, ont consacré à notre pays des pages trop courtes, mais où l'on peut trouver d'intéressantes observations. On rencontrera seulement 18 pages sur la France dans : *Some observations made in travelling through France, Italy, etc., in the years 1720, 1721 and 1722*, by Edward Wright (London, 1764, 2e éd., in 4°). Il y en a 35 dont 12 sur Paris, dans les *Observations and reflections made in a course of a Journey through France, Italy and Germany* by Ester Lynch Piozzi, (London, 1789, 2 vol. in-8°). On trouvera surtout une énumération et une description intéressantes des cabinets de minéralogie de Paris dans *a Journey through Spain in the years 1786 and 1787 ... and Remarks in passing through a part of France*, by Joseph Townsend, (Dublin, 1792, 2 vol. in-8°), ouvrage dont il a été publié en 1809 une traduction française par Pictet Mallet (3 vol. in-8°).

Les ouvrages suivants méritent une indication bibliographique plus spéciale, par l'importance des indications et des observations qu'ils renferment.

— *Voyage en France, en Italie et aux îles de l'archipel ou Lettres écrites de plusieurs endroits de l'Europe et du Levant en 1750*, etc., avec des observations de l'auteur sur diverses productions de la nature et de l'art. Ouvrage traduit de l'anglais (par de Puisieux). — Paris, Charpentier, 1763, 4 vol. in-12.

Le premier volume de cette traduction de l'ouvrage du d^r Mathows est presque entièrement consacré à la France. Sur les 35 chapitres qu'il contient, 20 sont relatifs à Paris (p. 33 à 253). L'auteur s'occupe plus des monuments, des arts et des sciences, que des mœurs.

— *Observations in a Journey to Paris by way of Flanders, in the month of august 1776.* — London, 1777, 2 vol. in-12.

L'auteur de ces intéressantes observations paraît être un organiste ou un pasteur protestant. Il s'occupe particulièrement des orgues, admire le son des cloches, se plaît dans la société des moines. Il se montre sympathique envers la France, mais il n'aime pas Voltaire, sur lequel il publie une curieuse caricature, qui représente « le héros de Ferney au théâtre de Chatelaine », dansant dans un ballet, et porte cette légende :

Ne prétens pas à trop, tu ne scaurais qu'écrire.
Tes vers forcent mes pleurs, mais tes gestes me font rire !

L'auteur cite à plusieurs reprises l'ouvrage suivant :

— *Four month's tour through France.* London, 1776, 2 vol. in-12. Cet ouvrage de Palmer est mentionné dans la *Bibliotheca britannica* de Watt.

— *The Stranger in France or a Tour from Devonshire to Paris illustrated by engravings in aqua tinta of sketches, taken on the spot, by sir John Carr.* — Seconde édition. London, J. Johnson, 1807, in-8° de 374 pages.

La première édition est de 1803. Les aquatintes sont au nombre de douze. Les plus intéressantes sont la Cauchoise, la Diligence de Paris, le Musée des Monuments français; mais le texte du livre est bien supérieur en intérêt aux gravures. C'est un des meilleurs voyages en France qui aient été publiés en Angleterre. Il y a eu un succès réel comme les autres écrits du même auteur. Sir John Carr (1772-1832) avait débuté par un volume de poésies. Il est venu en France, aussitôt après la paix d'Amiens, et ses observations sur Paris et la Normandie témoignent d'une intelligence sagace. Elles font bien comprendre la situation matérielle, morale et politique de notre pays, à l'époque du consulat.

— *Letters from a Lady to her sister during a tour to Paris in the months of april and may 1814.* — London, 1814, in-8° de 170 pages.

Ces lettres, assez intéressantes, contiennent surtout des détails sur l'entrée de Louis XVIII à Paris et sur l'état des esprits à cette époque.

— *The Englishman in Paris, a satirical novel, with sketches of the most remarkable characters that have recently visited that celebrated capital.* — London, 1819, 3 vol. in-12.

Roman descriptif, mêlé d'aventures galantes et suivi de portraits de personnages politiques. Il contient quelques tableaux de Paris et des études de mœurs d'un certain intérêt, notamment dans le tome II.

— *Life in Paris; comprising the rambles, sprees and amours of Dick Wildfire ... and his Bangup companions... including sketches of a variety of other eccentric characters in the French metropolis*, by David Carey. London, 1822, in-8°.

Volume curieux orné de 20 planches coloriées de Georges Cruishank et de 22 gravures sur bois d'après ses dessins; n° 1803 du catalogue de la Bibliothèque de l'abbé Bossuet.

— *Heath's picturesque annual for 1842. Paris by Mrs Gore,* London, Longman, Brown, Green and Longmans. — Grand in-8° de 268 p.

Ce tableau de Paris en 1841, qui n'est point dénué d'intérêt, contient 20 jolies gravures sur acier d'après les dessins de

Thomas Allom et trois charmantes gravures d'après Eugène Lami, plus fines encore que celles qui ornent *un Hiver à Paris* et *l'Été à Paris* de Jules Janin, dont l'édition anglaise forme les annuaires pittoresques de Heath pour 1843 et 1844. Les vignettes de Lami représentent une Soirée à la cour, la Lecture du contrat et la Descente de la Courtille.

— *Pickwick abroad or the Tour in France*, by George W. M. Reynolds. London, Willoughby and C°. s. d.

In 8° de 628 pages, illustré de 41 gravures sur acier par Alfred Crowquill et John Phillips et de 33 gravures sur bois par Bonner.

Ce roman d'aventures d'un auteur, qui ne dissimule pas ses sympathies pour les Français, en décrit les mœurs et le caractère avec entrain et souvent d'une manière très curieuse. Il mériterait une analyse spéciale. Les gravures sur acier, traitées en caricature, ne manquent pas d'humour. Les gravures sur bois sont toutes des vues de monuments de Paris. Les chapitres 8 à 70 sont consacrés à des scènes qui se passent dans cette ville.

— *Parisian sights and French principles seen through american spectacles, illustrated with numerous characteristic engravings.* London, Clarke, Beeton and C°, 1853. In-8° de 245 p.

Étude, divisée méthodiquement et contenant des études de mœurs intéressantes, mais peu bienveillantes. La vignette du faux titre représente le prince Louis-Napoléon Bonaparte grattant le cou d'un aigle apprivoisé; celle du titre nous montre un Français marchant à la façon d'un coq qui le suit, tandis qu'il est accompagné d'une bande d'oies.

— *Fair France. Impressions of a traveller*, by the author of John Halifax, etc. (Dinah-Maria Mulock). — London, 1871, in-8° de 313 p.

Ces impressions d'une femme, qui a visité Paris et la Normandie à la fin du second empire, ne sont pas sans intérêt. L'auteur est une protestante convaincue qui s'occupe beaucoup du culte catholique. Elle dédie son livre aux âmes héroïques de la France d'aujourd'hui qui ont confiance dans l'avenir et dans le relèvement de la France.

Outre ces impressions de voyages ou ces tableaux de mœurs sur Paris, que nous avons pu acquérir pour la plupart, je citerai un livre, mentionné par M. Lacombe, et qui porte pour titre : *Journal of a party of pleasure to Paris in the month of August* 1802 (3º éd. 1814, in 8º). Je le cite, non pas pour les renseignements pratiques qu'il renferme, mais pour les 13 gravures à l'aquatinte dont il est accompagné. Quelques-unes d'entre elles pourraient illustrer plusieurs passages du livre que nous publions aujourd'hui. Telles sont : La cour de l'hôtel Dessin à Calais. — Les Postillons français. — Les ruines de l'Église Notre-Dame à Montreuil. — Breteuil. — La Valse.

FIN.

ERRATA.

Pages 2, ligne 25, *au lieu de* de,   *lire* à.
— 14, ligne 1,   — armée, — arrivée.
— 33, ligne 25, *au lieu de* d'une vieille dame et deux, *lire* d'une vieille dame et de deux.
— 69, ligne 10, *au lieu de* pour le recevoir, *lire* pour les recevoir.
— 170, ligne 9,   — Vaux, — Vaud.
— 188, ligne 25, — le civilité, — la civilité.
— 225, ligne 25, — l'avoir rencontré, *lire* nous avoir rencontrés.

TABLE ANALYTIQUE

DES CHAPITRES.

LETTRES D'UNE VOYAGEUSE ANGLAISE.

Pages.

INTRODUCTION.................................... 1

I. — CALAIS.

La traversée. — Les soldats et les pilotes. — L'embargo. — Les gens du port et les jurons. — Débarquement à Calais. — La municipalité. — L'hôtel. — La sacristie, débit d'eau-de-vie. — La garnison. — Les soldats. — Leurs plaintes. — Belle apparence des officiers. — Exercices militaires. —La garde nationale. — L'église Notre-Dame. — Le culte. — Les saints ornés du drapeau tricolore. — Mariage civil. — Le décadi. — Le théâtre. — Les marchés. — Aspect d'aisance des femmes de la campagne. — Leur costume. — Prix des denrées. — Annonce d'une victoire de Moreau.................... 1

II. — DE CALAIS A BOULOGNE.

Arrivée de lord Malmesbury. — Excursions à Gravelines, à Saint-Omer et à Dunkerque. — Conduite des magistrats de ces villes sous la Terreur. — Instruction des enfants négligée. — Prêtres enseignant. — Frivolité française. — L'Éclair et le tonnerre. — Liberté de parler. — *Richard Cœur de Lion* et le vieil officier. — *Nous ne serons heureux que quand nous aurons un roi.*

— De Calais à Boulogne. — Respect aux propriétés. — Caractère du peuple à Boulogne. — Le mendiant hypocrite.. 14

III. — DE BOULOGNE A ABBEVILLE.

Rencontre de déserteurs prisonniers. — Maisons de campagne en ruine et abandonnées. — Arbres de la liberté. — L'Être suprême. — Épisode de l'émigré. — Humanité et inquiétudes. — Arrivée à Montreuil. — Visa des passeports. — Murailles de la ville. — Le marché. — Le souper, l'émigré et l'aubergiste. — De Montreuil à Bernay. — Famille anglaise prisonnière.................. 21

IV. — ABBEVILLE.

Aspect de la ville. — Décadence de l'industrie. — Mendiants. — Effets de la révolution. — Opinion des négociants sur la situation politique. — Patriotisme d'un vieux manufacturier. — Visite de l'émigré. — Son histoire. — Sa grand'mère et ses sœurs. — Altercation entre la maîtresse d'hôtel et un paysan. — Monnaie républicaine et sacrilège............................ 29

V. — D'ABBEVILLE A AMIENS.

Beau pays jusqu'à Flixecourt. — État de l'agriculture et des bestiaux. — Conversation avec un paysan. — Récit de ses campagnes. — Son opinion sur la guerre. — Air militaire même des enfants. — Picquigny. — Amiens. — La cathédrale et ses dévastations. — Rétablissement du culte. — Caractère peu violent de la révolution dans cette ville. — État de gêne des rentiers.............. 38

VI. — BRETEUIL. — SAINT-JUST. — CLERMONT.

Le temple de la Raison de Hebecourt. — Breteuil. — Siège et prise de l'église par les femmes de Breteuil. — Rétablissement du culte par elles. — Riche culture de la campagne. — Population. — Mauvaises auberges. — Bonne auberge à Saint-Just. — Le café national. — La lecture des journaux. — Discussions. — Attaques contre le gouvernement. — Le parc du duc de Fitz-James. — Clermont. — Marché aux grains. — Arbres de la liberté. — Anciennes religieuses. — Le château de Liancourt. — Mausolée de Jean-Jacques Rousseau à Oreil.......... 41

VII. — CHANTILLY.

Magnificence du château. — Beauté de l'ensemble. — Actes de vandalisme. — Regrets. — Le guide. — Affection pour le prince de Condé. — Pavillons construits pour les personnes attachées à sa maison. — Fidélité de la plupart d'entre elles. — Appartements. — Inscriptions tracées par les prisonniers. — Vieux château. — Manufactures de porcelaine. — Couvents sécularisés. — Écouen. — Le trésor de Saint-Denis. — Pillage et profanations. — Casernes. — Abords de Paris.................... 56

VIII. — PARIS.

Premier aspect de la ville. — Absence de trottoirs. — Insignes de la royauté détruits. — Porte Saint-Denis. — Invectives contre les Anglais. — Boulevards. — Le Panthéon. — État intérieur du monument. — Objets d'art conservés. — Saint-Sulpice. — La messe. — Serment prêté par les prêtres. — Le Luxembourg. — Audiences du Directoire. — Déploiement de forces militaires à l'extérieur. — Aspect des rues. — Pétitionnaires dans l'attente. — Entrée tumultueuse. — Salle d'audience. — Carnot. — Cérémonial. — La veuve du soldat. — Décoration intérieure des appartements. — L'Odéon........ 05

IX. — PARIS.

L'opinion d'un prêtre sur l'état du pays. — Le malade désespéré. — Prédiction du gouvernement d'un seul. — Conduite des ecclésiastiques qui prêtent le serment. — Le Palais-Royal. — Les mandats. — Boutiques. — Crieurs d'argent. — Police. — Le grand escalier. — Les galeries. — Le cirque. — Le Lycée des arts. — Le salon. — L'hôtel des Monnaies. — Les ateliers. — Le cabinet de minéralogie. — Les anciennes religieuses. — Visite aux sœurs de Saint-Vincent............................... 77

X. — Paris.

Le conseil des Cinq-Cents. — Aménagement de la salle. — Tribunes. — La queue. — Appareil militaire. — Violence des orateurs. — Cambacérès. — Discours de Boissy d'Anglas. — Les maisons de jeu. — Le conseil des Anciens. — Traces de la journée du 10 août aux Tuileries. — Salle du conseil des Anciens. — Aspect respectable des Anciens. — Messagers du Directoire. — Tribunes. — Galerie pavoisée de drapeaux pris sur l'ennemi. — Le sang des Suisses. — Le jardin des Tuileries. — La ci-devant place Louis XV. — Statue de la Liberté........ 90

XI. — Paris.

L'église Notre-Dame. — Sort des œuvres d'art qui l'ornaient. — Halles et marchés. — Musée national des arts au Louvre. — La grande galerie. — Tableaux qui y seront exposés. — L'hôtel du ministre de la police. — Les espions. — Les bureaux. — Éloge du ministre. — Attitude et intégrité du citoyen Cochon. — La suppliante. — Les commis. — Tenue des bureaux. — L'office de renseignements. — Le Petit-Bourbon. — L'hôtel des Invalides. — Le vieil invalide. — L'église convertie en magasin. — Statues reléguées dans un coin. — Éloge de l'aménagement de l'hôtel. — Ce qui arrive quand les enfants chassent leurs pères. — Le menu du souper. — École militaire. — Cavalerie légère. — Champ de Mars.................................... 99

XII. — Paris.

Musée des Petits-Augustins. — L'observatoire. — Lalande. — Les télescopes. — La Bibliothèque nationale. —

Galerie des médailles. — L'Hôtel-Dieu. — Améliorations dans les services. — Défilé sur les quais d'un corps de troupes. — Célébration de la victoire d'Arcole. — Éloge de Bonaparte. — Patriotisme. — Confiance dans l'avenir. — Le Jardin des plantes. — Herbiers. — Conversation sur un projet de descente en Angleterre. — Combinaisons politiques et stratégiques de salon. — Attaques contre le gouvernement. — L'opinion en France.................. 114

XIII. — Paris.

Les spectacles. — Les vingt et un théâtres. — Passion pour le théâtre. — Salles de danse. — Citation de Mercier sur la fureur de la danse. — La mode. — L'Opéra. — Les toilettes. — Mme Tallien. — Costumes du dernier goût. — Femmes élégantes. — Liberté de conversation au théâtre. — Réaction religieuse...................... 124

XIV. — La forêt de Senart.

Abandon et désolation des campagnes sur la route de Melun. — Causes de cet abandon. — Montgeron. — Les victimes des brigands. — Le cocher doit rebrousser chemin. — L'hôte de Montgeron. — Les chauffe-pieds ou chauffeurs. — Leurs crimes. — Villageois chargés de les poursuivre. — L'acquisition d'un bien national. — Le bon émigré. — La nuit dans l'auberge. — Départ par le brouillard. — Rencontre d'une troupe de soldats. — Conversation avec le capitaine. — La troupe va rejoindre l'armée d'Italie. — Éloge de l'officier. — Son enthousiasme patriotique. — La forêt de Senart. — Melun. — Montereau 131

XV. — De Montereau a Avallon.

Tumulte à Montereau. — Révolte des « honnêtes gens » contre la municipalité. — Prêtres réfractaires. — Arrivée du détachement d'infanterie. — Le tambour pour le coche d'eau. — Mauvaise route. — Pauvre village. —

Riches environs de Villeneuve-la-Guyard. — La table d'hôte de l'hôtel à Sens. — Le négociant patriote. — Dévastation de la cathédrale. — Rétablissement du culte. — Auberge de Basson. — Auxerre. — Excellent hôtel. — Édifices. — Établissements charitables. — Arrivée à Avallon. 112

XVI. — Semur.

Routes détestables. — Bœufs de renfort. — Semur. — Le café de la Nation. — Le prisonnier de guerre en Angleterre. — Le soldat de la république royaliste. — Ses sœurs. — Leurs tribulations. — Encore de mauvais chemins. — Opinion sur le caractère des Français. — Régime politique peu en rapport avec ce caractère. — Persistance des opinions antérieures. — Difficulté pour la république de s'établir. 151

XVII. — Dijon.

Canal en construction. — Maisons de campagne. — Ruines de la Chartreuse. — Prisonniers autrichiens. — Leur aspect misérable. — Manière dont ils sont traités. — Traitement des prisonniers français en Autriche. — Dijon. — Remparts et boulevards. — Portes. — Éloge de la ville. — L'ancienne place Royale. — Le théâtre. — Acteurs amateurs. — Une soirée. — Détails sur la guerre de Vendée. — Accusations contre la conduite des Anglais 157

XVIII. — Les Militaires.

Auxonne. — Prisonniers autrichiens. — Pays plus pittoresque. — Montagnes. — Dôle. — Édifices ruinés. — Triste impression que causent les ruines récentes. — Antiquités romaines. — Le Doubs. — Vallée enchanteresse. — La neige. — Maisons rurales respirant l'aisance. — Rencontre d'un corps d'armée de 5,000 hommes. — Tableau des fantassins. — Petite quantité de bagages. — Hussards et dragons. — Auberge de Mont-sous-Vaudrey. — Le vieux militaire. — Son histoire. — Trait de patriotisme. — Églises respectées. — Bonnets de la liberté. — Arbois. — Nuit tapageuse. — Deux officiers de hussards dans la chambre de l'Anglaise. — Politesse des officiers. — Leur sollicitude pour leurs hommes. — Le souper. — L'église. — Le pont sur la Cuisance........ 166

XIX. — DANS LE JURA.

Montée par la neige. — Le chalet. — Le maître du chalet et sa sœur. — La vieille religieuse. — La forêt de sapins. — Le joli village de Bonnevaux. — La nièce de l'aubergiste. — Son costume. — Son fiancé. — Le lit en dot. — L'officier municipal. — Ses opinions politiques. — Nouvelle montée. — Bande de paysans à la poursuite des déserteurs. — L'ancien couvent de bénédictins. — La douane et le pourboire. — Jougne. — Son château. — Ses remparts. — Les mines. — Entrée en Suisse. — Beauté du pays de Vaud et des montagnes. — La Sarraz. 179

XX. — LAUSANNE ET LES ÉMIGRÉS.

Tranquillité du pays. — Monnaies bernoises. — Nombreux émigrés à Lausanne. — Table d'hôte. — *Babil* des jeunes *étourdis*. — Menaces de contre-révolution. — Rodomontades. — L'éloquence du silence. — Conversation dans une soirée. — L'hydrophobie en Savoie. — Nyon. — Château de Coppet. — La douane avant Versoix. — Brutalité des agents français. — Les passeports. — Soldats ivres. — L'hôtel d'Angleterre à Sécheron. — Violences révolutionnaires à Genève,.................. 192

XXI. — DE GENÈVE A CHAMBÉRY.

Le résident français à Genève. — Départ pour Chambéry. — Carouge. — Club d'enfants. — Le président sur une brouette. — L'orateur. — Saint-Julien. — Effets du passage des troupes. — Auberge dévastée de Frangy. —

Nuit peu confortable. — Effets de givre. — Pont sur le Fier. — Accidents. — Rumilly. — Destruction des clochers. — Violences et réaction. — Plaintes de l'hôtelière. — Convoi d'artillerie. — Aix. — L'invalide. — Légion des Allobroges. — Les bains. — Le cocher ivre. — Arrivée à Chambéry.................................... 206

XXII. — CHAMBÉRY.

Actes du conventionnel Albitte. — Le château. — La chapelle. — Démolition des remparts. — Société d'encouragement. — Manufacture de gaze. — Beaux travaux publics. — Petite guerre. — Arrivée de Kellermann. — Société de Chambéry. — Conversation chez des nobles. — La liberté. — Le volontaire de la légion des Allobroges. — Respect pour le roi de Sardaigne, mais plaintes contre son gouvernement. — Prison d'État et fouet. — Le sénat. — Conduite des administrateurs actuels. — Passeports. — Formalités. — École centrale. — Portraits de Pitt et de Fox........................... 216

XXIII. — GRENOBLE.

De Chambéry à Grenoble. — Vignobles de Montmélian. — Travaux de fortifications. — Conduite des troupes piémontaises. — Grenoble. — Effets de la révolution dans cette ville. — Hôtel de ville. — Anciennes églises rebâties. — La Chartreuse. — Étrangers arrêtés..... 228

XXIV. — LYON.

Le dôme de l'Hôtel-Dieu. — La Guillotière. — Piquets de soldats. — Effets du siège de Lyon. — Le théâtre. — Manifestations réactionnaires. — Place Bellecour. — Terreur et réaction. — Établissements publics. — Retour à Genève par un beau pays.................. 233

XXV. — UNE ASSEMBLÉE PRIMAIRE.

L'Anglais philosophe. — Son opinion sur la révolution. — Une assemblée électorale dans un village de Savoie. —

Influence des prêtres. — Déclaration du commissaire du pouvoir exécutif. — Composition du bureau. — Le président et ses pouvoirs. — Appel nominal. — Interdiction des discussions politiques. — Élections de la garde nationale. — Danse finale.................. 239

XXVI. — Une fête nationale.

Progrès de l'agriculture en Savoie. — Nouvelle de la signature des préliminaires de paix de Leoben. — Fête célébrée à cette occasion. — Quête pour en payer les frais. — Parade de la garde nationale. — Autel de la liberté. — Discours de l'agent national. — Médaillons et devises. — Repas patriotique. — Enthousiasme populaire...... 245

XXVII. — Considérations générales.

Appréciations sur l'état politique de la France. — Les victoires ne garantissent pas la durée de ses institutions. — Attachement du peuple pour la monarchie. — Religion. — Contre-révolution. — Situation des prêtres. — Nécessité pour le gouvernement de s'entendre avec eux. — Moralité. — Défaut d'éducation. — En quoi l'on fait consister la vertu. — Arts et sciences. — Agriculture. — Commerce. — Finances. — Incertitudes de l'avenir. 250

EXTRAITS DES LETTRES ÉCRITES PAR HENRY SWINBURNE, DANS L'HIVER DE 1796-1797.

I. — Aspect de Paris.

Absence de constructions nouvelles. — Propriétés nationales. — Quartiers déserts. — Changements. — Maisons confisquées. — Églises vendues. — Inscriptions. — Chevaux de Marly. — Bonnets rouges. — Emplacement de la Bastille. — Galeries du Louvre. — Hôtel de Nesle. — Musée des Petits-Augustins. — Hôtels garnis. — Enchérissement du prix des denrées. — Fiacres............ 261

II. — LES GOUVERNANTS.

Audience du Directoire au Petit Luxembourg. — L'assistance. — Rewbell. — Son costume d'apparat. — Pétitionnaires. — Huissiers. — Parade de marionnettes. — Cortège du Directoire se rendant à Notre-Dame. — Lacroix. — Truguet................................ 267

III. — LES MODES.

Costume des femmes. — Perruques et chapeaux de paille. — Types curieux. — Aspect des hommes. — Déshabillé de soirée. — Cravate rouge et bas de laine au bal. — Couleurs à la mode. — Grands fichus. — Gravures de modes. — Renaissance du luxe................... 271

IV. — DINERS, CONCERTS.

Dîner chez Pérignon. — Conversation d'Isnard. — Cambacérès et Portalis. — Dîner chez Formalague. — Bourgoing. — Opposition. — Pistolets sur la table. — La Harpe. — Talleyrand. — Cercle de l'harmonie. — Matinée musicale chez Senovert. — L'assistance. — Garat. — Bois de Boulogne. — Bagatelle.................... 275

V. — BALS.

Bals par souscription. — Costumes de nymphes. — Bal à l'hôtel Marbeuf. — Bal de l'hôtel de Richelieu. — Mme Tallien. — Sa contenance. — Hoche. — Lycée des arts. — Fête donnée par M. et Mme d'Angrelau. — Bal de Dillon. — Bals de ci-devant chez Mme de Soyecourt, de Valence et de Gontaut. — Bal à l'ambassade de Hollande................................... 281

VI. — THÉATRES.

Comédie française. — Aspect du public. — Parterre. — Tragédie sur la mort de Louis XVI. — Opéra. — Ballet. Assistance élégante. — Mme Tallien. — Costume des hommes. — Le marquis del Campo et la danseuse...... 286

VII. — ÉTAT POLITIQUE ET MORAL.

Immoralité. — Lassitude politique. — Mépris pour les gouvernants. — Besoin d'autorité et d'ordre. — Réaction. — Jacobins et royalistes. — Retour peu probable de l'Astrée. — Divorces. — Assassinats. — Mme de Talaru. — Mme de Boufflers. — Visite aux sœurs bleues... 289

VIII. — SÉJOUR A FONTAINEBLEAU.

Installation de Swinburne. — Prisonniers anglais. — Musiciennes. — Sans culottes. — Rétablissement du culte. — Retour dans les châteaux. — Chez M. de Châteauvillard. — Ancien seigneur devenu juge de paix. — Chez M. de Gontaut. — Chez la princesse de Bergues. — Villa de M. Cumpelzuimel. — Mlle Guimard. — Moret. — Retour en Angleterre...................... 295

NOTE BIBLIOGRAPHIQUE........................ 301

FIN DE LA TABLE.

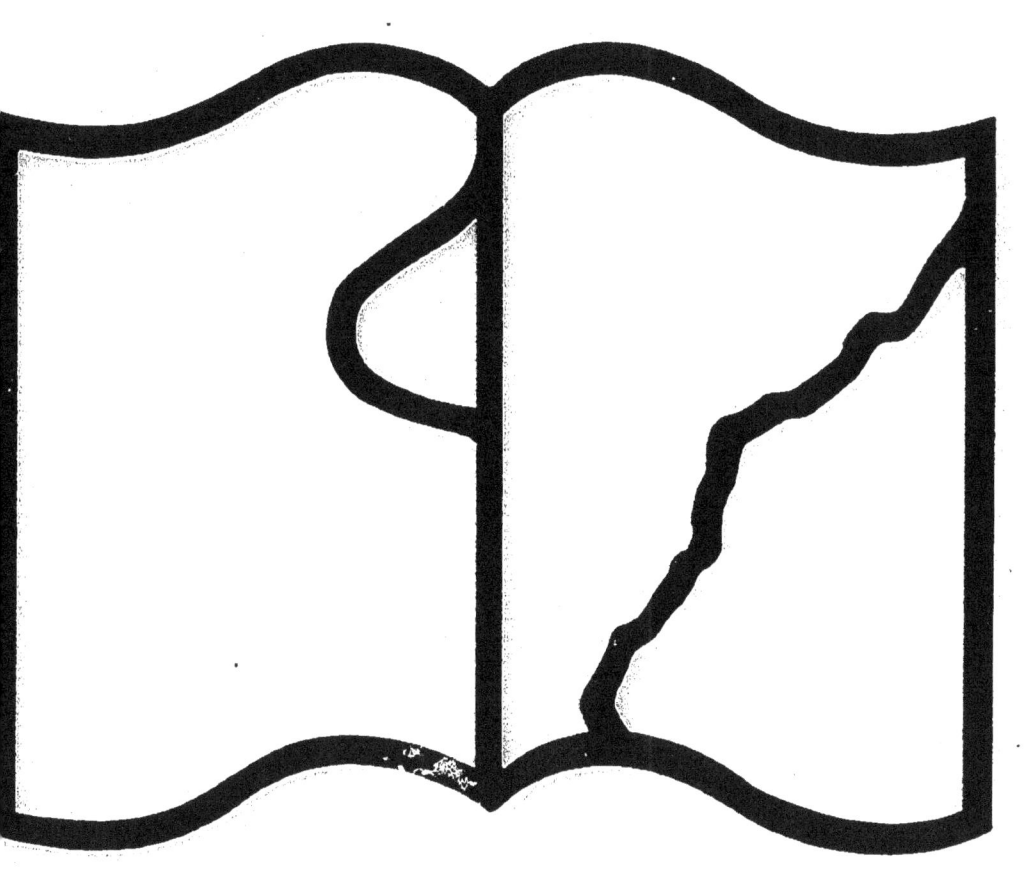

Texte détérioré — reliure défectueuse

NF Z 43-120-11

www.ingramcontent.com/pod-product-compliance
Lightning Source LLC
Chambersburg PA
CBHW060321170426
43202CB00014B/2616